# 1000

EXPERIENCIAS ÚNICAS EN

# EUROPA

LONELY PLANET

# UNA EUROPA ÚNICA

¿DÓNDE HAY ANIMALES SALVAJES EN EUROPA? ¿DÓNDE SE PUEDE VER EL MEJOR ARTE URBANO O QUÉ BARRIOS TIENEN CON RAZÓN TANTA FAMA? ¿QUÉ LUGARES TIENEN UN TOQUE MÍSTICO O PRECISAMENTE TODO LO CONTRARIO? ¿DÓNDE SE PUEDE ESTAR LEJOS DE TODO Y DÓNDE EN EL EPICENTRO? DE GROENLANDIA A GIBRALTAR, DE PORTUGAL AL CÁUCASO, MIL EXPERIENCIAS MUY ESPECIALES PARA SORPRENDERSE, REFLEXIONAR, VIVIR Y CONTAR.

# SUMARIO

**BARRIOS
DE MODA**

Pág. 8

**FASCINACIÓN POR
EL FIRMAMENTO**

Pág. 16

**UN CONTINENTE
DE ARTE**

Pág. 22

**SITIOS ALTOS CON
VISTAS DE PRIMERA**

Pág. 30

**TRADICIONES DIGNAS
DE SER VISTAS**

Pág. 36

**DONDE DA
LA VUELTA EL AIRE**

Pág. 44

**NUEVAS ALTERNATIVAS
URBANAS**

Pág. 50

**AGUAS
TERMALES**

Pág. 58

**PUENTES QUE
TE DEJAN DE
PIEDRA**

Pág. 66

**DONDE LOS
LIBROS SUEÑAN**

Pág. 72

**EN CALLES Y CALLEJAS DE EUROPA**
Pág. 80

**SABUESOS Y ESPÍAS**
Pág. 116

**VIDA SALVAJE**
Pág. 86

**PLAYAS DE ENSUEÑO**
Pág. 122

**PARAÍSOS CICLISTAS**
Pág. 94

**ASÍ COME EUROPA**
Pág. 130

**¡CUÁNTO ESPACIO!**
Pág. 136

**MONSTRUOS, BANDIDOS Y PALACIOS**
Pág. 150

**SUBIENDO Y BAJANDO ESCALERAS**
Pág. 158

**MISTICISMO Y LEYENDAS**
Pág. 100

**SOLO PARA CAMINANTES**
Pág. 164

**SURCANDO LAS AGUAS**
Pág. 108

**A CIELO ABIERTO**
Pág. 144

**MARES DE CASAS DESDE ARRIBA**
Pág. 172

**FIESTAS DE LO MÁS EXCÉNTRICAS**

Pág. 180

**EUROPA EN PEQUEÑO FORMATO**

Pág. 210

**MORADAS DE GRANDES SEÑORES**

Pág. 246

**ADRENALINA A TOPE**

Pág. 186

**EN LAS ENTRAÑAS DE LA TIERRA**

Pág. 216

**IDEAS GENIALES**

Pág. 224

**CARRETERAS QUE DA GUSTO RECORRER**

Pág. 252

**¡YA BASTA DE CASITAS TÍPICAS!**

Pág. 230

**HOLA, ¿HAY ALGUIEN AHÍ?**

Pág. 260

**DONDE MEJOR SABE EL CAFÉ**

Pág. 192

**BARRANCOS**

Pág. 268

**DE MARINOS Y BARCOS**

Pág. 198

**IMPOSIBLE DORMIRSE**

Pág. 274

**VEAMOS QUÉ FLORECE POR AHÍ…**

Pág. 204

**ANIMALES EN LIBERTAD**

Pág. 238

**LUGARES QUE VALEN UN PEREGRINAJE**

Pág. 282

▶ **PROHIBIDO ENTRAR CON PADRES**
Pág. 290

▶ **VIAJES EN EL TIEMPO**
Pág. 324

▶ **DONDE EUROPA ES MÁS ANTIGUA**
Pág. 296

▶ **DONDE EL CIELO SE REFLEJA**
Pág. 332

▶ **ESTADIOS MÍTICOS**
Pág. 304

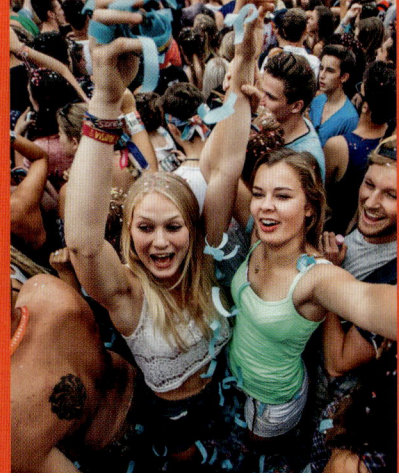

▶ **AQUÍ SUENA LA MÚSICA**
Pág. 340

▶ **ARTE A LA VISTA DE TODOS**
Pág. 310

▶ **EUROPA EXTREMA**
Pág. 348

▶ **LA LLAMADA DEL VALLE**
Pág. 318

▶ **ESCUCHAR EL SILENCIO**
Pág. 356

# BARRIOS DE MODA

HAY BARRIOS QUE ESTÁN MÁS DE MODA QUE OTROS. EN ELLOS SUENA LA MÚSICA DE LAS CIUDADES EUROPEAS, TIENEN LUGAR LAS FIESTAS MÁS ALTERNATIVAS Y SE MARCAN LAS NUEVAS TENDENCIAS.

## 01 GRÜNERLØKKA, OSLO, NORUEGA

El barrio central de la orilla este del Akerselva era antes una zona industrial por la que no pasaban creativos publicitarios haciendo *jogging*, sino obreros camino de las fábricas. Hoy los tiempos han cambiado y las factorías han sido sustituidas por galerías de arte, tiendas retro y *vintage*, acogedores cafés y bares de moda. Para conocer el ambiente, lo mejor es pasarse por la Galleri Markveien o por la Galleri 69, que exponen sobre todo trabajos de artistas locales. En Birkelunden Marktplatz siempre hay música en vivo y los domingos, un mercado callejero.

http://www.visitoslo.com/es/

No hace falta que sea el Día del Orgullo para que todo el mundo se desmelene en Chueca.

## 02 MARIAHILF, VIENA, AUSTRIA

Moda, cafés, tascas, el acuario oceanográfico Haus des Meeres, el mercado callejero Naschmarkt, el teatro Raimund… Es difícil no encontrar algo que hacer en Mariahilf, el sexto distrito de Viena. Tanto más llamativo resulta que este pintoresco barrio sea, con sus estrechos callejones y pasajes, el segundo más pequeño de los 23 vieneses. Aquí reside gente de 123 países: el arte, la cultura y una viva oferta gastronómica son parte del ambiente que se respira. También hay rincones clásicos, como algunos de sus cafés tradicionales y singulares, tan típicos de la capital austríaca. Vale la pena el viaje solo por el mercado callejero Nasch-

markt, en funcionamiento desde hace siglos. Entre sus más de 120 puestos (que venden de verdura a carne, de lo más cercano a lo más remoto), aguardan maravillosos descubrimientos.

https://www.wien.info/es

## 03 BELLEVILLE, PARÍS, FRANCIA

Desde aquí, en días brumosos la torre Eiffel no es más que una vaga silueta sobre el horizonte urbano. Especialmente hermosa se la ve desde el parque de Belleville: París queda cerca y, sin embargo, tan lejos… Pues aquí, en el noreste de la ciudad, la atmósfera es realmente cosmopolita. Los vecinos proce-

den de más de 80 países, las casas dan a callejones y a íntimos patios interiores, y hay una gran mezcla religiosa y social: judíos, musulmanes y cristianos; estudiantes, artistas y progres. Todos coinciden en las carnicerías halal, en los restaurantes *kósher*, en las *boulangeries* tradicionales y en los modernos cafés y bares. El ambiente que se respira en Belleville, con su vida nocturna alternativa y su arte urbano en sus muros, hace tiempo que es blanco de los deseos de muchos parisinos. Tal vez sea una cuestión de tiempo que el barrio en que nació la cantante Edith Piaf termine aburguesándose.

https://es.parisinfo.com

## 05 CHUECA, MADRID, ESPAÑA

Ya en la abigarrada estación de metro percibe uno que arriba está Chueca, el barrio de copas más pintoresco de Madrid. Y los colores del arcoíris siguen presentes por las calles en torno a la plaza de Chueca. Este pequeño barrio, que en la década de 1980 era una zona de prostitución y delincuencia asociada a las drogas, está ahora en manos de la comunidad LGTBI+. Aquí se encuentran las tiendas de moda más exóticas de la ciudad, así como bares y cafés, plazas y callejones que transmiten el encanto de comienzos del siglo xx. De día se puede pasear tranquilamente, pero de noche estalla la alegría de vivir, siempre en un clima de tolerancia. Ya sea uno homo o heterosexual, madrileño o foráneo, en el festivo vértigo nocturno desaparecen todas las barreras. Incluso los semáforos van aquí con los tiempos: sus muñequitos son parejas homosexuales de ambos sexos.

https://www.esmadrid.com/barrios-de-madrid/chueca

## 04 HAGA, GOTEMBURGO, SUECIA

Haga es el barrio más antiguo de Gotemburgo, con parte de sus casas construidas ya en el siglo XVIII. La mayoría de los edificios tienen un zócalo de piedra y son de madera en su parte superior, conforme al estilo de la época en que se construyeron. El barrio es conocido también por sus cafés y restaurantes, donde no hay que dejar de pedir una caracola de canela para acompañar el café. Haga es también ideal para ir de compras: junto a tiendas de antigüedades y de segunda mano, se encuentra una nutrida oferta de zapatos, joyas y libros.

http://www.gbgcoftp.webadmin7.net/gbgco_static_files/goteborg-city-guide/200303/GbgGuiden_ESP.pdf

Nueva vida para una antigua estación de tren en el barrio Powiśle, en Varsovia.

## 06 PRAGA Y POWIŚLE, VARSOVIA, POLONIA

¿Mala fama? La tuvo. Hoy Praga se cuenta, junto con Powiśle, su distrito aledaño, entre los barrios más en boga de la capital polaca. Como la zona no fue apenas destruida durante la II Guerra Mundial, aquí se mezclan lo nuevo y lo viejo: decrépitas fachadas a un lado de la calle y edificios recién restaurados al otro. La atmósfera decadente se entrecruza con el mundo del arte y de la moda. En los patios traseros y en los vistosos edificios decimonónicos, hay cafés acogedores y locales modernos por descubrir, así como tiendas de segunda mano por explorar, por no hablar de las noches en los locales más *cool* del país: la fábrica de vodka Koneser se ha metamorfoseado en centro cultural, mientras que la Fabryka Trzciny es una espléndida sala de conciertos.

https://warsawtour.pl/es/pagina-principal-2/

## 07 LANGSTRASSE, ZÚRICH, SUIZA

Esta vivaz avenida multicultural de Zúrich es, en sentido estricto, un distrito autónomo. Pero, según se mire, es también una actitud ante la vida. En bares alternativos, discotecas y restaurantes de moda, aquí se celebra la alegría de vivir las 24 horas. Este antiguo barrio rojo es hoy la zona de copas más popular de Zúrich. Con motivo de las fiestas de Langstrasse, que se celebran cada dos años, acuden a la ciudad centenares de miles de visitantes de toda Europa. Además, todos los veranos hay entretenimiento en el cine de verano del Kanzleiareal.

https://www.zuerich.ch/zh/es/index/turismo.html

## 08 GLOCKENBACH-VIERTEL, MÚNICH, ALEMANIA

*Do san mir dahoam!* Bien por quien pueda afirmar que se ha sentido en casa, así lo dicen en dialecto bávaro, en el maravilloso barrio muniqués de Glockenbachviertel. Y es que se está muy bien aquí: tascas de culto, bares y resultones híbridos de restaurante y sala de baile atraen gente a raudales. Pero Glockenbachviertel, que pertenece al distrito de Ludwigs-vorstadt-Isarvorstadt, tiene aún más atractivos. Si se busca un ritmo más pausado, se puede disfrutar del gorjeo de los pájaros en el Alter Süd-

## BARRIOS DE MODA

friedhof o estudiar las hermosas fachadas de Hans-Sachs-Strasse. Tras una de ellas vivió brevemente en la década de 1980 Freddie Mercury. Los vecinos del barrio son, entonces y hoy, pintorescos y diversos, si bien es cierto que, poco a poco, el aburguesamiento se va haciendo patente en Glockenbachviertel.

www.munich.travel/en

## 09 KALAMAJA, TALLIN, ESTONIA

El barrio de Kalamaja, que inicialmente se fundó como distrito industrial, ha adquirido una identidad totalmente nueva gracias a la apertura de bares, galerías y restaurantes. Hoy se considera un lugar a la última, que aúna los mejores rasgos del pasado y la modernidad. Destila un encanto especial la zona de casas de madera, en su momento construidas para los trabajadores fabriles. Debido a su extraordinario estilo arquitectónico, estas antiguas viviendas se conocen como «casas tallinesas».

http://www.estonia-tallinn.com

## 10 SHOREDITCH, LONDRES, INGLATERRA, REINO UNIDO

El grafiti de la pared da en el clavo sobre cómo es una noche en el barrio de copas alternativo de Londres. «Adorémonos y tolerémonos unos a otros», se lee en el muro de la vieja y sucia casa de ladrillo de la esquina de Great Eastern con Shoreditch St. Aunque al caer la tarde

Un ambiente realmente acogedor: un rato de esparcimiento en el Born.

## 11 EL BORN, BARCELONA, ESPAÑA

Sant Pere, Santa Caterina i la Ribera. ¿No suena? Es posible, pues este gran barrio del casco antiguo de Barcelona también tiene otro nombre, ese sí, conocido en todo el mundo: el Born, parada obligada en cualquier visita a la capital catalana. Y no solo porque aquí la catedral del mar, Santa Maria del Mar, hace que todo resplandezca y porque el Museu Picasso documenta el nacimiento de un genio del arte, sino porque en los callejones medievales la creatividad hace brotar flores románticas y silvestres a pesar de que, a sus misteriosas esquinas, jamás llegue un rayo de sol. A pocos pasos del elegante paseo del Born hay tiendas *vintage* y de ropa de diseño, estrambóticas galerías y estrafalarios talleres, acogedores cafés y auténticos bares de tapas.

https://www.barcelona-tourist-guide.com/es/barrio/el-born.html

mire uno con fascinación a los nada convencionales clientes de los *pubs*, con su ropa estrafalaria, horas después no podrá evitar verse envuelto en el torbellino de la noche.

https://www.visitlondon.com/es?ref=header

## 12 KARAKÖY, ESTAMBUL, TURQUÍA

Este es uno de los barrios más antiguos de Estambul, un impresionante reflejo de la historia de esta ciudad. Influencias griegas, rusas y judías determinan su imagen arquitectónica, y es ante todo esa mezcla cultural lo que convierte a Karaköy en algo único. Pero también la vida moderna ha encontrado aquí su lugar, sobre todo en lo que se refiere a la oferta artística y a la gran variedad de cafés y restaurantes con magníficos platos nacionales e internacionales

https://www.estambul.es

## 13 PSIRÍ, ATENAS, GRECIA

Cuando ya hace mucho que está oscuro, en torno al viejo mercado de Varvakios Agorá late la vida nocturna estudiantil. En el barrio alternativo de Psirí están pared con pared la taberna, el bar y la discoteca. Pero también durante el día destila su encanto, con sus numerosos cafés y tiendas. Flanquean las calles vistosas casas del siglo IXI (las decadentes y decrépitas no hacen sino acrecentar el encanto), y no hay nada que no se encuentre en el mercado central de Atenas: pescado, carne, fruta, verdura… Un periplo culinario que, además, sale a buen precio. Aunque no siempre fue todo así de armónico en Psirí: antaño dominaba, junto al pequeño negocio, la prostitución. Pero esos tiempos hace mucho que quedaron atrás.

https://www.thisisathens.org

## 14 VESTERBRO, COPENHAGUE, DINAMARCA

Barrio de estudiantes y tascas al oeste del centro, Vesterbro contrasta agradablemente con este. Las elegantes villas a lo largo de la orilla del río y las concurridas áreas peatonales se convierten aquí en zonas de fiesta más sencillas en las que la gente joven celebra la vida y todos sus placeres. Entre las calles más famosas está Værnedamsvej, con sus incontables bares y restaurantes. Imprescindible tomarse un *smørrebrød* en el elegante y añejo Øl & Brød, en Viktoriagade.

https://www.visitcopenhagen.com

## 15 HET EILANDJE, AMBERES, BÉLGICA

Ahí donde la ciudad se transforma en el segundo puerto más grande de Europa, se encuentra el amberino Het Eilandje, el antiguo barrio

# BARRIOS DE MODA

portuario. Tiene a sus espaldas épocas crudas, pero eso ya es historia. Ahora brotan nuevos edificios de viviendas, nuevos restaurantes y nuevas atracciones, y el futuro parece bastante mejor. Valga de ejemplo su más reciente perla arquitectónica: las oficinas portuarias de la desaparecida arquitecta Zaha Hadid. Por su parte el MAS (Museum aan de Stroom) ofrece en su interior la historia de la ciudad y, desde lo alto, espléndidas vistas. El nuevo museo Red Star Line habla de los emigrantes que marcharon desde aquí para cruzar el océano. ¿Apetece aire fresco? Para eso está el parque Spoor Nord: árboles, praderas, una cancha de baloncesto, parques infantiles, pistas de monopatín… Lo que haga falta.

https://www.visitantwerpen.be/es/home

## 16 MIERA IELA, RIGA, LETONIA

A pocos minutos a pie del centro se encuentra Miera iela, el barrio más creativo de la capital letona, Riga. Hasta hace poco apenas iban turistas a este barrio avejentado, pero en unos años la aparición de galerías, bares y restaurantes ha dotado al lugar de un encanto especial, a lo que también ha contribuido la celebración de numerosos eventos artísticos. Ahora es un pintoresco barrio *hipster*, visita obligada para todo el que viaje a Riga.

http://www.latvia.travel/en/city/riga-8

## 17 WEITLINGKIEZ, BERLÍN, ALEMANIA

¿Weitlingkiez no es sinónimo de bloques de viviendas feos, racismo y xenofobia? En tiempos de la RDA y hasta los primeros años del siglo XXI, esta zona del distrito de Lichtenberg tenía fama, en efecto, de bastión neonazi. Pero los tiempos cambian, también gracias a muchos ciudadanos comprometidos. El barrio ha limpiado de sus paredes la mugre del pasado. En vez de *döner*, hoy hay *pad thai* y hamburguesas veganas, y cada vez más familias y jóvenes se establecen en este barrio, al este del centro. Para entrar en ambiente, lo mejor es acercarse al bar Zum Schwalbenschwanz, donde siempre se cuece algo, desde juegos por equipos hasta música en vivo.

https://www.visitberlin.de/es

## 18 ERZSÉBETVÁROS, BUDAPEST, HUNGRÍA

Aunque se construyó a mediados del siglo XIX, el octavo distrito de Budapest ya está de vuelta de muchas cosas. Y no solo buenas. Erzsébetváros, que significa «Ciudad de Isabel», por la emperatriz Isabel de Baviera, era originariamente el centro de la comunidad judía de la ciudad. Durante la II Guerra Mundial aquí fueron confinadas en torno a 60 000 personas. En el Erzsébetváros de hoy, la cultura y la historia judías son omnipresentes; y de su ambiente juvenil han salido sitios ya legendarios como el bar Sirály. En las casas vacías surgió una original tendencia: entre los muebles de mercado callejero, se montan unas fiestas magníficas. Se ha corrido la voz hasta el extremo de que, algunas noches, el barrio está verdaderamente abarrotado de noctámbulos.

https://www.budapestinfo.hu/es/

## 19 DE PIJP, ÁMSTERDAM, PAÍSES BAJOS

De Pijp, antaño coto obrero, se ha vuelto en los últimos años un palpitante barrio de moda que atrae con su hechizo a vecinos y turistas por igual. Al mismo tiempo, se ha convertido en un crisol de numerosas culturas, lo que también se refleja (y no poco) en la exótica oferta gastronómica de los muchos restaurantes internacionales. El centro del barrio es el mercado Albert Cuypmarkt, abierto de lunes a sábado. Aquí puede comprarse, además de fruta y verdura, cualquier cosa de uso cotidiano.

https://www.iamsterdam.com/es

Tan colorida como sus casas es la vida en el famoso barrio de Stoneybatter.

## 20 STONEYBATTER, DUBLÍN, IRLANDA

*Spice Girls anyone?* Quien conozca al grupo femenino canónico de la década de 1990, seguro que aún se acuerda de su éxito «Stop». Pues bien: el vídeo lo rodaron en Stoneybatter. Clásicas casas de ladrillo, puertas de colores, *working class people* y en medio de todo, como cuerpos extraños, las aves paradisíacas del pop. Hace tiempo que Stoneybatter, como el aledaño Smithfield, dejó de ser un barrio obrero para convertirse en uno de los más de moda de Dublín. Combina hábilmente su carácter moderno, aun *hipster*, con una auténtica amabilidad en sus incontables bares y *pubs*, cafés y restaurantes, pero también en lugares tan maravillosos como el cine The Light House o la librería de Lilliput Press, una de las editoriales más pequeñas de Irlanda. También es famosa la destilería de *whisky* Jameson, con sus catas. Y el Phoenix Park: por las praderas del parque urbano más grande de Europa, corren grandes manadas de ciervos.

https://www.ireland.com/es-es/destinos/republic-of-ireland/dublin/dublin-city/

# FASCINACIÓN POR EL FIRMAMENTO

«NO HAY CIENCIA QUE IMPRESIONE A LA MASA COMO LA ASTRONOMÍA», AFIRMABA EL FILÓSOFO ARTHUR SCHOPENHAUER. EN CIERTOS SITIOS, LA OSCURIDAD PERFECTA SIGUE DEJANDO LUGAR AL ASOMBRO.

## 21 GALLOWAY FOREST PARK, ESCOCIA, REINO UNIDO

Quien busque la localización ideal para rodar una persecución trepidante por bosques oscuros, aquí la tiene. Y quien simplemente quiera mirar el firmamento, tampoco debería dejar de visitar este famoso parque natural. Desde el 2009, Galloway se considera Dark Sky Park, estatus que lo protege de la contaminación lumínica. En el Scottish Dark Sky Observatory, se puede admirar el cielo estrellado con el telescopio de su cúpula, de 5 metros de alto. Aunque lo cierto es que ya a simple vista resulta impactante.

scottishdarkskyobservatory.co.uk

## 22 LÁGRIMAS DE SAN LORENZO EN ROVINJ, CROACIA

En el año 258 a san Lorenzo se le exigió, como administrador de los bienes de la Iglesia, que entregase el tesoro al emperador romano. En lugar de eso, le presentó el «verdadero tesoro de la Iglesia»: un grupo de pobres, enfermos, viudas y huérfanos. De modo que lo ejecutaron. Cuenta la leyenda que, el día de su muerte, siguen viéndose caer sus lágrimas: una lluvia de estrellas fugaces que cada año se admira por todo el mundo hacia el 13 de agosto. En Rovinj se celebra especialmente la noche de San Lorenzo. La ciudad entera apaga sus luces para poder apreciar mejor el raudal de perseidas.

https://www.visitacroaciablog.es/rovinj

## 23 STERNENPARK HAVELLAND, ALEMANIA

La Tierra está rodeada de una funda que resplandece ora en lila, ora en verde. Son los átomos de oxígeno de la atmósfera los que causan esta luminiscencia nocturna. Aquí, en uno de los lugares más oscuros de Alemania, puede admirarse tal fenómeno en las noches sin luna. El Sternenpark ofrece acogedores apartamentos de alquiler con vistas al mar, con tumbonas desde las que el día a día parece, como mínimo, tan lejano como la Vía Láctea.

https://www.deutschland.de/es/topic/cultura/ciudad-campo/entdecke-de-parques-de-estrellas-en-alemania

## 24 AURORAS BOREALES, ISLANDIA

 Para los vikingos, las auroras boreales eran reflejos de las armaduras de las valquirias. Luego la ciencia despojó a este fenómeno de su carácter mágico, pero no de su fascinación: en Islandia resplandece muchas noches entre septiembre y abril, siempre que la Luna y las luces artificiales no estorben demasiado la oscuridad y no haya nubes. La agencia meteorológica islandesa ofrece incluso una previsión de su visibilidad.

en.vedur.is/weather/forecasts/aurora

## 25 STERNENWEG GROSSMUGL, AUSTRIA

¿Cielo estrellado sobre grandes ciudades? Complicado. El pueblo de

Sobre el observatorio del Teide, a 2400 metros sobre el nivel del mar, el cielo no siempre está despejado.

## 26 OBSERVATORIO DEL TEIDE, TENERIFE, ESPAÑA

Los astrónomos llevaban décadas suponiendo que en el firmamento tenía que haber también esto: cuerpos celestes más grandes que planetas, pero no lo bastante grandes para liberar la energía que requiere brillar como nuestro Sol. Finalmente, en 1995, la hipótesis fue confirmada en el observatorio del Teide, situado en el pico homónimo, en Tenerife, a 3718 metros. Con el telescopio solar, los investigadores avistaron por primera vez una enana marrón, hoy llamada Teide 1. En una visita guiada al observatorio, puede admirarse dicha enana, que en realidad es bastante grande: entre 20 y 50 veces el tamaño de Júpiter. Como también en las islas Canarias va aumentando la contaminación lumínica debido a la creciente población, ahora el observatorio se ha especializado en el Sol.

www.iac.es

Großmugl, a solo 30 minutos en coche de Viena, quiso dar acceso al cielo nocturno también a habitantes de metrópolis cegados por la luz artificial y abrió, en el 2014, una senda temática astronómica. El camino se extiende por un 1½ kilómetros y cuenta con carteles informativos que traen a la Tierra la fascinación por el cielo. La idea llegó incluso a Tennessee. Hoy esta pequeña localidad de 1500 almas se llama Großmugl de la Vía Láctea.

https://project-nightflight.net/grossmugl_star_walk.html

## 29 NORTE DE LAPONIA, FINLANDIA

Papá Noel difícilmente habría podido buscar un rincón más bonito para su taller de regalos. Entre noviembre y marzo, el norte de Laponia dormita pacíficamente bajo una gruesa capa de nieve. Muchas noches, resplandece en lo alto la aurora boreal. Produce irisaciones verde-amarillas, rojas y violetas en el lienzo del cielo, recamado de estrellas. Lo mejor es reservar un iglú con techo de cristal.

https://www.visitfinland.com/es/articulo/a-la-caza-de-la-aurora-boreal/

## 27 ISLAS LIPARI, ITALIA

Quattrocchi, cuatro ojos, es como se llama el mirador más famoso de Lipari, la mayor isla del archipiélago situado al norte de Sicilia. Tantos ojos hacen falta, como mínimo, para poder asimilar la espectacular vista. Y no de día: por la noche, la Vía Láctea ilumina los pintorescos acantilados y el mar color turquesa. Siempre, claro, que los dos volcanes activos cercanos duerman tranquilos y sin humo.

www.italia.it/es/home.html

## 28 DARK SKY PARK, ZSELIC, HUNGRÍA

Hoy, en Europa, se protege de luces artificiales a la oscuridad en 19 Dark Sky Parks, zonas naturales protegidas que preservan la visión de las estrellas. En el Dark Sky Park de Zselic, al sur de Hungría, la Vía Láctea y la luz zodiacal pueden admirarse ya a simple vista en noches claras. Para todos los que quieran ver más

hondo en el firmamento, hay también telescopios.

http://zselicicsillagpark.hu/en.php

## 30 PARQUE NACIONAL DE BRECON BEACONS, GALES, REINO UNIDO

Las vacaciones perfectas para aficionados a la astronomía, con diversión en actividades al aire libre. Este parque nacional galés ofrece, de día, la oportunidad de salir a caminar, montar en bicicleta de montaña, cabalgar, escalar, volar en ala delta y hacer piragüismo. Cuando la oscuridad cubre montañas, arroyos y pantanos, el entretenimiento viene desde arriba. Como Dark Sky Reserve, el parque está protegido de contaminación lumínica. Si hay lluvias de meteoritos u otros fenómenos galácticos, se montan los telescopios.

www.visitbritain.com/es/es/gales

## 31 OBSERVATORIO DE SKÍNAKA, CRETA, GRECIA

En el centro de Creta, al pie del Psiloritis, a 2500 metros, una inquieta madre trajo al mundo un día a su hijo en una oscura gruta. Parece ser, eso cuenta el mito, que quería proteger a su pequeño de que su padre, obsesionado por el poder, lo matara. Así que el pequeño Zeus creció bajo la custodia de las ninfas. Hoy es él quien vigila el cielo que, desde este observatorio a 1760 metros de altura, impone especialmente. En verano es habitual que también los visitantes puedan usar los telescopios.

creti.co/blog/skinakas-observatory-crete

## 32 EURO SPACE CENTER, BÉLGICA

Las maravillas de la galaxia como programa de ocio para toda la familia. En el Euro Space Center, a 130 kilómetros al sur de Bruselas, los visitantes vuelan con el Apolo 11 a la Luna, se sumergen en la histo-

ria del estudio del espacio sideral y admiran, en el planetario, la Vía Láctea y la nebulosa de Andrómeda. Imprescindible es el paseo por Marte o por la Luna, en el que la gravitación y el entorno se imitan, entre otras cosas, con gafas de realidad aumentada. Por la temperatura no hay que preocuparse: sigue como en la Tierra.

https://www.eurospacecenter.be/en

### 33 KERRY INTERNATIONAL DARK SKY RESERVE, IRLANDA

Al suroeste de Irlanda se encuentra el condado de Kerry, una idílica región costera salpicada de calas, islas, verdes cerros… y no mucho más. Pero justamente ahí está el encanto. Esta Dark Sky Reserve es una de las cuatro que hay en todo el mundo con estatus de oro, y la única de ellas situada en el hemisferio norte. Especialmente hermosa es la experiencia con las estrellas en una de las numerosas playas cuando el firmamento se refleja en el agua.

http://kerrydarkskytourism.com/

### 34 SENDA PLANETARIA DE VADUZ, LIECHTENSTEIN

Entre el Sol y Neptuno hay unos cuatro millardos y medio de kilómetros. La senda planetaria de Vaduz los

# FASCINACIÓN POR EL FIRMAMENTO

Bosque nevado con iluminación discotequera: aurora boreal en Finlandia.

Las vistas del Pic du Midi llegan al infinito.

## 35 PIC DU MIDI, FRANCIA

Desde esta cumbre a 2877 metros, en días claros se dominan los 300 kilómetros de los Pirineos y amplias partes de Francia. Luego, cuando cae la noche, los visitantes tienen sobre sus cabezas un deslumbrante firmamento que, por la baja presión atmosférica, reluce todavía más claro. El observatorio del Pic du Midi alberga un impresionante planetario y el telescopio reflector más grande de Francia.

picdumidi.com

reduce a cinco abarcables kilómetros dispuestos de manera tal vez no cósmica, pero más o menos rectilínea. Entre la Tierra y Marte no hay sino un agradable paseo junto al Rin con vistas a los Alpes suizos; y otra ventaja tiene esta senda planetaria frente a un auténtico viaje sideral: en el camino hay bancos y mesas para pícnic desde los que se puede admirar la belleza de nuestro planeta.

https://tourismus.li/en/

## 36 MONTE GROSSGLOCKNER, AUSTRIA

Quien quiera ver Virgo, Casiopea o Tauro en Europa, mejor que suba a las montañas. En los Alpes, ciertas zonas de esquí han sabido sacar partido de su oscuridad: en la estación alpina de Schareck, en el Parque Nacional de Hohe Tauern, hay a disposición de los visitantes cuatro telescopios desde los que ver nítidamente los planetas. El albergue Großglocknerhaus, en Heiligenblut, ofrece incluso paseos nocturnos.

https://www.austria.info/es/actividades/senderismo-y-montana/parques-nacionales/parque-nacional-hohe-tauern

## 37 STARLIGHT ROOM, DOLOMITAS AMPEZZANOS, ITALIA

Un refugio de diseño realmente alternativo: el Starlight Room es una especie de trineo de madera climatizado con techo de cristal a 2055 metros de altura en los Dolomitas. Es decir, que desde la cama puede uno admirar el espectacular fenómeno de la enrosadira, cuando el Sol, cuando se pone, inunda en un rojo de fuego las cimas de aquellas montañas. De noche, la Vía Láctea se estira sobre las acogedoras cabinas acristaladas.

www.rifugiocolgallina.com

## 38 WALDSEILGARTEN HÖLLSCHLUCHT, AUSTRIA

Asomarse a las estrellas en plan intenso, es decir, de día andar trepando por el parque de pasarelas del bosque y, de noche, relajarse en el «hotel de las mil estrellas», una tienda de campaña colgada de un árbol, o bien de la roca a una altura de entre 1000 y 2000 metros. (Naturalmente, con todas las medidas de seguridad.) La guinda a la tarta

de emociones fuertes es mirar sin obstáculos el universo.

www.waldseilgarten-hoellschlucht.de/espanol.html

## 39 ALQUEVA DARK SKY ROUTE, PORTUGAL

El sur de Portugal ya ofrece, de día, bastantes cosas buenas: playas de ensueño, olas ideales para surfear, espectaculares acantilados y en torno a 300 días soleados al año. ¿Y de noche? Pues está claro, incluso después de un par de vasos de *vinho verde* el cielo sirve de planetario y ofrece una increíble vista del cielo en torno al embalse de Alqueva.

www.visitportugal.com/es/node/73796

## 40 ALPINE ASTROVILLAGE LÜ-STAILAS, SUIZA

De día aprendes, en talleres, astrografía y observación estelar a 1900 metros de altura, al este de Suiza. De noche es posible pernoctar en los acogedores chalés del observatorio astronómico, pero hay que advertir que, si en el firmamento ocurre algo especial (casi siempre), los monitores lo sacan a uno de las cálidas y amables sábanas a horas muy, muy tempranas.

www.alpineastrovillage.net/?lang=en

# FASCINACIÓN POR EL FIRMAMENTO

# UN CONTINENTE DE ARTE

LOS PINTORES Y ESCULTORES LLEVAN SIGLOS
CREANDO OBRAS MAESTRAS EN EUROPA.
SUS OBRAS SE ENCUENTRAN REPARTIDAS
POR TODO EL CONTINENTE.

## 41 LA 'MONA LISA', PARÍS, FRANCIA

Lisa del Giocondo vio la luz del mundo ya en el año 1479, pero tal vez haya lanzado su ambigua sonrisa a más lentes de *smartphone* que la mayoría de los famosos actuales. Acababa de casarse con un comerciante de sedas florentino cuando posó para Leonardo da Vinci a comienzos del siglo XVI, dando motivo al gran artista para una de sus obras más célebres. Hoy la Mona Lisa sigue, con sus penetrantes ojos, a un tropel de turistas que van pasando a empujones por delante de su retrato, protegido por un cristal acorazado. Con su aura de quintaesencia del Renacimiento, este exiguo lienzo ha tenido que soportar lo suyo a lo largo de los siglos y, durante algunos años, se tuvo por robado.

www.louvre.fr

Selfi con el mito: aglomeración de visitantes en el Louvre ante la *Mona Lisa* o *Gioconda*.

## 42 ALTAR DE VEIT STOSS, CRACOVIA, POLONIA

La basílica de Santa María, en Cracovia, es una de las más hermosas iglesias góticas de Polonia. Su mayor joya es el altar del escultor Veit Stoss, nacido en Horb am Neckar, quien terminó esta obra, tras 12 años de trabajo, en 1496. Este monumental altar mide nada menos que 11 metros de ancho y 13 de alto. Consta de cinco módulos, ornados todos con refinadas tallas de madera. Para las figuras de mayor tamaño, Stoss empleó troncos de árboles de varios siglos de antigüedad.

http://mariacki.com/en/

## 43 'LOS GIRASOLES', ÁMSTERDAM, PAÍSES BAJOS

Si alguien le hubiera profetizado al pintor Vincent van Gogh, siempre en una precaria situación económica, que uno de sus cuadros iba a costar un día más de 82 millones de dólares, él lo habría tomado por loco. Sus dos cuadros llamados *Los girasoles*, uno de los cuales cuelga en el Museo Van Gogh de Ámsterdam, los pintó con la ilusión de la inminente visita de su colega de oficio Paul Gauguin. Para el artista neerlandés, que se cuenta entre los fundadores de la pintura moderna, los girasoles representaban la alegría. Desgraciadamente, el sueño de trabajar con Gauguin se frustró: Van Gogh primero perdió la oreja y, luego, a su amigo.

https://www.vangoghmuseum.nl/es/planifica-tu-visita

## 44 'EL BESO', VIENA, AUSTRIA

Un hombre y una mujer íntimamente abrazados en una pradera florida: un motivo típico. Si añadimos, sin embargo, un fondo de reluciente pan de oro y el estampado floral del vestido de la mujer, de repente nos viene a la cabeza un cuadro específico. *El beso*, una de las obras más conocidas del Jugendstil y quizá la pintura más famosa de Austria, se considera, en efecto, el punto álgido de la época dorada de Gustav Klimt (1862-1918). Desde 1908, el cuadro puede verse en el palacio de Belvedere. Este esplendoroso complejo barroco es, de hecho, una de las mayores atracciones de Viena.

www.belvedere.at/en

## 45 'EL CAMINANTE SOBRE EL MAR DE NUBES', HAMBURGO, ALEMANIA

¿Ha llegado a la cumbre de la vida? ¿Mira al futuro? ¿O simplemente a lo lejos? *El caminante sobre el mar de nubes*, de Caspar David Friedrich, no nos ofrece ninguna respuesta: nos da la espalda. Este cuadro, pintado hacia 1817, es la estrella de la Hamburger Kunsthalle y encarna como ningún otro el Romanticismo, una época en la que, en todas las formas artísticas, la fantasía, los sentimientos, la pasión y el viaje a lo desconocido se oponen a la mentalidad tradicional.

www.hamburger-kunsthalle.de/en

Unos dedos mundialmente famosos: la obra de Miguel Ángel en el techo de la Capilla Sixtina.

# 46 LA CREACIÓN DE ADÁN, CAPILLA SIXTINA, VATICANO

«Una figura que, en su belleza, así parece como si por el primer y sumo Hacedor mismo creada fuera; no, empero, por el pincel de un hombre mortal», así describía, en el siglo XVI, un biógrafo de artistas el fresco más famoso del mundo. No obstante, el comentadísimo hueco entre los dedos de Dios y Adán nos recuerda que, al artista Miguel Ángel, nada le era más ajeno que el endiosamiento. Quien quiera admirar esta maravilla, tendrá necesariamente que reservar con antelación. Y el tiempo de espera a la puerta de la Capilla Sixtina es de entre 2 y 3 horas.

www.vaticantickets.org/es/

**UN CONTINENTE DE ARTE**

¿Quién lo reconoce? Los expertos creen que Rembrandt se pintó a sí mismo en segundo plano en *La ronda de noche*.

## 47 'EL GRITO', OSLO, NORUEGA

El pintor noruego Edvard Munch legó a la ciudad de Oslo todas las obras que siguieran en su propiedad tras su muerte. Entre ellas se encontraba *El grito*, que consta de cuatro cuadros. Gran parte de las piezas pueden contemplarse hoy en el Museo de Edvard Munch. *El grito*, sin embargo, está en el Museo Nacional, cuya apertura está prevista para el 2020.

nasjonalmuseet.no/en/

## 48 'LA DANZA', SAN PETERSBURGO, RUSIA

Quien quiera admirar las dos versiones del cuadro *La danza*, de Henri Matisse, ha de recorrer medio mundo. La primera, de 1909, cuelga en el MoMA, en Nueva York; la versión posterior, en el Hermitage de San Petersburgo. Quien se decida por ella, se asomará a uno de los museos de arte más importantes y más grandes del mundo. Por no hablar de la propia esplendorosa ciudad a orillas del Nevá.

www.hermitagemuseum.org

## 49 'LOS SIRGADORES DEL VOLGA', SAN PETERSBURGO, RUSIA

El Museo Ruso de San Petersburgo alberga la mayor colección de arte nacional, incluidos *Los sirgadores del Volga*, del pintor Iliá Repin. Esta obra, de finales del siglo XIX, impresiona, además de por los aspectos pictóricos, por sus dimensiones y su formato panorámico. Por lo demás, con este cuadro Repin consiguió llamar la atención de sus contemporáneos sobre las arduas condiciones de los sirgadores.

en.rusmuseum.ru

## 50 'LOS NENÚFARES', PARÍS, FRANCIA

Una cosa está clara: Claude Monet amaba los nenúfares. En torno a 250 óleos les dedicó el pintor francés, con las atmósferas y los matices más diversos. Su inspiración era el jardín acuático que en 1893 instaló en su finca de Giverny. Una de las obras impresionistas del mago del color puede admirarse en el Musée d'Orsay.

www.musee-orangerie.fr/en

## 51 'LOS BURGUESES DE CALAIS', CALAIS, FRANCIA

Los concejales de Calais hubieran deseado una obra más triunfal que la del escultor Auguste Rodin, inaugurada en 1895: seis hombres desesperados ante su inminente ejecución. Al fin y al cabo, la obra *Los burgueses de Calais* tenía que evocar un episodio heroico de la Guerra de los Cien Años (siglos XIV-XV). Hoy el monumento se considera una de las obras más importantes de Rodin. El original se encuentra ante el antiguo concejo de esta ciudad portuaria del norte de Francia.

https://www.france-voyage.com/francia-guia-turismo/calais-632.htm

## 52 'LA RONDA DE NOCHE', ÁMSTERDAM, PAÍSES BAJOS

A Rembrandt van Rijn no le fue dada la fama en vida, pero tanto mayor es su estima hoy. Su cuadro más famoso, *La ronda de noche* (1642), muestra a la guardia ciudadana de Ámsterdam en magnífico esplendor. Un esplendor que, sin embargo, la obra fue perdiendo a lo largo de los siglos. Y por eso en el 2019 empezó a restaurarse, a la vista del público, en el Rijksmuseum.

https://www.rijksmuseum.nl/es/informacion-para-los-visitantes

## 53 'LA ÚLTIMA CENA', MILÁN, ITALIA

El ataque vino de arriba, pero, el milagro, todavía de más arriba: fue una señal de Dios. El 16 de agosto de 1943, una bomba inglesa destruía el convento de Santa Maria delle Grazie… pero salía ileso su mayor tesoro: *La última cena*, de Leonardo da Vinci. Esta obra maestra de

**UN CONTINENTE DE ARTE**

9 por 4 metros puede admirarse en una visita guiada. Imprescindible reservar.

www.italia.it

## 54 'LA NOCHE', BERNA, SUIZA

El Kunstmuseum de Berna goza de fama mundial. Entre sus obras se encuentra la más famosa del suizo Ferdinand Hodler. Muestra al artista siendo arrancado del sueño por el espíritu de la noche. Hodler se cuenta entre los pintores suizos más famosos del siglo XIX.

www.kunstmuseumbern.ch/en/

## 55 'LA JOVEN DE LA PERLA', LA HAYA, PAÍSES BAJOS

¿Quién es la chica que, de forma inquisitiva y descarada, examina al observador? No se sabe a quién inmortalizó en este cuadro de 1665 Jan Vermeer de Delft, pero la muchacha es conocida en el mundo entero. Una película y un libro cuentan su historia ficticia. La obra más famosa de Vermeer cuelga en el Mauritshuis junto a otras de Rembrandt, Rubens o Frans Hals.

https://www.mauritshuis.nl/nl-nl/informacion-para-los-visitantes/

## 56 'ESCULTURA-SIGNO', PÉCS, HUNGRÍA

A Victor Vasarely se lo conoce como el padre del movimiento *op-art*, que en la década de 1960 generaba sorprendentes efectos ópticos con for-mas geométricas, patrones y colores. Una de sus obras más famosas está, desde 1977, ante la iglesia de los Paulinos de Pécs, lugar natal del artista.

www.iranypecs.hu

## 57 TEATRO-MUSEO DALÍ, FIGUERES, ESPAÑA

Un taxi lleno de maniquís en el cual llueve, una torre ornada con gigantescos huevos, un museo en cuyo sótano el fundador reposa bajo una discreta losa sepulcral… Dicho fundador se llamaba Salvador Dalí, y una visita a este antiguo teatro es como un viaje al espíritu de este genio de inconfundible caligrafía artística. El complemento perfecto para unas vacaciones de playa en la cercana Costa Brava.

www.salvador-dali.org/es/

## 58 ESCULTURA ECUESTRE DE FEDERICO II EL GRANDE, BERLÍN, ALEMANIA

La impresión de seguridad y confianza en la victoria que transmite esta estatua de 13 metros de alto de Christian Daniel Rauch (1851) parece que no refleja, en absoluto, el carácter puntilloso y escéptico del rey Federico II de Prusia. Pero así es como celebran los berlineses a su «viejo Fritz», entre los tilos, resuelto e imponente, clarividente y seguro.

www.visitberlin.de/es

## 59 'GUERNICA', MADRID, ESPAÑA

Las bombas que cayeron sobre la ciudad vasca de Guernica en 1937, durante la Guerra Civil española, fueron un acto terrorista contra la población civil. Picasso, comprometido con las fuerzas republicanas españolas, no podía quedar indiferente. El cuadro, que refleja el horror y el desvalimiento de los habitantes, no pudo volver a España hasta 1981, tras la vuelta a la democracia. Cuelga en Madrid, en el Centro Nacional de Arte Reina Sofía, y pone en guardia al público frente al terror y la barbarie.

www.museoreinasofia.es

## 60 'AMANECER CON MONSTRUOS MARINOS', LONDRES, INGLATERRA, REINO UNIDO

Ninguno de sus coetáneos logró capturar la luz en el lienzo como Joseph Mallord William Turner. Componía escenas de veleros atrapados en tempestades, de botes pesqueros dramáticamente iluminados, pero también de la industrialización. Muchos de sus cuadros pueden verse en la Tate Britain, en Londres.

https://www.tate.org.uk/es/visita

En el Teatro-Museo Dalí, todo se vuelve tremendamente surrealista.

# UN CONTINENTE DE ARTE

# SITIOS ALTOS CON VISTAS DE PRIMERA

**A VISTA DE PÁJARO SE OBTIENE UNA NUEVA PERSPECTIVA. A VECES SE NECESITA ESTAR EN FORMA, OTRAS SOLO CONOCER EL LUGAR ADECUADO.**

## 61 PARQUE NACIONAL DE LLOGARA, ALBANIA

Estos tupidos bosques de montaña del Adriático, al suroeste de Albania, son reserva natural y se cuentan entre los últimos destinos no masificados de Europa. Ya solo el trayecto por el puerto alpino de Llogara, a 1027 metros, justifica el viaje: la carretera va serpenteando por densos bosques de pinos y abetos… hasta que de repente los árboles ralean y emerge ante el parabrisas el Adriático azul-turquesa.

www.albanian-riviera.net/llogara

## 62 MONTE BRÈ, SUIZA

El boscoso monte Brè, que se alza como una muralla ante las puertas de la ciudad de Lugano, probablemente sea el lugar de Suiza más mimado por el sol. Desde su cima se domina, en los frecuentes días claros, no solo la ciudad, sino también el propio lago de Lugano y hasta bien dentro de los Alpes. Un funicular lleva a los visitantes desde Cassarate hasta la cumbre, donde aguardan dos acogedores restaurantes con soleadas terrazas.

www.luganoregion.com

## 63 FIVE FINGERS, AUSTRIA

Como una mano con los dedos extendidos se proyecta este mirador, situado a 400 metros sobre el abismo, hacia el paisaje de los montes Dachstein. Quien se aventure hasta la punta de los dedos, debe estar preparado para el vértigo. A estos Five Fingers se llega en un paseo de unos 20 minutos desde la estación alpina de Krippenstein. La plataforma está iluminada hasta medianoche y deja sin respiración incluso desde lejos.

dachstein-salzkammergut.com/en/

## 64 MIRADOR DEL FITO, ESPAÑA

Sí que hay unas escaleras que llevan al cielo. Su diseño es tan simple, como extraordinario el panorama que ofrecen. Esta pequeña plataforma redonda, cómodamente accesible a través de 16 peldaños, ofrece una fantástica vista que domina las blancas cumbres de los Picos de Europa, al norte de España, en la comunidad autónoma de Asturias, y a lo lejos, el mar Cantábrico.

www.turismoasturias.es

## 65 MONTE BASTEI, MONTAÑAS DE ARENISCA DEL ELBA, ALEMANIA

Es difícil decir qué es más espectacular, si la vista desde allí o el propio peñasco, ubicado, en la Suiza Sajona, tras un viejo puente de arenisca con siete arcos. Sea como sea, el panorama lleva despertando admiración desde hace muchas generaciones. Ya desde 1812 los visitantes cuentan con una oferta gastronómica, si bien la de entonces (pan, mantequilla y aguardiente) se ha refinado bastante. Eso sí, el palco sigue tan vistoso como siempre.

www.saechsische-schweiz.de/en/

Paisaje con río: vistas desde el monte Bastei al Elba en el Parque Nacional de la Suiza Sajona.

## 66 CABO GIRÃO, MADEIRA, PORTUGAL

No. *Girão* no tiene que ver con «girar» o «regresar», sino con «jirón». Y en todo caso, ya habrá tiempo de volver. Al fin y al cabo, el acantilado del sur de Madeira es, con hasta 589 metros, el farallón más alto de Europa y el segundo del mundo. Desde el mirador la vista se pierde en la inmensidad azul-zafiro del Atlántico y, bajo los pies… ¡Caray! Bajo los pies no hay sino el abismo, a través, eso sí, de un cristal.

www.madeira-web.com/es/

## 67 MIRADOR ROC DEL QUER, ANDORRA

Día tras día, ese hombre caviloso sin nombre está sentado a varios cientos de metros sobre los verdes valles de los Pirineos al borde de su plataforma. ¿En qué pensará? Quizá esta estatua, situada en Canillo, en mitad del diminuto Principado de Andorra, quiera decirnos una cosa: que a veces solo es cuestión de balancear los pies sobre el abismo, mirar a las montañas y celebrar la belleza del entorno.

visitandorra.com/es

## 68 BAUMWIPFELPFAD SCHWARZWALD, ALEMANIA

Un tobogán de 55 metros no lo ofrece cualquier bosque. Pero, un momento, estábamos aquí por las vistas. Pues resulta que la rampa de subida, en espiral, lleva hasta una altura de 40 metros. Y ahí tenemos las vistas: sobre la Selva Negra, llegando al valle del Rin y al Jura de Suabia. La torre-mirador es el momento estelar de este camino que, con sus 600 metros entre copas de árboles, acerca el bosque y los animales a los visitantes.

https://www.baumwipfelpfade.de/en/schwarzwald/

fruta, en días claros, de vistas sobre Suiza, Alemania, Austria, Liechtenstein, Francia e Italia. Y hay más récords: sobre el Säntis se han registrado la mayor cota de nieve y la mayoría de los rayos de Suiza. (Con mal tiempo, mejor visitar la quesería que hay abajo, en el valle.) Descubrir un nuevo mundo en la cima depende del tiempo extremo.

https://saentisbahn.ch/en/

de cristal que, tras 14 escalones, sitúa en el ancho espacio abierto entre las montañas, a unos 400 metros sobre el precipicio. Tampoco es moco de pavo el paseo sobre el puente colgante: una prueba de 100 metros de largo, eso sí, con unas vistas inolvidables. En la medida de lo posible, habrá que relajarse y disfrutar del momento.

https://www.derdachstein.at/en

## 69 MONTE SÄNTIS, SUIZA

Podría ser difícil encontrar un lugar mejor desde el que ver seis países. Desde el Säntis, la cima más alta del este de Suiza, a 2500 metros, se dis-

## 70 DACHSTEIN SKY WALK, AUSTRIA

Desde la montaña más alta de Estiria, los caminantes ven en días claros hasta Chequia y Eslovenia. Emociones fuertes procura la escalera que lleva a la nada: un estrado

## 71 ACANTILADOS DE MOHER, IRLANDA

¿Es la Tierra en realidad una superficie plana? Si tal fuera, estos acantilados que caen en vertical sobre el Atlántico serían sin duda su fin. Ante estos precipicios de entre 120 y

Este mirador futurista de César Manrique se construyó sin ángulos rectos.

## 72 ☘ MIRADOR DEL RÍO, LANZAROTE, ESPAÑA

Aquí las vistas se convierten en arte arquitectónico. Quien entre en este café de ventanas panorámicas, podría pensar que se encuentra en una galería de arte con imponentes cuadros de paisajes en los muros. Pero, un momento… ¿no acaba de moverse la nube de ese cuadro? Así es. Desde este impresionante edificio, a 475 metros sobre el espejo del mar, las vistas llegan, por sobre la escarpada costa del risco de Famara, al estrecho del Río, e incluso a otras islas del archipiélago canario. Tampoco hay que dejar de salir a la plataforma-mirador que hay al aire libre.

https://turismolanzarote.com/de/sehenswertes/cact-lanzarote/mirador-del-rio/

214 metros no hay, en efecto, sino la anchura infinita del Atlántico, que se funde con el cielo. Especialmente impresionante es la vista al ponerse el sol, cuando el cielo resplandece entre rosa, rojo fuego y amarillo oro. No sorprende que sean una de las mayores atracciones de Irlanda.

www.cliffsofmoher.ie

## 73 METEORA, GRECIA

Los arqueólogos dan por hecho que la incomparable región montañosa del centro de Grecia es lugar codiciado desde hace miles de años: ante una gruta se encontró un muro de piedra que tendría nada menos que 23 000 años. Los 24 monasterios que aquí se aprietan contra la roca datan solo del siglo XI. Los monjes y peregrinos no podían llegar entonces a estas casas de Dios sino con escalas de cuerda que –cuenta la leyenda– solo se cambiaban cuando se rompían. Pero tranquilos: hoy hay escaleras para subir a uno de los lugares Patrimonio Mundial de la Unesco más imponentes, y con mejores vistas.

www.visitmeteora.travel

## 74 ALPSPIX, PICO ZUGSPITZE, ALEMANIA

La cima más alta de Alemania está entre el cielo y el (valle del)

# SITIOS ALTOS CON VISTAS DE PRIMERA

infierno. Eso quiere decir Höllental, que es como se llama el tremendo abismo al que se asoma uno, entre el vértigo y el pánico, desde la plataforma-mirador AlpsiX, a unos 2050 metros. Las dos terrazas de acero, que se proyectan unos 13 metros sobre el precipicio, están dispuestas a modo de equis y ofrecen vistas al Zugspitze, a la cara norte del Alpspitze y a la sima del valle. Se llega con un funicular que parte de Garmisch-Partenkirchen.

zugspitze.de/en/sprachen/spanisch/
zugspitze-top-of-germany

## 76 MIRADOR DE STEGASTEIN, AURLANDSFJORD, NORUEGA

Por supuesto: también puedes extender los brazos. Así es mayor la sensación de volar sobre este espectacular fiordo. Por debajo, a 650 metros, están las tranquilas e insondables aguas de este brazo de mar de 15 kilómetros, el del famosísimo Sognefjord, rodeado por imponentes macizos que determinan su curso inamoviblemente. Y antes de la visita al mirador se puede tomar el tren de Flåm, uno de los viajes ferroviarios más bonitos del mundo.

https://www.visitflam.com/es/activities/stegastein-viewpoint/

## 75 CASCADA SELJALANDSFOSS, ISLANDIA

Aquí lo más inolvidable es la vista desde tan, tan bajo… No lejos de la carretera de circunvalación, que rodea la isla, el río Seljalandsá se precipita en un abismo de 66 metros. Esta catarata ofrece un imponente –y ruidoso– espectáculo natural ya desde lejos, pero aún más impresionante es la vista desde atrás: a través del raudal atronador, hacia el paisaje velado por este. En una noche clara se pueden descubrir tras la cascada auroras boreales.

https://guidetoiceland.is/es

autorrealización artística, que sepa que no es el primero. Existe desde hace mucho toda una tradición de acuarelas que han fijado este paisaje prácticamente inalterado; a lo que se añaden descripciones literarias como las de Mark Twain o Goethe, quienes miraron igualmente atónitos desde esta montaña. Un tren de cremallera lleva hasta el Rigi Kulm, a 1800 metros, desde Vitznau y Arth-Goldau. Los martes el viaje es incluso gratuito.

https://www.rigi.ch/en

## 77 PICO RIGI KULM, SUIZA

A quien, con esta sobrecogedora vista de lagos, montes y la meseta suiza hasta la Selva Negra, le sobrevenga un repentino anhelo de

## 78 DOLNÍ MORAVA SKY WALK, CHEQUIA

Stezka v oblacích, «senda entre las nubes», tal es el nombre de la construcción de madera que, en el 2016, se inauguró en el norte de Chequia, no lejos del monte Králický Sněžník. Este puente hacia el cielo asemeja, con sus 710 metros

de largo, una montaña rusa para peatones. Desde arriba ofrece una magnífica vista del río Morava y los montes de los Gigantes. Pero aquí no solo se viene por las vistas: quien suba a esta maraña de 50 metros de alto, no debe tener vértigo. Y del chute de adrenalina se ocupa el tobogán de 100 metros, provisto de ocasionales aberturas desde las que ver el panorama.

www.dolnimorava.cz/en/the-sky-walk

## 79 MONTE PYRAMIDENKOGEL, AUSTRIA

Al oír «torre de madera» quizá se rememore la infancia, aquella casa siempre inacabada del árbol del jardín. Y es que las obras maestras arquitectónicas que constituyen récords mundiales nos vienen, en el mejor de los casos, rara vez a la cabeza. Esta construcción del estado austríaco de Carintia, en el monte Pyramidenkogel (851 me-

El mirador de Stegastein se encuentra en la llamada «carretera de la Nieve», que va de Aurland a Lærdal.

tros), es la torre-mirador de madera más alta del mundo (la espiral de la estructura es, en realidad, de acero): un constructo helicoidal de 100 metros de altura con varias plataformas desde las que se ven lagos y montes. Para subir hay 441 peldaños y, para bajar, un tobogán de 120 metros. Tranquilos, que también hay ascensor.

www.pyramidenkogel.info/en/

## 80 PLATAFORMA-MIRADOR SPHINX, SUIZA

De día, desde la plataforma-mirador del observatorio Sphinx se ven, si hace buen tiempo, Alemania, Francia e Italia. Pero igual de amplias son las vistas cuando el sol desaparece tras los Alpes berneses, y la inmensa cúpula estrellada del firmamento se extiende sobre el puerto alpino de Jungfraujoch. El observatorio pertenece a una estación científica internacional y puede visitarse. Se sube en un ascensor al que es mejor montar con el estómago vacío: en solo 25 segundos sube 280 metros.

www.jungfrau.ch/en-gb/

# SITIOS ALTOS CON VISTAS DE PRIMERA

# TRADICIONES DIGNAS DE SER VISTAS

EN BULGARIA LANZAN HUEVOS CONTRA LAS CASAS, EN INGLATERRA HAY CONCURSOS PARA COMER ORTIGAS Y EN TURQUÍA ORGANIZAN PELEAS DE CAMELLOS. ASÍ SON LAS CELEBRACIONES EN EUROPA.

¿Y la gravedad? Como si no existiera: estos *castells* catalanes son obras maestras arquitectónicas.

## 81 NOCHE DE GUY FAWKES, INGLATERRA, REINO UNIDO

El 5 de noviembre de 1605, Guy Fawkes quiso hacer saltar por los aires al rey de Inglaterra junto con el Parlamento. No lo consiguió. Desde entonces, cada 5 de noviembre, el país celebra su fracaso con fuegos de artificio, desfiles y quemas de muñecos de Guy Fawkes. En Wells, Glastonbury o Bridgewater, los desfiles recorren las calles en noviembre.

www.visitbritain.com/us/en/everything-you-ned-know-about-guy-fawkes-night

## 82 TROPHÉE DES PLAGES, FRANCIA

¿Qué hacer cuando hay bajamar en la playa? ¡Carreras de caballos! Desde 1886, cada año, miles de personas acuden en primavera a la marisma de la playa de Jullouville para seguir la carrera del Trophée des Plages, en un circuito de 2 kilómetros. Es complicado distinguir quién ha ganado: *jockeys* y caballos están cubiertos de légamo de arriba abajo.

www.letrot.com/en/tout-le-fil

## 83 GUERRA DE HUEVOS, BULGARIA

En Bulgaria, en Semana Santa, la cosa se anima. Los huevos que previamente se han pintado –en general de rojo– se lanzan con fuerza, tras la misa del domingo de Resurrección, contra muros de iglesias y casas. Familias que por lo demás se llevan bien, se tiran huevos unas a otras. Rige la regla de que los que no se rompan, se quedan donde hayan caído para que traigan fortuna y salud todo el año.

https://www.abcviajes.com/guia_viajes/bulgaria/

## 84 DÍA DE SAN PATRICIO, IRLANDA

El Paddy's Day, el 17 de marzo, día en que murió el obispo Patricio, es una curiosa mezcla de festividad religiosa y truco publicitario de las grandes cerveceras. Hoy se hace difícil creer que, hasta la década de 1980, las familias irlandesas pasaran en la iglesia este día. Pero a san Patricio se le atribuye haber llevado el cristianismo a Irlanda. ¿Y qué mejor que celebrarlo con un vaso de Guinness o, de hecho, bastantes más? Eso hacen los irlandeses de tan contagiosa manera que hoy, en el día de san Patricio, se brinda con cerveza prácticamente en todo el mundo.

www.ireland.com/es-es/

## 85 'CASTELLS', ESPAÑA

Solo verlo ya resulta impresionante. *Castells*, castillos, se llaman las torres humanas que se erigen en muchas ciudades de Cataluña con motivo de las fiestas populares. Estas construcciones, que probablemente tengan su origen en bailes de los siglos XVII y XVIII, llegan a alcanzar los diez pisos. Los primeros castells se hicieron en la ciudad de Valls en 1801. En Tarragona compiten cada año más de 40 peñas, que reciben el nombre de colles castelleres.

patrimoni.gencat.cat/es/coleccion/castells

## 86 SILBO GOMERO, LA GOMERA, ESPAÑA

Caminante, si vas a La Gomera, no busques aves exóticas. Esos trinos y pífanos que se oyen por doquier son una lengua: mediante el llamado silbo se comunican, salvando bosques y barrancos, los habitantes de esta isla montañosa del archipiélago de la Canarias. Lo que suena como el piar de un inmenso canario, tiene por lo menos 500 años, está protegido por la Unesco como Patrimonio de la Humanidad y se enseña en las escuelas.

http://lagomera.travel/el-silbo-de-la-gomera/

## 87 CARNAVAL DE MAASTRICHT, PAÍSES BAJOS

¿Algo así como el carnaval de Colonia, en Alemania? En efecto: también en los Países Bajos tienen que ahuyentar a los malos espíritus. Vastelaovend se llama el carnaval de Maastricht, en previsión del cual se despejan las calles cada mes de febrero para esparcimiento del gentío disfrazado. Es el mayor evento del año en Maastricht. Quizás no siempre toque ir a Colonia, Cádiz o Canarias antes de la Cuaresma…

https://www.gemeentemaastricht.nl/english/

## 88 BAILE DE OSOS EN RUMANÍA

En Nochevieja, si en otros sitios estallan petardos, en el valle del Trotuş, en Transilvania, bailan los osos; y lo siguen haciendo los dos primeros días del año. En determinados puntos del valle, por ejemplo en Darmanesti o Comanesti, grandes y pequeños se envuelven en pieles de oso siguiendo una tradición de siglos. Pero también otros disfraces o máscaras juegan un papel en estos desfiles: los rostros de ancianos representan el año viejo y, los de novios o médicos, el nuevo.

www.turism-darmanesti.ro/index.php/en

## 89 UP HELLY AA, ESCOCIA, REINO UNIDO

❄ Si se encuentra uno en las islas Shetland a vikingos con toda su vestimenta y disposición festiva típicas, se debe sin duda a que ha llegado en pleno festival Up Helly Aa. Y es que en Lerwick el último martes de enero se sitúa, desde 1880, bajo el signo del disfraz, la celebración y la bebida. El punto álgido es un desfile de antorchas que, con acompañamiento de cánticos de guerra, llega hasta el mar. Allí se prende fuego a un *drakkar* con gran griterío, conforme a la tradición de los antiguos enterramientos vikingos.

www.uphellyaa.org

## 90 LUCHA EN ACEITE, TURQUÍA

La lucha en aceite (*yağlı güreş*) es el deporte nacional turco, y representa una de las más antiguas disciplinas deportivas de lucha documentadas. Los contendientes van vestidos únicamente con un pantalón de cuero y se embadurnan de arriba abajo con aceite de oliva. Así que el asunto es muy resbaladizo…

## 91 TORNEO MUNDIAL DE COMER ORTIGAS, INGLATERRA, REINO UNIDO

Dos campesinos ingleses discutían sobre quién tenía en su campo la ortiga más larga: así surgió esta inusitada contienda que, desde 1997, congrega a cientos de espectadores cada año en el *pub* Bottle Inn de la pequeña localidad de Marshwood. Este campeonato mundial de comer ortigas se convirtió hace tiempo en una gran fiesta. Para los concursantes, sin embargo, las cosas siguen igual de crudas: el vencedor del 2018 se tragó 30 metros de ortigas, aparte de algún que otro insecto. (Lo que caiga al plato, también se come.) Por lo menos pueden bajarlo con cerveza.

www.bottleinn.co.uk

Una hojita más y ya: comer ortigas es todo un desafío.

Gana quien ponga en el suelo los hombros del contrincante o consiga llevarlo tres pasos en vilo.

http://www.turismodeturquia.org/ IstanbulEdirne.aspx

## 92 LA POURCAILHADE, FRANCIA

Quien quiera pasarlo cochinamente bien, tiene que ir a la Pourcailhade, en Trie-sur-Baïse, un centro de la industria porcina francesa. El clímax grotesco de la fiesta es el campeonato de gruñido de cerdo. Los participantes se esmeran en gruñir, guarrear y chillar sobre un estrado. Lo cierto es que hasta ahora ningún extranjero ha logrado hacerse con la victoria.

triesurbaise.com/english/

## 93 PELEAS DE CAMELLOS, TURQUÍA

Quien haga huir al otro, lo ponga de rodillas o le haga gritar, ha ganado. Hablamos de una tradición milenaria: las peleas de camellos que, en pintorescos concursos populares, se celebran en la Anatolia occidental, en la región del Mármara y el Egeo. Los combatientes se crían expresamente para este fin y reciben toda suerte de mimos, si bien los animalistas ven esto de otro modo.

https://elpais.com/sociedad/2014/01/23/ actualidad/1390502282_670296.html

# TRADICIONES DIGNAS DE SER VISTAS

¿Pero estamos en Brasil, o qué? El carnaval lleva una brisa tropical a la ciudad danesa de Aalborg.

## 95 CARNAVAL DE AALBORG, DINAMARCA

El carnaval de Aalborg es una especie de campeonato mundial carnavalero. Y es que no solo se trata de estar encantado, sonriente y emperifollado sino de estar más encantado, sonriente y emperifollado que todos los demás. A finales de mayo, miles de personas disfrazadas recorren a ritmo de samba las calles de esta ciudad portuaria danesa, a lo que se añaden las masas de espectadores de todo el mundo. El evento culmina en el International Carnival, en el que artistas de todos los continentes compiten por el título de mejor comparsa del año.

https://www.aalborgkarneval.dk/en/home/

## 94 CARGA DE MUJERES, FINLANDIA

¿Carga de mujeres? Suena muy cómodo para la dama… pero resulta que, según el reglamento, la mujer transportada debe pesar al menos 49 kilos. Luego, el correspondiente aspirante a Hércules se hunde hasta las rodillas por un recorrido de arena, grava y acequias, de modo que su compañera acaba pasada por agua o con calambres en las piernas. Pero una cosa está clara: aquí trabajan también los músculos de la risa…

http://www.biginfinland.com/carrera-llevar-mujer-a-cuestas/

## 96 ROMERÍA DE SANTA MARTA DE RIBARTEME, ESPAÑA

Todos los años, el 29 de julio, desfila una extraña procesión por el municipio gallego de As Neves. Tras una imagen de santa Marta, patrona del lugar y, como hermana de Lázaro, símbolo de la resurrección de los muertos, discurre un cortejo con docenas de ataúdes abiertos en los que yacen personas vivas. Todas quieren agradecer a la santa por haberlas salvado de una muerte segura. Suena siniestro, pero lo duro corresponde a los parientes o amigos: ellos deben ir cargando en procesión con el féretro.

santamartaderibarteme.org

## 97 ŚMIGUS-DYNGUS, POLONIA

Lunes de Pascua en Polonia… y a las chicas más guapas les echan un cubo de agua por encima. Esta tradición, vieja como los siglos, o bien conmemora el bautizo del rey polaco Mie-

## TRADICIONES DIGNAS DE SER VISTAS

cislao I en el año 966, o bien tiene su origen en un ritual pagano de purificación. Hoy se trata, en cualquier caso, de una salvaje batalla de agua en la que nadie queda seco.

## 98 LUCHA CANARIA, ESPAÑA

Parece que la lucha canaria se remonta a tiempos prehispánicos. El hecho es que se trata del deporte rey en el archipiélago, con varios miles de luchadores y en torno a cien agrupaciones. Se lucha en la arena, y el objetivo es poner al adversario en posición horizontal. Lo primero es, sin embargo, el juego limpio y el respeto. Los combates profesionales pueden verse también en la televisión local.

www.grancanaria.com

## 99 FESTIVAL DE CANTO TIROLÉS DEL CANTÓN DE BERNA, SUIZA

Cuándo, cómo y por qué se inventó el canto tirolés, ¿para atraer animales?, ¿por pura alegría de vivir? Nadie lo sabe. Lo que está fuera de duda es que, en Suiza, este canto se cuida como una venerable tradición. En este festival, que cada año se celebra en un sitio diferente, participan más de 2000 cantores tiroleses. A lo largo de tres días, dan muestras de su arte para regocijo de miles de espectadores.

www.bkjv.ch

Llega el final del verano: unas hermosas vacas volviendo a casa en la región alemana de Algovia.

De compras en Svolvaer: así son los supermercados en Nordland.

## 108 ALPES JULIANOS, ESLOVENIA

El terreno es escarpado en esta región del sur de los Alpes Calcáreos, englobados casi en su totalidad en el Parque Nacional del Triglav. El único espacio natural protegido de Eslovenia ofrece naturaleza pura a todos los amantes del aire libre: caminos y senderos alpinos suben por verdes valles glaciares hasta prados de montaña y lagos cristalinos. Un cierto trajín reina, sobre todo, en torno a la localidad de Bled, con su magnífico lago y con el monte Triglav, el más alto de Eslovenia con 2864 metros. En otros rincones, sin embargo, no hay sino calma y soledad, cosa ya rara en los Alpes. Y no hay que dejar de darse un homenaje a la eslovena en alguna de las muchas fondas.

www.slovenia.info/en

hotelitos y fincas particulares. Casi nada.

https://www.holaislascanarias.com/el-hierro/

## 109 NUEVA ZEMBLA, RUSIA

Frío, tormenta y lluvia: un tiempo perfecto para unas vacaciones de julio ofrece este archipiélago situado al sur de abruptas montañas en el mar de Barents. Para llegar a la tercera reserva natural más grande de Europa, con sus glaciares y su extraordinaria fauna, lo más sencillo es cruzar en barco el océano Ártico. En invierno del 2018, el principal asentamiento de la zona, Belushya Gubá, fue noticia por una invasión de osos polares. El tiempo en invierno: frío, tormenta y nieve.

## 110 PARQUE NACIONAL DE HAINICH, ALEMANIA

Entre Weimar y Gotinga hay un bosque antiquísimo en el cual la naturaleza sigue marcando la pauta; la idea es reservar un espacio seguro para los muchos animales amenazados que pueblan este hayedo. Este parque natural de 130 kilómetros cuadrados se disfruta desde abajo y desde arriba: una pasarela situada a la altura de las copas de los árboles permite acercarse a la naturaleza a vista de pájaro.

www.nationalpark-hainich.de/en.html

## 111 PARQUE NATURAL DE ZLATNI PIASATSI, BULGARIA

Zlatni Piasatsi, «arenas de oro», sería el equivalente balcánico, en el mar Negro, a la zona discotequera de Mallorca. Muy distinta es la cosa a pocos kilómetros, en el parque natural más pequeño de Bulgaria.

Aquí los ruidos fiesteros se pierden entre el murmullo de las hayas y los robles, y uno puede admirar las arrebatadoras vistas del mar y el monasterio de Aladzha, en la zona suroeste de la reserva natural.

http://www.parkzlatnipiasaci.com/?lang=en

## 112 ISLA DE CASTELÓRIZO, GRECIA

Casi se podría ir nadando desde Castelórizo a Turquía. Pero, ¿por qué hacer tal cosa? La isla más oriental de Grecia es tan hermosa… Ya se dieron cuenta los creadores de la película *Mediterráneo*, que obtuvo el Oscar al mejor filme de habla no inglesa (1991) y tenía por estrella este íntimo puerto de casas abigarradas y la propia isla, con su mar color añil, una gruta fascinante y una historia antiquísima.

http://www.visitgrece.gr

## 113 NUEVA CALEDONIA, FRANCIA

No visitar Nueva Caledonia en unas vacaciones en Francia es bastante usual. La isla está a 18 000 kilómetros de la madre patria: su gran vecino más cercano es Australia. Y es que los mares del Sur, con sus lagunas, manglares y playas de ensueño, también son parte de Europa. Quien quiera ir a Nueva Caledonia, ha de viajar más de un día entero. A cambio le aguar-

## DONDE DA LA VUELTA EL AIRE

## 102 ☀ MASURIA, POLONIA

La hermosísima región de la llanura lacustre de Masuria no tiene límites precisos; otro tanto debería poder aplicarse a cualquier tiempo de vacaciones que se pase en este idílico humedal. Sus bosques y prados son un magnífico escenario para no hacer nada y, más tarde, descansar. Contra el aburrimiento se puede alquilar una bicicleta o una piragua. O bien visitar alguna de las bonitas ciudades de la zona, como Giżycko, Mikołajki o Pisz. Antaño Masuria formaba parte de la Prusia Oriental, por lo que en la región hay una importante huella alemana.

www.polonia.travel/es

## 103 ISLAS FEROE, DINAMARCA

Quien se adentre en las Feroe se sumergirá en paisajes grandiosos y en situaciones climatológicas salvajes; caminará por montañas y valles, y podrá observar aves marinas que anidan en gigantescos acantilados. La mejor forma de visitar la tierra de los descendientes de los aguerridos vikingos es en una autocaravana, aunque a estas islas del mar del Norte solo se puede llegar en barco o en avión.

www.visitfaroeislands.com

## 104 FIORDOS OCCIDENTALES, ISLANDIA

Es fácil entender que, de producirse una gran tormenta invernal, este remoto sueño islandés de fiordos, cascadas y montes podría quedar aislado del resto de la isla. En Ísafjörður, la localidad más grande de la región, viven 4000 personas. Los pueblos y las tiendas escasean en este paraje casi despoblado. Y a propósito de las tormentas de nieve: realmente no tiene sentido ir a los Fiordos Occidentales en invierno.

https://es.visiticeland.com/

## 105 TRASERA DEL VALLE DE LAUTERBRUNNEN, SUIZA

Un pedazo de tierra de la región alta del cantón de Berna que todavía puede verse igual que estaba hace siglos. Las cabras montesas y los rebecos saltan por las rocas, las cascadas murmuran, los pájaros

gorjean en manantiales y arroyos cristalinos. El albergue alpino de Obernsteinberg no dispone ni de duchas ni de electricidad: la única luz artificial procede de las velas y la comida llega por la montaña a lomos de acémila.

www.stechelberg.ch/index. php?id=1&L=1

## 106 ALPES ALBANESES, ALBANIA

Con sus lagos glaciares, sus abruptas cumbres y sus verdes valles, los Alpes Albaneses se cuentan entre los escenarios alpinos más imponentes de Europa. En el entramado de senderos, en parte hollados por los pastores a lo largo de siglos, es raro cruzarse con otros caminantes. Y hay que estar acostumbrado a andar: son frecuentes las marchas de un día por cotas de 1000 metros. A cambio recibe uno la tradicional hospitalidad y una comida sabrosa y sana.

albania.al/destinations/albanian-alps

## 107 EL HIERRO, ESPAÑA

¿Hay alguien ahí? La belleza de esta exigua isla volcánica es verdaderamente prístina. Son muchas las cosas que no hay: playas blancas, vuelos directos al continente, centros comerciales, campos de golf, cines. A cambio, no faltan tranquilidad y vistas dilatadas, caminos de ensueño y lugares de buceo, bosques, roquedos, aguas color turquesa, apartamentos de alquiler,

En los Alpes Julianos, en el corazón de Europa, las montañas se elevan solitarias, como antaño.

# DONDE DA LA VUELTA EL AIRE

DONDE DA LA VUELTA EL AIRE, EN EL QUINTO PINO, DONDE CRISTO PERDIÓ EL MECHERO… ES DECIR: MUY, MUY LEJOS. EN LA PAMPA O, POR NO SALIR DE EUROPA, EN VALAQUIA. Y ES QUE EL VIEJO CONTINENTE ESTÁ LLENO DE LUGARES RECÓNDITOS, DESDE RUSIA HASTA ITALIA.

## 101 PARQUE NACIONAL DE LEMMENJOKI, FINLANDIA

¿Caminos? En el Parque Nacional de Lemmenjoki, al norte de Finlandia, hay, teniendo en cuenta su tamaño, poquísimos. A cambio se encuentran pinos, abedules y píceas, alces, águilas reales y osos pardos, y naturaleza virgen en una superficie mayor que Luxemburgo. Quien quiera explorar a pie esta región, puede adentrarse en ella durante una o varias jornadas: las rutas por estas anchuras silvestres cubren 60 kilómetros. Un poco de experiencia en técnicas de supervivencia sí que habría que tener.

www.nationalparks.fi/en/lemmenjokinp

El amplio cielo sobre el camino: juegos de nubes sobre Masuria.

# 100 REGRESO DEL GANADO, ALEMANIA

Cuando los campesinos de Algovia vuelven a ver a sus reses en otoño, después de que estas hayan pasado el verano en los dulces prados alpinos, es como cuando la abuela recibe eufórica a sus nietos: hay comida para un regimiento y se invita a la mitad del vecindario. A mediados de septiembre, los campesinos aguardan que suenen los cencerros de sus rebaños en 32 localidades de los Alpes. Esta ocasión se celebra en ferias con puestos de cerveza y, naturalmente, en pantalones de cuero y traje bávaro..

https://www.bavaria.by/experiences/
city-country-culture/traditions-customs/
almabtrieb-vienscheid-in-bavaria/

## TRADICIONES DIGNAS DE SER VISTAS

da un paraíso sin casi turistas, y unos precios similares a los de París.

www.newcaledonia.travel

## 114 ISLAS HÉBRIDAS EXTERIORES, ESCOCIA, REINO UNIDO

En la blanquísima playa de Harris, una de las principales islas de las Hébridas Exteriores, frente a la costa oeste de Escocia, el tesoro son las propias islas: poco pobladas, llenas de rabiosas tempestades y días frescos incluso en verano, y por eso tan fascinantes. Da gusto ponerse un jersey de *tweed* de Harris tejido a mano.

www.visitouterhebrides.co.uk/

## 115 PARQUE NACIONAL DE BORJOMI-KHARAGAULI, GEORGIA

Si Georgia pertenece a Europa o a Asia no está claro. Sí lo está que viajar a este país al este del mar Negro es cada vez más sencillo.

Este parque nacional se encuentra en el Cáucaso menor, alcanza una altura de hasta 2600 metros y su naturaleza maravillosamente virgen está atravesada de senderos.

www.borjomi-kharagauli-np.ge

## 116 ESLAVONIA, CROACIA

Eslavonia se halla en el nordeste de Croacia, lejos de las playas, y ha mantenido su carácter originario. Vegas y tupidos robledales entre colinas y montañas confieren a esta región un variado rostro paisajístico sin par. Aquí es, sin embargo, sobre todo con la gente con quien merece la pena encontrarse. Un punto fuerte culinario es el tradicional *gulash* de pescado.

http://croatia.hr/es-ES

## 117 GROENLANDIA, DINAMARCA

Geográficamente, esta isla del Ártico pertenece a Norteamérica; pero polí-

ticamente es europea, en cuanto región danesa autónoma. Es una tierra de aventura cubierta de hielo en un 85%, y en la que se puede remar en kayak, caminar, sacar fotos, conocer la cultura inuit, montar en trineos tirados por perros, hacer esquí de fondo… o, simplemente, perderse lejos de todo.

visitgreenland.com

## 118 PARQUE NACIONAL DE POLONINY, ESLOVAQUIA

Aquí, en la mayor zona ininterrumpida de bosques silvestres de abetos y hayas, puede uno dar rienda suelta al trampero que lleva dentro. Cuidado, eso sí, con matar animales: lobos, bisontes, gatos monteses o linces campan a sus anchas.

http://slovakia.travel/en/national-park-of-poloniny

## 119 CERBĂL, RUMANÍA

En mitad de la evocadora región de Ardeal (alias Transilvania… sí, donde Drácula), se encuentra este pequeño municipio en el que los relojes avanzan demorosos. ¿Cosas modernas aquí? Complicado. En su lugar topa uno, entre las escarpadas paredes de roca de los Cárpatos, con talleres de artesanos, parroquianos afables y viejas fondas con cocina local.

www.turistintransilvania.com/en

## 120 NORDLAND, SUECIA

En una de las regiones menos pobladas de Europa, los urbanitas hastiados de la civilización encuentran esa calma con la que siempre sueñan. Nada menos que 12 de los 28 parques nacionales suecos están en esta tierra norteña, que atrae a senderistas en verano y a esquiadores de fondo en invierno. En los hoteles de hielo, los clientes se abrigan con gruesas pieles; y en el extremo norte, en Laponia, viven los samis, los europeos primigenios más septentrionales, siempre con sus rebaños de renos.

visitsweden.com

# DONDE DA LA VUELTA EL AIRE

# NUEVAS ALTERNATIVAS URBANAS

A PARÍS, A LONDRES, A ROMA O A BERLÍN VA TODO EL MUNDO. ¿QUÉ HAY DE SARAJEVO, DE TESALÓNICA, DE MARSELLA O DE UTRECHT? ALTERNATIVAS DE PRIMERA PARA UNA LISTA DE EXPERIENCIAS URBANAS IMPRESCINDIBLES.

## 121 TESALÓNICA, GRECIA

Segunda ciudad del país y sede de su mayor universidad: en Tesalónica todo el mundo se desmelena. Las coloridas casitas del barrio de Ladádika están llenas de bares y cafés, y en las numerosas discotecas la fiesta dura hasta el alba. Una fresca brisa marina aguarda luego en los paseos marítimos y, desde la famosa torre Blanca, se ve un atardecer de postal. En esta ciudad de más de 2000 años hay, también, mucha cultura, en forma de iglesias, mezquitas, castillos y museos. Si se busca tranquilidad hay que ir a la ciudad alta o a una de las playas de ensueño de la vecina península Calcídica.

thessaloniki.travel

## 122 GOTEMBURGO, SUECIA

*Läppstift*, pintalabios, es como apodan al rascacielos blanquirrojo de Lilla Bommen; la imagen da una magnífica idea de cómo es la segunda ciudad de Suecia, para la que conviene meter en la maleta ropa elegante, ya que es famosa por sus restaurantes. Más informal es la cosa en el parque de atracciones de Liseberg y otro tipo de emociones promete un crucero con uno de los barcos planos que sortean bajos puentes por los canales. Quien se canse del bullicio del barrio de Haga, puede ir en ferri a disfrutar de unos días veraniegos en románticos islotes.

www.goteborg.com/en/city-guide/

## 123 ASCOLI PICENO, ITALIA

Difícilmente haya un lugar en Italia donde la *dolce vita* se celebre igual de bien que en la plaza Arringo de Ascoli Piceno, una pequeña ciudad preñada de historia, 200 kilómetros al norte de Roma. Entre los pórticos del ayuntamiento y la vieja catedral se saborean *pizzas*, se toma *limoncello* y se sigue celebrando (con el debido vestuario) la Edad Media. En el café Meletti no hay que dejar de usar el baño: partes de la pared son de época romana.

www.le-marche.com/Marche/html/ascopic.html

## 124 GRAZ, AUSTRIA

Casas y callejones antiguos junto a edificios y complejos de oficinas futuristas: el binomio de tradición y modernidad está tan logrado en Graz, que en el 2011 la capital del estado austríaco de Estiria fue elegida Ciudad del Diseño, y solo hay diez en todo el mundo. Esto se ve también yendo de compras: los amantes de las piezas inusuales estarán encantados en las tiendas de la zona del museo Kunsthaus, y de los barrios de Lend y Jakomini. Tampoco puede faltar un trayecto en teleférico hasta Schöckl, el monte aledaño.

www.graztourismus.at/en

## 125 BRESLAVIA, POLONIA

¿Es que ya es fin de semana? Pues no. Los vecinos de Breslavia salen también un martes o un miércoles. Sí, claro, quizás tenga que ver con que muchos son estudiantes.

Bajo el minarete, Sarajevo ofrece una agradable vida nocturna.

## 126 SARAJEVO, BOSNIA Y HERZEGOVINA

No hace tanto que de esta ciudad solo llegaban noticias espantosas. Hace poco más de dos décadas que acabó el horror, pero no se ha olvidado. Las huellas de la guerra, que duró tres largos años, siguen a la vista: en las calles hay, por ejemplo, impactos de mortero que se rellenaron con resina roja. Pero la ciudad del río Miljacka ha hecho de tripas corazón. Hoy, por sus pintorescos callejones de la ciudad vieja deambulan turistas, los almuédanos llaman desde los minaretes y por doquier se ofrecen delicias gastronómicas. Y hablando de mezquitas: Sarajevo cuenta con 200, más que Teherán, la capital iraní.

www.bhtourism.ba

Y efectivamente está de moda el ambiente nocturno del barrio universitario, entre el Odra (Oder) y la plaza del mercado, rodeada de casas maravillosamente restauradas. Breslavia es una ciudad para pasear, con más de 100 puentes sobre los afluentes del Odra, con románticos callejones, espectaculares edificios góticos y barrocos… y 300 enanos. ¿Perdón? Que sí, que sí: estas esculturas, repartidas por toda la urbe, conmemoran las protestas de los opositores al régimen comunista en la década de 1980.

www.wroclaw.pl/en

## 127 OPORTO, PORTUGAL

Encantadoras callejas, fastuosos puentes, vistas del Atlántico… Esta ciudad costera del norte portugués aúna muchos placeres, sin olvidar, por supuesto, el rey del lugar: el vino homónimo. El mar y el Duero ofrecen el decorado ideal para deliciosos paseos. Desde la orilla del río, se extiende hasta la colina el antiguo barrio de Ribeira, que fascina con sus agradables callejuelas, plazas y casas medievales. Al atardecer, la ciudad vieja se ilumina con un sinfín de colores y empieza la animación nocturna.

www.visitportugal.com/es

## 128 TIRANA, ALBANIA

Como Albania estuvo tan aislada durante la dictadura comunista, este pequeño país balcánico y su capital no han calado (aún) en la memoria turística. Es un error, porque Tirana es joven y dinámica: en el barrio del Blloku, donde antaño vivía la élite del Partido Comunista, se siente la energía en los bares y cafés de moda, así como en las estrafalarias y curiosísimas tiendas. Y quien pasee por la plaza Skanderberg junto a los vecinos en el paseo vespertino diario que llaman *xhiro*, no olvidará Tirana fácilmente.

www.visit-tirana.com

## 129 MALMÖ, SUECIA

El primer rascacielos del mundo que gira sobre sí mismo (también el mayor edificio de toda Escandinavia) es aquí, en la frontera con Dinamarca, una auténtica atracción. Los suecos no es que estén muy convencidos con este experimento juguetón de un arquitecto español, pero los visitantes foráneos llegan en tropel para echar un vistazo al sinuoso gigante de hormigón, el Turning Torso. El contrapunto está en la Gamla Staden, la ciudad vieja, con sus casas de madera y adobe, su antiguo ayuntamiento y sus idílicos jardines.

www.malmocity.se/en/frontpage

## 130 CARDIFF, INGLATERRA, REINO UNIDO

Con el prominente Wales Millennium Centre o con la Welsh National Opera, la vida ha vuelto al barrio portuario de la mayor ciudad de Gales, famosa también por su abigarrada escena musical y sus tiendas de discos, entre las más antiguas del mundo. En la era del *streaming*, aquí lo que predomina es el vinilo. Si se quiere huir del ajetreo, se puede visitar el jardín botánico del Roath Park Conservatory o el Museo Nacional de Historia de St Fagan.

www.visitcardiff.com

## 131 SALAMANCA, ESPAÑA

También la llaman la ciudad del pensamiento y el saber, pero ninguno de los dos hace falta para disfrutar plenamente de sus magníficos edificios, de sus catedrales repletas de arte y de su viva gastronomía. Una de las históricas ciudades de Castilla alberga la universidad más antigua de España, que data de comienzos del siglo XIII y a la que al mismo tiempo debe agradecerse que, hoy, Salamanca siga sin perder su rostro juvenil. Hasta 40 000 estudiantes españoles y extranjeros se encargan de mantener vivo el ambiente las 24 horas, sobre todo en la animada Plaza Mayor.

www.salamanca.es

NUEVAS
ALTERNATIVAS
URBANAS

Rozando el cielo: Notre Dame de la Garde, en el monte homónimo que domina Marsella.

## 132 MARSELLA, FRANCIA

La segunda ciudad francesa es una metrópolis palpitante a la que no se le nota su edad de 26 siglos. Viajes al pasado ofrecen sobre todo el fascinante casco antiguo y el puerto viejo, cuyos cafés y restaurantes de pescado son, sin embargo, totalmente actuales. No hay que perderse la basílica cimera de Notre Dame de la Garde, ni el encanto mediterráneo de la Corniche, con vistas a los arrecifes y al archipiélago de Frioul.

www.marseille-tourisme.com/es/

## 133 TRIESTE, ITALIA

Trieste cuelga del extremo superior trasero de la bota de Italia como una especie de emblema. Al suroeste la ciudad está delimitada por la costa adriática y, en los restantes puntos cardinales, por la frontera eslovena, circunstancia que le ha conferido una identidad ambigua y, por ello, interesante. La vida transcurre en torno al imponente puerto, donde compiten por el espacio suntuosos yates, barcos de excursiones turísticas y barcas de pescadores.

www.turismofvg.it/Locality/Trieste

## 134 BRUJAS, BÉLGICA

Si se desea regresar a la Edad Media, solo hay que subir a un tren rumbo a Brujas. En ninguna otra gran ciudad europea han salido tan incólumes de dos guerras mundiales como aquí los edificios medievales, los canales preñados de historia y las viejas iglesias. Y no hay que olvidarse de disfrutar unos *brugsche swaentjes*, los pralinés oficiales de la ciudad, cuya receta se mantiene en el más estricto secreto.

www.visitbruges.be/es

## 135 SOFÍA, BULGARIA

Sobre Sofía, la capital búlgara, ya han caído muchas tormentas a lo largo de milenios. En torno a la actual ciudad, se han documentado asentamientos humanos desde el 6500 a.C. De ello pueden verse vestigios todavía hoy, como los restos de la residencia imperial de Constantino el Grande,

# NUEVAS ALTERNATIVAS URBANAS

emperador romano, del año 324. El macizo montañoso de Vitosha, a las afueras, alcanza los 2000 metros; y abajo, en la urbe, el mercado de las Mujeres (Zhenski Pazar) exhala encanto meridional. Antaño aquí solo cortaban el bacalao las mujeres, si bien ahora también tienen cabida los hombres.

bulgariatravel.org/en/sofia

## 136 UTRECHT, PAÍSES BAJOS

Con sus canales idílicos, sus edificios históricos y sus pequeños cafés, Utrecht es un lugar perfecto para dejar vagar el alma. Aquí se encuentra casi cada día un mercadillo en el que trastear, incluidos algunos específicos de telas o flores. Para comprar alimentos y productos exóticos de cualquier rincón del mundo, lo mejor es ir a la pintoresca Kanaalstraat. Uno de los iconos más visibles de la ciudad es la torre de la catedral, el campanario más alto de los Países Bajos. Tras subir sus 465 peldaños se disfrutará de un espectacular panorama.

www.visit-utrecht.com

## 137 PÉCS, HUNGRÍA

Al sur de Hungría, cerca de la frontera con Croacia, se encuentra una de las ciudades más bonitas del país. Fundada por los romanos, y ocupada por los turcos casi 150 años, Pécs ha desarrollado una arquitectura única: una mezcla de culturas que salta a la vista en la catedral, que reina sobre la céntrica plaza de Szent. Este histórico edificio, construido en el siglo XVI como mezquita, es hoy, con su cúpula redonda, una iglesia católica. Además, esta región mimada por el sol es famosa por su industria vinícola.

www.iranypecs.hu/en

## 138 SPLIT, CROACIA

Parece, por hallazgos de útiles de piedra, que en el emplazamiento de la que es hoy segunda ciudad de Croacia ya vivían personas hace unos 50 000 años. Viejas catedrales, antiguas murallas, plazas de mercado, restaurantes, bares y el imponente palacio de Diocleciano determinan hoy la imagen de la capital oficiosa de Dalmacia. El telón de fondo, sin embargo, sigue siendo el mismo: la escarpada costa y las relucientes aguas turquesa del Adriático.

visitsplit.com/es/1/bienvenidos-a-split

## 139 BRATISLAVA, ESLOVAQUIA

Ya hace tiempo que no se llama a esta ciudad Partyslava, pero no por eso ha dejado de cuadrar este apodo a la capital de Eslovaquia: de noche, el encantador y peatonal casco antiguo se convierte en zona de fiesta con bares y discotecas en las que pinchan DJ de todo el mundo. Si no se busca jarana, en los callejones de ensueño al pie del castillo se encontrará encanto y cultura a raudales. Esta ciudad del Danubio cuenta, además, con un ovni: uno de los pilones del puente de la Insurrección Nacional lleva, a modo de copete, un extraño mirador futurista.

www.visitbratislava.com

## 140 TIMI-SOARA, RUMANÍA

Timisoara, Temeswar, Temeschwar, Temesvar… La lista de grafías podría seguir, pero entonces no habría espacio para hablar de esta ciudad al oeste de Rumanía. Y sería una lástima, porque realmente es estupenda la arquitectura modernista de época austro-húngara, o las especialidades que sirven en la famosa Casa Bunicii. En el 2021, será capital europea de la cultura, y a más tardar será entonces el momento de viajar a esta maravillosa y viva ciudad universitaria de 300 000 habitantes.

www.larumania.es/ciudades-y-regiones-de-rumania/timisoara

Timisoara, Temeswar o Temeschwar: esta ciudad universitaria atrae por su encanto, se escriba como se escriba.

# AGUAS TERMALES

ESPECIALMENTE ESPECTACULAR RESULTA, POR SUPUESTO, RELAJARSE EN EL AGUA CALIENTE EN MITAD DE LA NIEVE. PERO NO SOLO EN ESE CASO OFRECEN UNA EXPERIENCIA ÚNICA LAS AGUAS TERMALES...

## 141 BAGNI DI PETRIOLO, SIENA, ITALIA

Es fácil imaginarse a terratenientes romanos solazándose en agua a 43 ºC en estas piscinas de piedra. Todavía sigue siendo una experiencia majestuosa bañarse en estas termas, restauradas como si cuerpo y alma recibiesen por fin ese trato exquisito que tanto se han ganado en el estresante día a día. En estas termas del Val di Merse también se ofrece un gran programa terapéutico. Por no hablar de las delicias de su restaurante.

www.termedipetriolo.it

## 142 MANANTIALES DE AGUA CALIENTE EN ISLANDIA

Si se va de vacaciones a Islandia, no hace falta buscar un hotel caro con *jacuzzi*. Aquí la naturaleza ofrece hidroterapias mejores: uno puede bañarse con total tranquilidad en los manantiales de agua caliente que brotan al aire libre por todo el país. Los hay que no son sino un agujero en la tierra; otros se han convertido en auténticos oasis de hidroterapia. El más conocido es la Blue Lagoon, un vaporoso lago de ensueño azul-cobalto entre campos volcánicos y cumbres nevadas. Más silvestres y menos visitados son, en cambio, la Secret Lagoon o el Seljavallalaug.

hotpoticeland.com

## 143 THERMAE BATH SPA, BATH, INGLATERRA, REINO UNIDO

Ya lo sabían los romanos hace 2000 años: en el hermoso lugar de Bath, se baña uno estupendamente. Y así sigue siendo, pues los manantiales de agua caliente a orillas del Avon nunca han dejado de borbotear. Las termas de los antiguos romanos destilan, hoy como en la Antigüedad, su viejo encanto. Se han ampliado y ofrecen, en este Thermae Bath Spa, una cultura balnearia de lo más elegante.

www.thermaebathspa.com

Donde la cumbre nevada mira perpleja a los bañistas: relax en los manantiales de Islandia.

### 144 TERMAS DO CARAPACHO, ISLAS AZORES, PORTUGAL

Hay vapor y burbujeo por doquier. En las islas de São Miguel y Graciosa, en las Azores, el hombre ha sabido aprovechar en muchos puntos, y de la forma más grata, el vulcanismo subterráneo. En medio de una naturaleza de aspecto selvático, numerosas piscinas naturales ofrecen la posibilidad de un baño en aguas termales a 40 ºC al que se atribuyen propiedades curativas. Un escenario especialmente impresionante se encuentra en las Termas do Carapacho, en Graciosa. Al pie de un acantilado de 200 metros, los bañistas pueden elegir entre un chapuzón en el manantial de agua caliente o en la piscina natural que hay junto a él, que conecta directamente con el Atlántico.

www.visitazores.com/es

### 145 TERMA BANIA, ALTO TATRA, POLONIA

¿Quién dice que en los balnearios tenga siempre que reinar la seriedad y el silencio? En un paisaje pastoral al pie del Alto Tatra, el complejo Terma Bania deja claro a primera vista que aquí la cosa es diferente. Procuran diversión 14 piscinas, más de 300 metros de locos tobogans (uno se llama nada menos que Turbo), y géiseres, tiovivos, cascadas y cañones de agua por todas partes. También hay, por supuesto, las clásicas zonas de relax con vistas a las montañas. Y todo con aguas termales ricas en minerales que llegan de 2500 metros bajo el suelo.

www.termabania.pl/en

### 146 SPA CIELÉO, BARÈGES, FRANCIA

¿Un baño en el cielo? El balneario Cieléo, el más alto de Francia, quizás no esté entre las nubes, pero sí a 1250 metros. Y es que en los Pirineos no faltan ni el agua ni los manantiales, por lo que en el pueblecito de Barèges ya se trataba a soldados heridos hace siglos. Hoy se

Terrazas sedimentarias de los Bagni di Saturnia.

puede relajar uno en la piscina hidroterapéutica o en el *hammam*. Agua a presión, barros medicinales, hidromasaje… Lo que haga falta. Y quien se canse de bañarse, apenas salga por la puerta encontrará aire puro y el mejor paisaje pirenaico.

www.cieleo-bareges.com

tas superiores hay saunas y espacios de relax. Antes era obligatorio bañarse desnudo, pero hoy se puede elegir. Estricta sigue siendo, sin embargo, la separación por sexos: hombres
y mujeres tienen acceso diferentes días de la semana.

https://www.visitfinland.com/es/

40 ºC desde las profundidades del suelo griego y huelen, de forma muy poco heroica, a huevos podridos.

www.thermalsprings.gr/index.php/en/

## 147 PISCINA CUBIERTA DE YRJÖNKATU, HELSINKI, FINLANDIA

La venerable piscina cubierta del centro de Helsinki invita a bañarse con el encanto de la década de 1930. Gracias a una costosa restauración, se ha recuperado su aspecto original. Esta piscina cubierta, durante décadas la única pública de Finlandia, es un maravilloso ejemplo de clasicismo. En las plan-

## 148 TERMÓPILAS, LAMÍA, GRECIA

Termópilas… Aquí fue donde, en 480 a.C., el rey espartano Leónidas se opuso heroicamente, con 300 hombres, a la supremacía del ejército persa de Jerjes. Hoy el lugar lleva su nombre (que significa «puertas calientes») con razón: estos manantiales de aguas termales, a los que se puede acceder libremente, borbotean a unos

## 149 FRIEDRICHSBAD, BADEN-BADEN, ALEMANIA

La rutina diaria en este antiguo balneario de más de 140 años es más o menos así: primero ducha con aguas termales, luego meditación en las tumbonas de madera, después masaje con cepillo enjabonado, inmersión en vapor, masaje con crema, baño en piscina de burbujas… y vuelta a empezar. En Friedrichsbad el tiempo no importa y se le antoja a uno, entre el vapor de las aguas termales, la herramienta represora de ese mundo absurdo de ahí afuera. El palaciego edificio renacentista, con sus azulejos pintados a mano, hace que la experiencia sea aún más atemporal.

visit.baden-baden.de/en

## 150 BAGNI DI SATURNIA, TOSCANA, ITALIA

Incluso Dante, el autor de la *Divina comedia*, se habría sentido a gusto aquí. Y es que el adjetivo «divino» cuadra igual de perfectamente a estas ardientes aguas sulfurosas de Saturnia, en la Maremma. El agua se precipita desde arriba y se acumula en piscinas sedimentarias dispuestas a modo de terrazas. Aquí puede uno solazarse en aguas medicinales sulfurosas; solo el olfato se rebela, ofendido por la punzada del azufre. En cambio, el bolsillo queda intacto, ya que todo es gratis, y al aire libre, así que tampoco hay horarios, y es posible bañarse las 24 horas. Una regla sí debe respetarse: las personas con problemas de circulación no deben permanecer en las aguas más de 20 minutos.

https://www.termedisaturnia.it/en

## 152 POLÍCNITOS, ISLA DE LESBOS, GRECIA

Relax total en un paisaje extraordinario. El aire está lleno de un olor ligeramente sulfuroso y las rocas volcánicas de los manantiales de agua caliente de la isla griega de Lesbos relucen en llamativas tonalidades amarillas y de orín. En un

## AGUAS TERMALES

Los lujosos baños Gellért, en Budapest, tienen más de 100 años.

## 151 BAÑOS TERMALES GELLÉRT, BUDAPEST, HUNGRÍA

¿Qué sería Budapest sin el famoso Hotel Gellért y el balneario homónimo? Una suntuosa arquitectura modernista de época austrohúngara lleva a un mundo en el que, desde 1918, los huéspedes se pueden sumergir, en el sentido literal de la palabra. Baños termales y de vapor, 13 piscinas (cubiertas y al aire libre, una con olas), y todo ello con aguas termales de excelencia acreditada. Además, saunas y baños de burbujas, y cualquier cosa que ayude a pasar agradablemente el día en uno de los balnearios más famosos de Europa.

www.danubiushotels.com/en/our-hotels-budapest/danubius-hotel-gellert

### 153 AQUA DOME TIROL THERME, LÄNGENFELD, AUSTRIA

Con un picudo cono en el centro (la catedral de las termas) y algo así como tres platos soperos gigantes en suspensión, este balneario parece un ovni posado sobre las montañas tirolesas. El agua alcanza los 36 °C y las piscinas de azufre, de sales minerales y de masaje, hacen honor a su nombre. Especialmente impresionante es esta experiencia al aire libre cuando una mullida capa de nieve lo cubre todo en derredor.

www.aqua-dome.at/en

### 154 BAÑOS TERMALES EN OURENSE, ESPAÑA

Los baños de Ourense, en realidad, andan muy cerca de los *onsen* japoneses, esos legendarios baños públicos del país del Sol naciente. Aquí serían, sin embargo, los antiguos romanos quienes ya habrían sumergido sus fatigados miembros en las aguas curativas junto al río Miño. Aunque supuestamente buscaban oro, al topar con los encantos de Galicia se conoce que se les debió de pasar el ansia. Hoy Ourense ofrece cinco bañ os gratuitos, a lo que se añaden oasis hidroterapéuticos privados con todo lo imaginable y aún más: desde masajes con algas hasta chocolaterapia. No hay que dejar de asomarse al manantial de agua caliente del casco antiguo: en esta fuente de las Burgas, las aguas medicinales brotan a 67 °C.

### 155 BIZOVAČKE TOPLICE, CROACIA

A veces las cosas son distintas de como uno espera. Unos geólogos que buscaban petróleo toparon, no lejos de Osijek, con el manantial de aguas salinas más caliente de Europa. Estas aguas, ricas en minerales, enseguida se hicieron populares entre los bañistas. De manera que de una prospección fallida resultó un *boom* económico para la comarca. En las siguientes décadas fue construyéndose poco a poco este complejo termal de Bizovačke Toplice, que hoy cuenta con una piscina cubierta y otra de olas. Toda una experiencia es el baño nocturno el fin de semana con DJ y gran ambiente.

www.bizovacke-toplice.com

### 156 FUENTES CALIENTES DE BËNJA, ALBANIA

Chapotear en el agua caliente como ante un decorado. Está uno, en efecto, vegetando en las fuentes termales de Bënja, envuelto en olor a azufre, y su mirada cae en un puente antiquísimo que cruza el río sobre osados arcos. Las cumbres nevadas del Pindo ofrecen un escenario perfecto: ya solo el paisaje es un placer, si es que no bastara con el agua de hasta 36 °C que se acumula en piscinas naturales.

www.intoalbania.com/attraction/benja-thermal-pools-in-permet

manantial que alcanza temperaturas de hasta 92 °C, podría uno hervir pasta sin problema. Solo que luego esas aguas, temperadas a 42 °C, ofrecen en apacibles piscinas un baño magnífico. Su alto contenido mineral no solo es ideal para distenderse, sino que alivia también dolencias crónicas como el reúma o la artrosis.

www.lesvosgreece.gr/en

www.turismo.gal

# AGUAS TERMALES

## 157 WALLISER ALPENTHERME & SPA, LEUKERBAD, SUIZA

 Después de haber encontrado en las pistas de esquí del sur de Suiza el lugar perfecto para los deportes de invierno, lo mejor es recargar las pilas en Leukerbad. ¿Qué tal, por ejemplo, un masaje con barro volcánico rico en minerales que acaba de inmediato con las contracturas? ¿O un masaje con pistilos calientes? En cualquier caso, no puede faltar un chapuzón en las gigantescas piscinas termales (cubierta y descubierta), que humean ante la arrebatadora imagen de los Alpes de Valais. Estas aguas medicinales proceden de los lagos Wysse y Schwarzsee, a una altura de hasta 3000 metros. Cuatro décadas lleva esta agua mineralizada serpenteando por entre las rocas.

www.alpentherme.ch/en

## 159 TERMAS DO GERÊS, PORTUGAL

En lo que a cultura bañista respecta, a los romanos no hay quien les llegue ni al ribete de la toga. Así que es toda una garantía que, hace 2000 años, ya usaran estas Termas do Gerês de Portugal para sus placeres hídricos. Enmarcado en el macizo granítico del Parque Nacional de Peneda-Gerês, este balneario es una auténtica delicia paisajística. Y, debido a su insólita composición, las aguas termales no solo sirven para el baño: quien ande delicado de huesos o articulaciones, de las vías respiratorias, del hígado o de la vesícula o quien sufra problemas dermatológicos, también las puede beber.

www.aguasdogeres.pt

## 160 VELINGRAD, BULGARIA

La verdad es que cuesta decidirse… En la capital balnearia de Bulgaria, son más de 90 las fuentes que brotan del suelo con temperaturas de entre 28 ºC y 86 ºC. Y eso que Velingrad es solo una entre tantas, porque Bulgaria es, después de Islandia, el país de Europa con más aguas termales. Todo tipo de agradables hospedajes aguardan aquí a los amantes de la hidroterapia, muchos con su propia fuente. Fría como el hielo sale, en cambio, el agua del manantial de Kleptusa, el mayor surtidor cárstico de Bulgaria, que expele nada menos que 600 litros por segundo.

www.bulgariatravel.org/en/town-of-velingrad

## 158 BALNEARIO 7132, VALS, SUIZA

Un balneario que es un poema: el del pueblecito alpino de Vals. La obra maestra arquitectónica del arquitecto suizo Peter Zumthor, que aúna en sí la atemporalidad, la primerísima calidad de los materiales y la elegancia purista, hace de la visita a este complejo toda una experiencia sensorial. Miles de planchas de cuarcita que relucen en azulados tonos místicos, agua a 30 ºC, variados programas hidroterapéuticos… Aquí un día equivale a unas vacaciones enteras. Y volviendo a la tierra, las fantásticas vistas de la montaña suiza desde las tumbonas, son realmente perfectas.

7132therme.com/en

En la Edad del Bronce ya se usaban las fuentes del actual balneario de Vals.

# AGUAS TERMALES

# PUENTES QUE TE DEJAN DE PIEDRA

**EN RIGOR, LOS PUENTES SIRVEN PARA CONECTAR UN LUGAR CON OTRO. SOLO QUE A VECES SU CONSTRUCCIÓN TIENE UNA HISTORIA ESPECIAL O, SENCILLAMENTE, SON ESPECTACULARES.**

## 161 CARRICK-A-REDE ROPE BRIDGE, IRLANDA DEL NORTE, REINO UNIDO

Al enfilar este puente de cuerda, mejor, si es posible, no pensar que lleva ahí desde 1755. Bueno, es verdad, no exactamente. La versión actual de este puente colgante pende de cables de acero y tiene, a diferencia del que estuvo hasta la década de 1970, barandillas a ambos lados. Más de 200 000 visitantes se aventuran cada año por este oscilante viaducto que conecta dos acantilados separados por 20 metros a una altura de 30 sobre el mar.

https://www.ireland.com/es-es/

## 162 PUENTE DE ØRESUND, SUECIA Y DINAMARCA

Este puente atirantado de 7,8 kilómetros, de repente, cesa: diríase que se sumerge en el mar. Quien viaje en coche o en tren hacia la capital danesa desde la ciudad sueca de Malmö desaparece, en efecto, bajo el mar para tomar el túnel de Drogden. Esta combinación de altura y profundidad sustituye al ferri y cuesta, con el coche, 58 €, si se reserva por internet. Por lo demás, desempeña un papel protagonista en la apasionante serie televisiva policiaca nórdica *El puente*.

https://www.oresundsbron.com/en/start

## 163 STARI MOST, MOSTAR, BOSNIA Y HERZEGOVINA

En altiva curva conectaba este Puente Viejo, desde 1566, los barrios de Móstar que separaba el río Neretva. Pero iba a convertirse en un símbolo de la barbarie: en 1993, durante la Guerra de Bosnia, el ejército croata destruyó esta antiquísima obra maestra de la ingeniería. Hoy está restaurado en su antiguo esplendor y vuelve a estar abierto a los amantes de zambullirse desde puentes, quienes, por unos 25 euros, pueden precipitarse desde 20 metros hasta las frías aguas.

www.bhtourism.ba/eng

## 164 PUENTE DE GÁLATA, ESTAMBUL, TURQUÍA

¿Pasar horas en un puente? ¿Y por qué no? En Estambul es de lo más entretenido. Y es que este puente basculante, que solo se abre de noche para barcos con más de 6 metros de altura, es como si fuese él solo un barrio. Entre cientos de pescadores se apiñan turistas, vendedores ambulantes, solícitos floris-

Descargas de adrenalina en el Harz: en el puente colgante y en la tirolina.

tas y todo tipo de habitantes de la ciudad que cruzan el Cuerno de Oro desde Fatih hacia Beyoğlu o al revés. En el piso peatonal, bajo los carriles, hay multitud de restaurantes que sirven un plato legendario: el *balik ekmek* («pescado en pan»), recién capturado y a la brasa.

www.goturkeytourism.com

## 165 TITLIS CLIFF WALK, SUIZA

Apenas 100 metros pueden ser realmente largos si, debajo de uno, el abismo se abre hasta una profundidad de 500. Es en invierno cuando este puente colgante, el situado a mayor altitud de Europa,

## 166 PUENTE COLGANTE TITAN-RT, MACIZO DEL HARZ, ALEMANIA

A pesar de sus 483 metros, el Titan-RT ya no es el puente colgante peatonal más largo del mundo (véase p. 71); así y todo, sigue siendo un destino de ensueño para los adictos a la adrenalina. Quien no sienta ya bastante hormigueo en el estómago al cruzar este oscilante puente que transcurre en paralelo a la presa de Wendefurth, a 75 metros de altura, puede sobrevolarlo: a 120 metros empieza una mega tirolina que llega hasta el valle alcanzando casi 80 kilómetros por hora. Si aún parece poco, con el Wallrunning se descienden 43 metros cabeza abajo por el muro de contención, y el Gigaswing es un impresionante salto pendular desde el propio puente.

www.we12travel.com/titan-rt-in-germany

3020 metros, resulta especialmente impresionante; entonces no solo relucen en blancura las cumbres de Engelberg, sino que el puente se hiela completamente. Con el teleférico Ice Flyer se salvan las grietas glaciares, mientras que en la gruta glaciar se puede conocer el extraño mundo del hielo.

https://www.titlis.ch/en/activity/detail/titlis-cliff-walk/4485/60707

## 167 PUENTE DE CARLOS, PRAGA, CHEQUIA

La primera piedra de esta joya de la ingeniería, con 16 arcos y repleto de figuras de santos, se habría colocado el 9 de julio de 1357 a las 5.31 horas: una secuencia numérica mágica capicúa. Aunque todo apunta a que este dato sea una taimada invención decimonónica, el puente conserva su magia, así como unas vistas espectaculares del Moldava y de Hradčany, el barrio del castillo praguense. Ni siquiera la afluencia de decenas de miles de visitantes cada día logra quitarle un ápice de su encanto a esta construcción de piedra que lleva casi 700 años conectando la ciudad vieja con el distrito de Malá Strana. Solo san Juan Nepomuceno y sus compañeros hace tiempo que fueron sustituidos por copias.

https://www.prague.eu/es

## 168 VIADUCTO DE MILLAU, FRANCIA

En ligera curvatura se extiende, sobre el valle del Tarn, uno de los puentes más altos del mundo. Tan

Una de las construcciones más antiguas de su género en Europa: el puente de Carlos, en Praga.

grácil es el efecto de esta construcción, de 343 metros de altura y por la que diariamente circulan en torno a 12 000 vehículos, que se diría, sobre todo cuando hay niebla, que levitase. Este viaducto se construyó, en el sur de Francia, para liberar Millau y el pintoresco valle del Tarn del tráfico (vacacional). Sin olvidar, decían orgullosos los ingenieros, que también acerca la península Ibérica a Centroeuropa.

https://es.tourisme-aveyron.com/es/descubrir/los-grandes-clasicos/viaduc-millau.php

## 169 PUENTE VASCO DA GAMA, LISBOA, PORTUGAL

En un banco del parque de las Naciones, bajo el puente, se tiene la impresión de que allá, en el horizonte, este desaparece en la nada. Y es que este viaducto, que conecta ambas orillas del Tajo y descongestiona la capital portuguesa, mide 17 kilómetros de largo. Se construyó, igual que el imponente parque de las Naciones, con motivo de la Expo'98. De hecho, desde el teleférico del parque de las Naciones se ve fenomenal.

www.visitlisboa.com/es

# PUENTES QUE TE DEJAN DE PIEDRA

## 170 PUENTE DE EUROPA, BRENNER, AUSTRIA

Si se pregunta a los amantes del *puenting*, la mayoría hablará fascinada del salto de 192 metros desde el que un día fue el puente más alto del mundo. También tiene su aquel en cuanto vía más rápida por donde cruzar los Alpes. Los habitantes del valle alto del Isarco se quejan, sin embargo, del tráfico ensordecedor. En cualquier caso, este puente-autopista con casi 60 años impresiona, aunque en algún momento lo sustituirá el túnel de base de Brennero.

www.wipptal.at/en

## 171 PUENTE DE TRIFT, SUIZA

Este puente colgante de acero debe su existencia al cambio climático: como el glaciar de Trift, en el valle de Gadmertal, en el cantón de Berna, dejó un lago al retirarse, había que ofrecer a los caminantes un modo de cruzarlo. Sus 170 metros se extienden a una altura de 100 y ofrece unas fantásticas vistas sobre el glaciar y el lago.

https://www.grimselwelt.ch/en/
excursion-tips/trift

## 172 PUENTE DEL PALACIO, SAN PETERSBURGO, RUSIA

Noche tras noche se eleva el puente del Palacio que, desde 1916, conecta el centro de la ciudad con la isla Vasílievski, para que pasen por el Nevá los barcos. Igual que muchos de los otros 340 puentes de San Petersburgo. Sí, pero aquí puede observarse, desde la orilla sur, cómo en el hueco que resulta se yergue la esbelta torre de la fortaleza de San Pedro y San Pablo.

http://www.visit-petersburg.ru/es_
sanpetersburgo/

## 173 PUENTE DE GÖLTZSCHTAL, ALEMANIA

El puente de ladrillo más grande del mundo, situado en la parte sajona de Vogtland, parece un acueducto romano. Aquí se amontonan, arco sobre arco, cuatro pisos hasta alcanzar los 78 metros. Viendo esta construcción, uno se imagina fácilmente la primera locomotora de vapor recorriéndola en 1851. Aún hoy siguen pasando los trenes por este puente en cuya construcción participaron 1700 trabajadores y se usaron más de 26 000 000 de ladrillos.

https://www.goeltzschtalbruecke.info/eng

## 174 PUENTE DE MES, ALBANIA

Este puente otomano impresiona visto desde abajo, al reflejarse en las aguas del Kir su perfecto arco de medio punto. (Siempre, claro, que el río no esté seco, como no es raro que pase en los tórridos veranos del norte de Albania.) Este puente del siglo XVIII es, en todo el país, el mejor conservado de la época de dominio turco. Se encuentra aislado 8 kilómetros al este de Shkodër.

albania.al

## 175 PUENTE DE FORTH, ESCOCIA, REINO UNIDO

Tres puentes de tres siglos distintos se extienden, uno junto a otro, por el fiordo de Forth, junto a Edimburgo. El más famoso es el rojo: vía ferroviaria de 1890 que fue declarada Patrimonio de la Humanidad. Puede fotografiarse desde el Forth Road Bridge (1964), que puede recorrerse a pie, y desde el que hay una vista estupenda al más reciente, el Queensferry Crossing (2017), puente atirantado de 2,6 kilómetros.

www.visitscotland.com/es-es

## 176 PEAK WALK, OBERLAND BERNÉS, SUIZA

En la cima del Scex Rouge, de apenas 3000 metros, el primer puente colgante del mundo que conecta dos cumbres ofrece vistas de águila sobre los 20 cuatromiles circundantes: desde el Montblanc, pasando por el Cervino, hasta el Jungfrau, el Mönch y el Eiger. La oscilante pasarela tiene 107 metros de largo y resiste vientos de hasta 250 kilómetros por hora.

www.glacier3000.ch/es

## 177 PUENTE DE COLA DE DRAGÓN, ALEMANIA

¿Es que los ingenieros no se dieron cuenta de que este puente del valle del Gessental quedó ondulado? Claro que sí, de eso se trataba: el núcleo de uno de los puentes de madera más largos de Alemania (225 metros) es una única banda tensada que reposa en tres soportes.

www.puentemania.com/1184

## 178 PUENTE NUEVO, RONDA, ESPAÑA

El barranco que separa, en la localidad de Ronda, la ciudad vieja y el barrio del Mercadillo tiene 90 metros de ancho y 120 de profundo; 42 años, de 1751 a 1793, duró la construcción de este puente de cuatro arcos, cuyas piedras se sacaron de la propia sima. Sigue igual de sólido que antaño, pero ahora está cerrado al tráfico, al menos temporalmente. Para sacar la mejor foto se puede tomar el sendero, a ratos muy escarpado, que baja hasta el río desde la plaza de María Auxiliadora, en el casco antiguo.

www.turismoderonda.es

El puente que conecta Ronda salva un abismo de 120 metros.

## 179 PUENTE COLGANTE DE CHARLES KUONEN, SUIZA

Este puente colgante peatonal, el más largo del mundo con 494 metros (aunque parece que a comienzos del 2022 va a superarlo el puente colgante proyectado para el valle de Höllental, entre Baviera y Turingia), no es solo un destino turístico en sí mismo. Forma parte de la ruta senderista Europaweg, que va de Grächen a Zermatt.

www.myswitzerland.com/es-es/destinos/randa/

## 180 PUENTE DE LOS SUSPIROS, VENECIA, ITALIA

La mejor vista de uno de los puentes más famosos de Venecia, se encuentra desde otro. Y es que desde el puente de la Paja se ve, perfectamente encuadrado, este viaducto blanco de ventanas enrejadas. Se puede recorrer como un día hiciera Giacomo Casanova de camino a las mazmorras del palacio Ducal. ¿Y por qué de los Suspiros? Porque aquí era donde los condenados veían la laguna por última vez, antes de que la celda se cerrase.

www.veneziaunica.it/es

**PUENTES QUE TE DEJAN DE PIEDRA**

# DONDE SUEÑAN LOS LIBROS

HAY BIBLIOTECAS QUE ALBERGAN DESDE HACE SIGLOS EL SABER DE LA HUMANIDAD; OTRAS SON MARAVILLAS ARQUITECTÓNICAS. EUROPA OFRECE FANTÁSTICOS EJEMPLOS DE AMBOS TIPOS.

Una espiral de saber y cultura: la biblioteca de la Universidad de Aberdeen.

## 181 SIR DUNCAN RICE LIBRARY, ABERDEEN, ESCOCIA, REINO UNIDO

Larga vida a esta biblioteca de la Universidad de Aberdeen, al norte de Escocia. Un atrio en espiral, de elegante sinuosidad, ilumina todas las plantas en el interior de un edificio cúbico de cristal, y permite una agradabilísima consulta de los anaqueles cubiertos de libros. En el tejado, una instalación fotovoltaica se ocupa de la energía. El cubo, revestido de cristal y paneles verticales de aluminio blanco anodizado de forma irregular, refleja de día el sol y las nubes, mientras que de noche resplandece con la luz procedente del interior de la biblioteca.

www.abdn.ac.uk

## 182 CLEMENTINUM, PRAGA, CHEQUIA

La Biblioteca Nacional checa es solo una parte del gigantesco complejo del Clementinum, en mitad de Praga. Pero menuda parte… Esta biblioteca barroca abrió sus puertas en 1722 y hoy reúne más de 20 000 libros teológicos. La vista vaga entre los abigarrados lomos de antiguos volúmenes, los exquisitos frescos barrocos del techo y el centro de la sala, donde se exponen voluminosos globos terráqueos. En 1777 la emperatriz María Teresa declaró este lugar la biblioteca universitaria oficial. Tres años antes, la soberana había introducido la educación infantil obligatoria.

www.klementinum.com/en/

73

## 183 OPENBARE BIBLIOTHEEK ÁMSTERDAM, PAÍSES BAJOS

En Ámsterdam, cualquier niño sabe que la OBA (Biblioteca Pública de Ámsterdam) está llena de cosas chulas. En los fondos de esta biblioteca, la mayor de los Países Bajos, hay en torno a 1 500 000 libros, revistas, CD y juegos repartidos en siete plantas: un paraíso, con cientos de ordenadores y puestos de lectura. En la séptima planta está el OBA Theater; a su lado, el restaurante y, en la azotea, unas vistas fantásticas de la ciudad.

www.oba.nl/oba/amsterdam-public-library.html

## 184 GLADSTONE'S LIBRARY, HAWARDEN, INGLATERRA, REINO UNIDO

 Atención, bibliómanos: en esta biblioteca-residencia del norte de Gales no solo se puede enredar entre 150 000 libros y otros tesoros, sino incluso dormir entre ellos. El fundador, William Gladstone, quería estar seguro de que, tras su muerte, sus «libros que no tuvieran lectores se encontrasen con gente que no tuviera libros». Hoy, bajo el techo de esta biblioteca hay 26 habitaciones para huéspedes y un café.

www.gladstoneslibrary.org

## 185 BIBLIOTECA DE LA ABADÍA DE SAN GALO, SUIZA

La biblioteca de la abadía de San Galo no solo es una de las más bonitas del mundo; también alberga los manuscritos más antiguos conservados. Algo normal si se tiene en cuenta que la propia biblioteca es antiquísima: data del año 719. Entre los escritos más importantes de este lugar, declarado Patrimonio de la Humanidad, está el plano de la propia abadía de San Galo, el dibujo arquitectónico más antiguo de Occidente.

www.stiftsbezirk.ch/en/container/stiftsbibliothek/

## 186 BIBLIOTECA JOANINA, COÍMBRA, PORTUGAL

Antiguamente, la ciudad de Coímbra era el centro cultural y espiritual del país, como cabe inferir de la radiante biblioteca barroca de la universidad vieja, que data de 1728: suntuosas estanterías de maderas nobles talladas, combadas por el peso de más de 300 000 volúmenes bajo un techo abovedado cubierto de frescos.

www.visit.uc.pt

## 187 BIBLIOTECA JAGUELÓNICA, CRACOVIA, POLONIA

Esta biblioteca cracoviana tiene su origen en la fundación de la Universidad Jaguelónica, en 1364. Hoy ya no se encuentra en el Collegium Maius, el edificio más antiguo de la institución; allí está ahora el interesantísimo museo universitario. Es, ante todo, su historia lo que hace tan atractiva a la Biblioteca Nacional de Polonia. Su época más oscura la atravesó durante la invasión nazi de 1939: la universidad se cerró, e internaron en campos de concen-

## 188 TRINITY COLLEGE, DUBLÍN, IRLANDA

Casi 200 000 antiguos libros se apiñan en las altísimas estanterías de la Long Room del Trinity College. Esta sala, completamente forrada de madera, verdaderamente hace honor a su nombre con sus más de 64 metros de largo. Fue construida entre 1712 y 1732, y en 1860 se añadió la bóveda de cañón. En la planta principal, los bustos de grandes hombres, desde Homero y Shakespeare hasta Newton, vigilan antiguos manuscritos, valiosos códices medievales miniados y ediciones tempranas de la Biblia. El mayor tesoro es, sin embargo, el *Libro de Kells*, una maravilla del arte libresco con magníficas pinturas celtas, que se redactó en torno al año 800.

www.tcd.ie/library/old-library/long-room

Libros hasta el techo: en la Long Room del Trinity College, la bóveda de cañón de madera realmente impresiona.

tración a 180 profesores, luego en su mayoría asesinados.

www.bj.uj.edu.pl/en_GB

## 189 DOKK 1, AARHUS, DINAMARCA

Así parece que será el futuro: el DOKK 1, en Aarhus, es un lugar para todos los que estén ávidos de conocimiento y no solo quieran sacar libros prestados. Junto a la clásica oferta bibliotecaria, aquí una impresora 3D está a disposición de los usuarios, quienes también leen, juegan al ajedrez, escuchan música o buscan literatura especializada para sus investigaciones. Y todo gratis y a la última; incluso se puede renovar el pasaporte, solicitar un permiso de conducir o presentar la declaración de la renta.

www.dokk1.dk/englis

## 190 BIBLIOTECA DE LA ABADÍA DE ALTEMBURGO, AUSTRIA

No son solo los aproximadamente 10 000 volúmenes antiguos de la sala principal de esta biblioteca lo que atrae a los visitantes a la serena localidad de Altemburgo, en la Baja Austria. Pilares turquesa y columnas con capiteles de oro, frescos del pintor barroco Paul Troger en el techo, esculturas y toda la exuberancia barroca… En esta sala, construida entre 1740 y 1744, una de las joyas del tardo-barroco europeo, los libros son casi lo de menos.

https://www.austria.info/es/actividades/ ciudades-y-cultura/conventos-y- monasterios

Para muchos, la sala de lectura más bonita del mundo: la Labrouste de la Biblioteca Nacional de Francia.

## 191 BIBLIOTECA DE LA DUQUESA ANA AMALIA, WEIMAR, ALEMANIA

Este templo de los libros al borde del casco antiguo de Weimar se hizo tristemente famoso tras el gran incendio del 2 de septiembre del 2004: el edificio antiguo, en el que ya Goethe acariciaba los lomos de los volúmenes hacia 1800, quedó destruido. Además, alrededor de 50 000 libros y 35 obras de arte se perdieron irremediablemente y miles de volúmenes sufrieron importantes daños, igual que la hermosísima sala de estilo rococó tardío. Desde el 2007 la biblioteca de investigación, epicentro del clasicismo de Weimar, resplandece con renovado brillo, incluido un moderno centro de estudios.

www.klassik-stiftung.de

## 192 BIBLIOTECA MALATESTIANA, CESENA, ITALIA

En Emilia-Romaña, región del norte de Italia, está no solo la primera biblioteca municipal pública de Europa, sino también la única renacentista que se conserva exactamente igual que cuando se inauguró, en 1452. De modo que ahí siguen, en la Malatestiana Antica, la antigua sala de lectura, de una sobriedad maravillosa, los *libri catenati*: códices que se tenían encadenados a los atriles para que se estudiasen allí. Hoy conserva en torno a 450 000 documentos, entre ellos más de 400 manuscritos, en su mayoría de la alta Edad Media.

www.italia.it/es/descubre-italia/emilia-romana/forli-cesena.html

## 193 BIBLIOTECA DE LA UNIVERSIDAD DE HELSINKI, FINLANDIA

No solo los amantes de los libros, también los de la arquitectura, acuden en tropel a esta biblioteca universitaria inaugurada en el 2012. Aquí, en la casa Kaisa, el principio que rige es el diseño: un sinuoso espacio abierto a lo largo de siete pisos inunda de luz este templo bibliófilo y, desde lo alto, se tiene una soberbia vista de la ciudad vieja. Se puede leer en sillones o en tumbonas, y hay tanto sitios para leer al aire libre como tranquilas salas de lectura, aparte de miles de puestos de trabajo y, en la segunda planta, un café.

www.helsinki.fi

## 194 BODLEIAN LIBRARY, OXFORD, INGLATERRA, REINO UNIDO

Los fans de Harry Potter conocen esta biblioteca, la principal de la Universidad de Oxford, mejor que nadie: aquí estudiaban ante las cámaras, en el colegio Hogwarts, los alumnos de magia. Pero esta sala no solo fascina en la pantalla: impone igualmente por su tamaño, con unos fondos de más de 6 500 000 de libros y manuscritos, en más de 170 kilómetros de anaqueles. Si no se estudia en Oxford, se pueden conocer los magníficos edificios de la biblioteca en una visita guiada.

www.bodleian.ox.ac.uk

## 195 BIBLIOTECA NACIONAL DE FRANCIA, PARÍS, FRANCIA

La Biblioteca Nacional de Francia está entre las mayores del mundo, con nada menos que 14 000 000 de libros y documentos impresos y 250 00 manuscritos, fotografías, monedas y documentos multimedia. Cada una de las cuatro torres en torno al patio interior se dedica a un tema: una para filosofía, historia y antropología; otra para arte y literatura; mientras que la torre de los números se encarga de las ciencias naturales y la tecnología y la de las leyes, de las ciencias jurídicas, la política y la economía. Y entre el cuarteto late una vida cultural intensísima, con exposiciones y conciertos.

www.bnf.fr

# DONDE SUEÑAN LOS LIBROS

# 196 BIBLIOTECA MUNICIPAL DE STUTTGART, ALEMANIA

Si se teclea en el buscador «biblioteca más bonita de Europa» aparece, relativamente arriba, la Biblioteca Municipal de Stuttgart. La fachada del edificio cúbico guarda una estricta simetría, pero es dentro donde ejerce un efecto extraordinario este lugar, que alberga en torno a 500 000 documentos (libros, grabaciones, DVD…). La gran sala central es toda blanca: en sus paredes resplandecen los abigarrados lomos y se extiende hacia arriba en sucesivas terrazas. En el centro se alza un cubo blanco donde la gente susurra respetuosísima. Arriba, en la octava planta, se encuentran la azotea, desde la que se ven las colinas de Stuttgart, y el café.

www.porconocer.com/alemania/la-innovadora-biblioteca-de-stuttgart.html

El interior de la Biblioteca Municipal de Stuttgart, de un blanco reluciente.

## 197 BIBLIOTECA MUNICIPAL DE ESTOCOLMO, SUECIA

Como «la más bonita de Europa» calificaba a la Biblioteca Municipal de Estocolmo una famosa revista americana de viajes. Se intuye ya por la sencillez exterior de este edificio de ladrillo rojo de estilo funcionalista, pero es el interior, concluido en 1928, lo que arranca a los visitantes todo tipo de interjecciones de asombro. El espacio principal alberga 400 000 libros en un imponente círculo de estanterías de tres plantas. En el centro se pueden hacer búsquedas en ordenadores y a los lados hay salas de lectura y patios de luces.

biblioteket.stockholm.se/language/other-languages-andra-spr%C3%A5k/espa%C3%B1ol-spanska

## 198 BIBLIOTECA NACIONAL DE RUSIA, SAN PETERSBURGO, RUSIA

Una biblioteca grandísima para un país aún más grande (la mayor Biblioteca Nacional está, de todos modos, en Moscú). En San Petersburgo se guardan nada menos que 36 000 000 de obras de apenas 1300 autores, entre las cuales destaca el *Evangelio de Ostromir*, el manuscrito más antiguo en lengua rusa, de 1057. La biblioteca fue fundada, en torno a 1795, por Catalina la Grande. La zarina estaba fascinada por las ideas de la Ilustración, por lo que la primera biblioteca rusa de libre acceso tenía que ser, en su edificio neoclásico de la avenida Nevski, un lugar consagrado a la ciencia.

www.nlr.ru/eng

## 199 BIBLIOTECA CENTRAL OODI, HELSINKI, FINLANDIA

Esta biblioteca nacional, inaugurada en diciembre del 2018, es un poema: un lugar de comunicación con una distribución asombrosa que dinamita la idea tradicional de biblioteca (estudio de sonido y de fotografía, cine, auditorio, café, bar, salas de exposición, espacios para eventos…). Solo un tercio de la superficie está dedicado a los 100 000 documentos que en ella se guardan, pero pueden solicitarse muchos más a través de la red. La idea es una biblioteca como «cuarto de estar» de la ciudad.

www.oodihelsinki.fi/en/

## 200 BIBLIOTECA DEL MONASTERIO DE ADMONT, AUSTRIA

A este lugar se lo ha calificado de octava maravilla del mundo: con 70 metros de largo, 14 de ancho y 13 de alto, es la mayor biblioteca monacal del mundo, con un bombástico boato barroco. Este edificio, en el que arquitectura y escultura se funden en un todo, con unos 70 000 volúmenes, fue completado en 1776 por el genial arquitecto Josef Hueber. Ponen la guinda al ostentoso conjunto los exuberantes frescos del techo.

www.stiftadmont.at/en/

# DONDE SUEÑAN LOS LIBROS

# EN CALLES Y CALLEJAS DE EUROPA

HISTORIA E HISTORIAS DE VÍAS CÉLEBRES.

### 201 CALLE ÚRI, BUDAPEST, HUNGRÍA

Esta medieval calle «de los Señores», que recorre el barrio del castillo, en el lado de Buda, sigue exhibiendo en las fachadas de sus edificios barrocos y neoclásicos el esplendor de épocas pretéritas; tradicionalmente se instalaba en esta calle lo más granado de la urbe. En la casa del nº 9 se puede acceder al subsuelo: aquí empieza un sistema de galerías de 24 kilómetros donde los habitantes buscaban refugio en tiempos de guerra.

www.disfrutabudapest.com

### 202 ISLA DE KRK, CROACIA

La ubicación del callejón más estrecho de Europa, o incluso del mundo, es motivo de apuestas. Los callejones de la isla croata de Krk se encuentran entre los favoritos al título: angostos, llenos de encanto y antiquísimos. Un mundo de inesperados y fascinantes descubrimientos.

www.krk.hr/de

### 203 PASAJE DE SANTA CATALINA, TALLIN, ESTONIA

Estos rústicos edificios de entre los siglos XV y XVII, con sus travesaños que cruzan sobre el pasaje, sirvieron antaño de viviendas y almacenes. Y es que Tallin, cuyo nombre germánico fue Reval, era una próspera ciudad hanseática. Hoy se suceden aquí los cafés en talleres de artistas donde reponer fuerzas con un refresco.

www.visittallinn.eng

### 204 UNTER DEN LINDEN, BERLÍN, ALEMANIA

La calle más esplendorosa de Berlín no se llamaba, como ahora, Bajo los Tilos, sino Camino de Herradura, hasta que en 1647 el príncipe elector Federico Guillermo hizo plantar en ella 2000 tilos y nogales. Una visita a Berlín no está completa sin un paseo entre las tiendas, cafés y restaurantes de este bulevar, desde el palacio del extremo oriental hasta la puerta de Brandeburgo, en el occidental.

www.visitberlin.es

# 205 CALLE DE SHAMBLES, YORK, INGLATERRA, REINO UNIDO

Ni un error de construcción ni su orgullosa antigüedad son el motivo de que las casas de este callejón medieval se apoyen tan osadamente unas sobre otras. Esta inclinación se buscó totalmente adrede, ya que convenía proteger del sol la carne que se vendía bajo las oblicuas fachadas. Aún a finales del siglo XIX había aquí 25 carnicerías y detrás de las casas, sendos mataderos. Hoy se hallarán chocolaterías y tiendas de *souvenirs*, pero las casas siguen igual que siempre.

www.historyofyork.org.uk

Como si las viejas casas estuvieran diciéndose secretos al oído: encanto medieval en la calle de Shambles, York.

Como una pista de aterrizaje de ensueño, sobre todo al atardecer, el bulevar parisino por antonomasia: los Campos Elíseos.

## 206 CAMPOS ELÍSEOS, PARÍS, FRANCIA

¿Qué sería la capital francesa sin su avenida más esplendorosa, este paseo flanqueado de árboles donde los presidentes pasan revista a los desfiles, el Tour de Francia tiene su *sprint* final y París al completo se reúne cuando hay algo para celebrar? Esta fastuosa calle tiene 70 metros de ancho y se extiende a lo largo de 1910 metros, desde la plaza de la Concordia hasta la de Charles de Gaulle con su inconfundible Arco de Triunfo. Para poder disfrutarlos mejor, desde el 2016, se cierran al tráfico el primer domingo de cada mes.

es.parisinfo.com

## 207 RUTA REAL, VARSOVIA, POLONIA

Una de las calles de postín más largas del mundo, la Ruta Real recorría, en sus inicios, 4000 metros hasta el parque real Łazienki y el palacio del Belvedere, pero hoy se añaden otros 10 kilómetros, hasta el palacio de Wilanów, del rey Juan III Sobieski. Quien hoy pasee por esta antigua y fastuosa calle, difícilmente podría imaginar que, tras la II Guerra Mundial, toda la ciudad quedó reducida a escombros.

warsawtour.pl/es/ruta-real/

## 208 RUA NOVA DO CARVALHO, LISBOA, PORTUGAL

 El ambiente de esta calle es alegre y vivo: originales bares, tascas y restaurantes atraen a los noctámbulos. También al *New York Times* le pareció que, en esta callecita de pavimento rosa, la noche se celebra incomparablemente: la nombró una de las doce calles más modernas de Europa.

www.visitlisboa.com/es

## 209 ROYAL MILE, EDIMBURGO, ESCOCIA, REINO UNIDO

La «milla real» es una sucesión de calles y callejas medievales en el centro histórico de Edimburgo. Castle Esplanade, Castle Hill, Lawnmarket, High Street, Conogate, Abbey Strand… Cada rincón está lleno de historia. En una visita guiada, el pasado realmente cobra vida.

www.visitscotland.com

# EN CALLES Y CALLEJAS DE EUROPA

## 210 SPREUERHOF-STRASSE, REUTLINGEN, ALEMANIA

Esta calle es otro claro candidato a récord, de hecho, el *Libro Guinness* la considera la más estrecha del mundo: 31 centímetros de ancho… ¿y es una calle? ¡Por ahí no cabe una persona! Pues resulta que no solo es angosta, sino también corta: 3'80 metros. Es decir: que en rigor sería más un hueco entre dos casas. Pero el *Libro Guinness* lo ha dicho y los vecinos están encantados.

https://int.stuttgart-tourist.de/en/a-reutlingen

## 211 CARNABY STREET, LONDRES, INGLATERRA, REINO UNIDO

«Todo puede ocurrir en Carnaby Street», cantaba en 1970 Peggy March de esta vía peatonal del mítico barrio londinense del Soho. De lo que ocurre realmente en esta calle comercial se entera uno, sin embargo, cuando recibe la liquidación de la tarjeta de crédito. Y es que incontables *boutiques* de moda siguen hoy ofreciendo aquí sus estrafalarias creaciones. Si ya se ha tenido suficiente, se puede ir al Shakespeare's Head a tomar una refrescante *pale ale*.

www.carnaby.co.uk

## 212 GAMLA STAN, ESTOCOLMO, SUECIA

Desde esta pequeña isla fue creciendo y expandiéndose la ciudad a partir de la Edad Media. El casco viejo de Estocolmo tiene su encanto sobre todo por las hechizantes calles, flanqueadas por coloridas casas. El callejón más estrecho se llama Mårten Trotzigs Gränd: tiene 90 centímetros de ancho y 36 escalones.

www.visitstockholm.com

## 213 CORSO VANNUCCI, PERUGIA, ITALIA

La capital de Umbría sabe acoger a sus visitantes en su histórico ambiente y encandilarlos con su antiquísima aura. Corso Vannucci discurre por la ciudad vieja con sus tiendas, pizzerías y cafés. Perugia es, además, como buena ciudad universitaria, experta en fiesta. Hay que ir cuando se celebra el Umbria Jazz, el mayor festival de *jazz* del mundo.

turismo.comune.perugia.it

## 214 STRØGET, COPENHAGUE, DINAMARCA

Strøget es la espina dorsal de las calles comerciales de Copenhague, y también un cuarto de estar al aire libre con artistas y músicos callejeros. En esta zona peatonal de más de 1000 metros, integrada por diversas calles, hay de todo, de lo más asequible a lo simplemente prohibitivo.

www.visitcopenhagen.com

## 215 GALERIES ROYALES SAINT-HUBERT, BRUSELAS, BÉLGICA

Una gran superficie del siglo XIX. En 1847 estas galerías eran, en efecto, el mayor pasaje comercial cerrado de Europa. Este edificio neoclásico del centro histórico de Bruselas tiene 213 metros de largo, dos plantas y un techo abovedado de cristal que en su momento era algo solo reservado a moradas principescas.

www.grsh.be/en/home/

## 216 AVENIDA NEVSKI, SAN PETERSBURGO, RUSIA

¿Un bulevar fastuoso? Más bien el bulevar fastuoso por excelencia. Atraviesa 4,5 kilómetros del centro histórico, y en sus lujosas fachadas reluce aún el mundo aristocrático decimonónico. Hoy aquí se suceden los restaurantes y las tiendas, entre ellas Gostini Dvor, los mayores grandes almacenes de la ciudad. Cuando se abrieron, en 1785, estaban casi al alcance de cualquiera, ahora es solo gente con presupuesto ilimitado quien compra aquí.

www.visit-petersburg.ru/es_sanpetersburgo/

## 217 AVENIDA DE İSTIKLÂL, ESTAMBUL, TURQUÍA

De día es la calle comercial más animada de Beyoğlu y, por la noche, bulle de vida. Esta avenida de la Independencia es un polifacético modelo de tradición y modernidad: la zona peatonal se extiende desde la plaza de Tünel hasta la de Taksim, corazón antiquísimo de la ciudad en el que no hace mucho se produjeron violentas protestas.

howtoistanbul.com

## 218 RUA DA BICA DE DUARTE BELO, LISBOA, PORTUGAL

Estupendo si en otros sitios se escanean billetes electrónicos y los monorraíles vuelan: en esta zona histórica, el tranvía blanco y amarillo lleva traqueteando en pacífica monotonía por los oxidados rieles desde 1892. Pequeños bares y tiendas donde curiosear flanquean esta vía adoquinada, y en los balcones se seca al sol la colorida colada. Desde el extremo superior de la calle, se alcanza a ver por entre las callejas hasta el Tajo.

www.visitlisboa.com/es

Un objeto de culto que chirría y tabletea: la línea 28 del tranvía por callejones lisboetas.

## 219 CALLEJÓN DEL ORO, PRAGA, CHEQUIA

Un mito: la piedra filosofal, panacea de la antigua alquimia. Aquí, en el callejón del Oro, pegado al muro del castillo de Praga, la Corona no escatimó recursos para descubrirla. ¿Se consiguió? Eso es leyenda. Lo que está claro es que quedó un callejón como de cuento fantástico entre casas coloridas que sirvieron de morada, entre otros, a Franz Kafka.

www.prague.eu/es

## 220 PASEO DE GRACIA, BARCELONA, ESPAÑA

¿Puede ser una calle una obra de arte? En este esplendoroso bulevar de 1,5 kilómetros, nada es banal: cada elemento presenta un singular diseño, desde las farolas de las aceras hasta la arquitectura, obras maestras del modernismo español. Y, por supuesto, aquí hay también opciones maravillosas para dejarse el dinero yendo de compras.

www.barcelonaturisme.com

# EN CALLES Y CALLEJAS DE EUROPA

# VIDA SALVAJE

EN EUROPA VIVEN EN TORNO A 750 MILLONES DE PERSONAS. SIN EMBARGO, HAY ESPACIO SUFICIENTE PARA ALBERGAR LUGARES DONDE LA CIVILIZACIÓN QUEDA MUY, MUY LEJOS.

## 221 PARQUE NACIONAL DEL TRIGLAV, ESLOVENIA

¿Será posible que existan unas aguas tan turquesas y una hierba tan verde? Este gigantesco paraíso natural tiene 840 kilómetros cuadrados de lagos, desfiladeros, ríos, cascadas e infinitas praderas alpinas. Si en la garganta de Tolmin uno se aventura por el Hudičev most, el puente del Diablo, bajo las temblorosas rodillas no habrá sino 70 metros de abismo.

www.thinkslovenia.com

## 222 PARQUE NACIONAL DE LA VEGA DEL DANUBIO, AUSTRIA

En una de las últimas grandes zonas de vega fluvial del centro de Europa, el Danubio sigue decidiendo su propio curso a lo largo de 40 kilómetros entre las capitales europeas de Viena y Bratislava. Con su caudal oscilante determina el día a día de esta vega, hogar de numerosas especies animales y vegetales, en parte amenazadas. Los tupidos bosques de ribera de esta zona protegida pueden explorarse de distintas formas: a pie, en bici o en canoa. Además, los guardabosques organizan regularmente excursiones guiadas.

www.donauauen.at/?language=english

## 223 PARQUE NACIONAL DE THINGVELLIR, ISLANDIA

 Tras las atronadoras cascadas, los barrancos y los ríos, hay más significado histórico del que se diría a primera vista. En la explanada de Thingvellir, cerca de la visitadísima garganta de Almannagjá, en el año 930 los vikingos se reunieron en las primeras asambleas democráticas. El Althing se considera el Parlamento más antiguo del mundo. Hoy, aquí, el poder descollante de la libre naturaleza induce a cavilaciones filosóficas sobre la convivencia humana.

www.thingvellir.en

## 224 PARQUE NACIONAL DE LOS LAGOS DE PLITVICE, CROACIA

El parque nacional más antiguo de Croacia se extiende por una zona de tupidos bosques del noreste del país como un gigantesco parque de juegos acuáticos. Aquí están comunicados unos con otros, mediante

Los senderos se adentran en el corazón montañés de los Picos de Europa.

# 225 PICOS DE EUROPA, ESPAÑA

Donde hay un monte suele haber también un camino: una senda por la que hay que subir. Y, a más duro el desafío, mayor la fascinación. El ascenso de la pared occidental del Naranjo de Bulnes, poderoso monolito de los Picos de Europa, 2500 metros, se considera uno de los mayores retos entre los aficionados a la escalada. Pero no hace falta ser un adicto a la adrenalina para poder experimentar la embriaguez de esta cordillera caliza: por estas estribaciones serpentean incontables senderos alpinos. Especialmente espectacular es la ruta del Cares, de 12 kilómetros.

www.turismoasturias.es

ríos susurrantes y espectaculares cascadas, 16 lagos cristalinos; los separan pintorescas peñas y sierras. En ningún otro lugar de Europa siguen viviendo tantos osos y lobos en libertad. Hace mucho, naturalmente, que el turismo descubrió este parque, y cada año lo recorren la friolera de un millón de personas. Pero, con algo de paciencia, todavía encuentra uno rincones solitarios.

np-plitvicka-jezera.hr/en/

## 226 PARQUE NACIONAL DE JØTUNHEIMEN, NORUEGA

Quien visite este parque nacional, unos 200 kilómetros al norte de Oslo, entrará en el Reino de los Gigantes, o al menos tal sería la traducción de Jøtunheimen. Los gigantes son, en este caso, las cumbres más altas de Noruega, que se yerguen hacia el cielo, imponentes y majestuosas a 2500 metros. Excursiones de uno o varios días llevan por glaciares, llanuras pedregosas y lagos alpinos de color verde-turquesa. Aquí está también una de las rutas de senderismo más famosas y holladas de Noruega: la del monte Besseggen.

www.visitnorway.es/

## 227 MAR DE FRISIA, ALEMANIA

Caminar sobre las aguas a pie enjuto, ¿imposible? Quizá, excepto en la costa del mar del Norte, donde, aproximadamente cada 12 horas, el mar se retira y unos experimentados guías llevan de paseo por las marismas. (En ningún caso se debe ir solo.) Las mareas se ocupan de que el paisaje cambie constantemente y han creado un entorno único para animales y plantas. Así de especial es el mar de Frisia. Se extiende desde los Países Bajos por la costa alemana hasta Dinamarca, y la Unesco lo ha declarado Patrimonio de la Humanidad.

www.germany.travel/es

## 228 PARQUE NACIONAL DE PENEDA-GERÊS, PORTUGAL

El único parque nacional de Portugal se cuenta, por sus múltiples facetas, entre las zonas protegidas más hermosas del sur de Europa. Desde los lagos alpinos y pantanos de las alturas del parque, pobladas por genistas y enebros, va descendiendo hasta valles siempre verdes donde crecen moreras, eucaliptos y robles. También hay una vida animal única: lobos, gatos monteses, águilas reales, nutrias y hasta víboras. Es fácil llegar con transporte público y hay varios *campings* donde pernoctar.

www.visitportugal.com/es

En la humedad de la brisa marina: árboles cubiertos de musgo en la selva de niebla del Parque Nacional de Garajonay.

## 229 PARQUE NACIONAL DE GARAJONAY, LA GOMERA, ESPAÑA

Hasta nada menos que 1500 metros de altitud serpentean las escarpadas y angostas vías de acceso a este parque, lo que convierte ya el mero trayecto hasta el mismo en toda una experiencia. Está lleno de árboles nudosos cubiertos de musgo, que se abren para ofrecer vistas de los abruptos valles de color verde oscuro de La Gomera. Arriba, en el Alto de Garajonay, espera una excelente red de exiguas sendas silvestres cubiertas por un techo de tupida fronda. Cuando esta selva canaria de laureles por fin ralea, aparecen unas imponentes vistas desde los miradores de Los Roques.

lagomera.travel

## 230 ALTO TATRA, POLONIA Y ESLOVAQUIA

Para los intrépidos eslovacos, la cima del Kriváň, de nada menos que 2500 metros, es prácticamente una visita obligada. A tal punto es un símbolo esta cumbre casi siempre nevada, que hasta aparece en las monedas eslovacas de cinco céntimos. El resto de Europa recién empieza a descubrir este paraíso para senderistas que es el Alto Tatra, pequeña y pintoresca parte de los Cárpatos en la que se apiñan 25 picos de más de 2500 metros, llena de cascadas, acogedores albergues e incontables senderos.

https://slovakia.travel/en/national-park-of-high-tatras

## 231 PARQUE NACIONAL DE DURMITOR, MONTENEGRO

El Parque Nacional de Durmitor, al noroeste de Montenegro, ofrece una naturaleza virgen extraordinaria, y no solo porque aquí se encuentra el cañón más profundo de Europa, de 1300 metros. En invierno atraen las laderas del Bobotov Kuk (2500 metros) con sus condiciones perfectas para los deportes invernales; en verano la región se convierte en meca de senderistas, escaladores y aficionados a deportes acuáticos. Quien se adentre en la soledad de estos montes, ha de hacerlo debidamente pertrechado.

nparkovi.me/en

# VIDA SALVAJE

## 232 PARQUE NACIONAL DE HORTOBÁGY, HUNGRÍA

Con sus más de 80 000 Ha, este parque en el este de Hungría es, además de Patrimonio de la Humanidad, un ejemplo impresionante de cómo la protección de la naturaleza y la explotación agraria pueden ser compatibles. En esta inmensidad van sucediéndose todo tipo de entornos naturales: ciénagas, praderas y bosques hasta la *puszta* de Hortobágy, la mayor estepa de Europa central. Y eso a pesar de que, desde hace más de 2000 años, esta tierra viene acogiendo a numerosos ganaderos y agricultores.

hellohungary.com/es

## 233 DOLOMITAS, ITALIA

En verano un paraíso del senderismo y, en invierno, una de las zonas de esquí más populares de Europa. Los Dolomitas saben rentabilizar turísticamente como pocos otros sitios el atractivo de su naturaleza. En cualquier época del año, los visitantes disponen de buenas infraestructuras y de complejos hoteleros magníficamente ubicados y agradabilísimos. Quien quiera combinar esquí y senderismo, puede probar una de las muchas rutas de esquí de travesía. Se trata de subir un monte practicando esquí de fondo, regresando luego al valle por la nieve virgen.

www.italia.it/es/ideas-de-viaje/lugares-unesco/dolomitas-las-montanas-rosas.html

¿Quién es aquí la estrella? ¿Los estorninos que vuelan sobre las cabezas de las reses esteparias, o la inmensidad del Parque Nacional de Hortobágy?

## 234 PARQUE NACIONAL DE NUUKSIO, FINLANDIA

Bosques, lagos, ciénagas… No lejos de Helsinki se encuentra esta singular zona de recreo con numerosas especies animales y vegetales protegidas, entre ellas una gran población de ardillas voladoras europeas. Hay multitud de senderos, incluso una ruta accesible para sillas de ruedas. Quien planee una estancia más larga, tiene *campings* o refugios con baño y fogones. (Hay que reservar.)

www.visitfinland.com/es

## 235 PARQUE NACIONAL DE BIAŁOWIEŻA, POLONIA

El corazón del último bosque virgen de Europa, rigurosamente protegido, hace casi 100 años que no se explota. En esta naturaleza dejada a su aire se han desarrollado majestuosos árboles gigantescos, por ejemplo, robles y tilos de más de 400 años. Solo se puede acceder al parque en visitas guiadas con los guardabosques. Quien madrugue, de repente se encuentra con un bisonte europeo. Aquí se cría, en efecto, ese imponente animal que estuvo al borde de la extinción.

www.polen.travel/es

# VIDA SALVAJE

## 236 ISLA DE CABRERA, ESPAÑA

¿Adónde huyen los mallorquines cuando necesitan desconectar? La isla de Cabrera, aunque está a 10 kilómetros escasos de la isla favorita de los alemanes, no podría quedar más lejos de la zona discotequera de Mallorca. Del extremo sur al extremo norte hay, como del occidental al oriental, apenas 5,5 kilómetros. Aquí hay cuevas, ruinas de antiquísimos fortines, un cementerio de marinos lleno de fantasmagóricos espectros y un faro solitario que se asoma a la hermosísima costa y a sus aguas cristalinas.

www.cabrera.islasbaleares.com/index_es.html

## 237 ISLA DE SPITSBERGEN, NORUEGA

Spitsbergen… ¿No era esa la mayor isla del archipiélago ártico de Svalbard, hacia el polo Norte, con un frío espantoso y osos polares por doquier? Sí… y no. En Spitsbergen se encuentran, por ejemplo, el undécimo mejor restaurante noruego (Huset, www.huset.com) y el Banco Mundial de Semillas de Svalbard. Y también se puede viajar en trineo tirado por perros incluso en verano. Osos polares se encuentran raramente, aunque solo está permitido salir de la pequeña ciudad minera de Longyearbyen con guía, armado con escopeta. Un paraíso al aire libre, sobre todo en verano.

https://www.visitnorway.es/que-ver-en-noruega/svalbard/

## 238 PARQUE NACIONAL DEL ISTMO DE CURLANDIA, LITUANIA

El paisaje de dunas aislado del mundo, la áspera costa y los pájaros llevan siglos siendo motivo de inspiración (artística) en esta lengua de tierra que pertenece mitad a Lituania, mitad a Rusia. En Nida, colonia de artistas, a partir de 1900 vivieron pintores como el expresionista Max Pechstein; Thomas Mann trabajó cerca de aquí en su novela *José y sus hermanos* hasta 1932. Hoy, esta región Patrimonio de la Humanidad se puede recorrer en excursiones a pie, bici, kayak o velero.

www.turismolituania.es/patrimonio-unesco-en-lituania/parque-nacional-del-istmo-de-curlandia/

## 239 PEAK DISTRICT, INGLATERRA, REINO UNIDO

 Al pasear por los vastos altiplanos de Peak District, tal vez se pueda gozar más de una vez de la compañía de ovejas en libertad. Esta región del centro de Inglaterra fue el primer parque nacional de Gran Bretaña y comprende las comarcas de White Peak y Dark Peak, muy distintas entre sí. En Dark Peak, al norte, destaca ante todo el páramo deshabitado, mientras que White Peak, al sur, impresiona por sus formaciones de piedra caliza y sus valles fluviales.

www.peakdistrict.gov.uk

## 240 PARQUE NACIONAL DE LOS ABRUZOS, ITALIA

Desde hace unos 100 años, la naturaleza y la civilización mantienen un combate desigual 150 kilómetros al este de Roma. Ya en 1922 se declaró parque nacional esta pintoresca región montañosa de viejos bosques y rica fauna, pero esta calificación fue revocada en época fascista. Afortunadamente, desde la década de 1950 los animales y las plantas han vuelto a respirar tranquilos: atraviesan el parque osos pardos, lobos, venados y corzos, y en los árboles viven búhos y águilas reales.

www.parcoabruzzo.it/Eindex.php

Luz y silencio: el paisaje del istmo de Curlandia.

**VIDA
SALVAJE**

# PARAÍSOS CICLISTAS

ADIÓS A LAS PARTÍCULAS EN SUSPENSIÓN.
QUIEN MONTA EN BICI, HACE UNA VIDA MÁS
SANA Y VE MÁS MUNDO. BUENO, CLARO,
SI NO ES EN ÁMSTERDAM…

### 241 VALLE DEL DOUBS, FRANCIA

¿Cuádriceps acalambrados? ¿Pulmones al límite? Nada de eso en el trayecto de 170 kilómetros entre Montbéliard y Dole, al este de Francia. La ruta es idílica por la vega del río Doubs, parte de la ruta EuroVelo 6, que va de Rumanía a Francia. Bosques, praderas, pueblos de postal, antiguas plantas industriales medio en ruinas, cerros, peñas… ¿Vamos?

radfahren.franche-comte.org

### 242 CARRETERA DEL CABO DE FORMENTOR, MALLORCA

Mientras que en latitudes más septentrionales la nieve y el hielo hacen del ciclismo un deporte rudo, las curvas en herradura de la carretera que va al cabo de Formentor, con su icónico faro y sus vistas como de otro mundo, resultan de lo más invitador. Desde el puerto de Pollensa son 15 kilómetros. Mejor salir temprano (o tarde) y no tener vértigo.

www.infomallorca.net

### 243 COAST TO COAST, INGLATERRA, REINO UNIDO

Esta ruta cicloturista C2C atraviesa la isla británica de costa a costa: desde Whitehaven, junto al Parque Nacional del Distrito de los Lagos, hasta Whitby, junto al Parque Nacional de los North York Moors. Es perfecta para el ciclista curtido: 236 kilómetros, subidas rompepiernas, paisajes apabullantes, desfallecimientos… Especialmente duro es el paso de Hartside, cuyas vistas una vez arriba son, a cambio, grandiosas.

www.visitengland.com

### 244 RUTA PARENZANA, ITALIA, ESLOVENIA Y CROACIA

Quien recorra esta ruta cicloturista de entre 116 y 135 kilómetros, que sigue la antigua vía férrea Trieste-Poreč, alias Parenzo, pasará por tres países de una tacada. La época más bonita es el otoño, cuando son aún cálidas las aguas del Adriático. La hermosísima parte croata del trayecto, con sus túneles, viaductos y

# 245 RUTA DEL ELBA, CHEQUIA

El Elba nace en los montes Gigantes, a 1400 metros, donde uno puede montarse en la bici en la pequeña ciudad de Špindleruv Mlýn. Esta ruta recorre los casi 370 kilómetros hasta la frontera alemana por la vega del Labe, que así llaman en checo al Elba, en un gran arco hasta Bad Schandau, pasando por las peñas basálticas de los montes de Bohemia central, por verdes llanuras y bonitas ciudades como Mělník, donde el Moldava desemboca en el Elba.

https://www.czechtourism.com/sp/home

Cruzando de un salto el Elba: el ferri sobre el río en Hřensko.

tramos de gravilla, es apta solamente para sólidas ruedas con tacos.

www.parenzana.net/en

## 246 VUELTA A BORNHOLM, DINAMARCA

Mar azul y arena blanca, murmullo de olas, coloridas casas de madera, gritos de gaviotas, acantilados, pueblecitos con puertos deportivos y cafés… Dar la vuelta en bici a la isla danesa de Bornholm, en el Báltico, son unas vacaciones para el alma.

bornholm.info/en

## 247 RUTA DEL DANUBIO

El segundo río más largo de Europa (2850 kilómetros) fluye de oeste a este y pasa por diez países. Se puede seguir el cauce entero del Danubio desde Donaueschingen hasta la desembocadura en el mar Negro. Y sin demasiadas subidas. Eso sí: los últimos 1000 kilómetros, desde Belgrado, en Serbia, son por carreteras abiertas al tráfico. La ruta clásica termina, tras 50 etapas, en Budapest.

www.donauregion.at/en/danube-cycle-path.html

## 248 VIA VERDE DE OJOS NEGROS, EPAÑA

Con 165 kilómetros, la vía cicloturista más larga de España empieza en Santa Eulalia, a 1040 metros de altura; pasa por zonas montañosas

En Ámsterdam quien ama a su bicicleta la engalana debidamente.

## 249 ÁMSTERDAM, PAÍSES BAJOS

¡Y levanta siempre bien la mano para que nadie se empotre con tu bici alquilada! Así los otros ciclistas entienden que quieres parar, como no es raro que les pase a los turistas: al fin y al cabo, en la capital de los Países Bajos hay una maravilla cada 50 metros… En el centro mundial de la bicicleta rigen otras reglas: aquí los dueños de la calle son los ciclistas, y como tal se comportan. Cosa que facilita explorar el laberinto de calles y canales, carriles-bici y puentes, casas típicas y fachadas fastuosas. Hay que acostumbrarse, eso sí, al ritmo trepidante y a las reglas del lugar.

www.iamsterdam.com/es/informacion-practica/ciclismo

y por algunos túneles, así como por 37 puentes y por antiguas estaciones de tren, y llega, siempre bajando hacia la costa, a Sagunto, antiquísima ciudad llena de encanto con una playa kilométrica.

www.viasverdes.com/itinerarios/
itinerario.asp?id=46

## 250 LLANURA DE MÜNSTER, ALEMANIA

¿La ruta de los 100 castillos? ¿O mejor por los bosques, praderas y pantanos del Parque Natural de Hohe Mark? ¿La ruta de Tödden-land? ¿La del valle del Vechte? Con 4500 kilómetros de vías cicloturistas señalizadas entre el bosque de Teutoburgo, Lippe y la frontera holandesa, no es fácil decidir.

www.nrw-tourism.com/region-
muensterland#muensterland

## 251 RUTA DEL BURREN, IRLANDA

Aunque los cuádriceps se resientan, las vistas son impresionantes: este periplo de 150 kilómetros del condado de Clare es de lo más variado, y en el rocoso karst del Parque Nacional del Burren uno se sientes como si hubiera aterrizado en la Luna. Se pasa por carreteras con vistas al mar, por pueblos con bonitos lugares para bañarse y por monumentos precristianos.

www.ireland.com/es-es/

## 252 RUTA DEL LOIRA, FRANCIA

El Atlántico es un destino de primera: recorrer en bici 900 kilómetros de la vega del Loira para acabar zambulléndote en las olas en Saint-Brevin-les-Pins. Lo habitual, sin embargo, es ir río arriba para tener el viento a la espalda. En el camino aguardan castillos de ensueño, reco-

letos lugares de baño y encantadores *bistrots*. Montar en bici, así dicen los alemanes, como Dios en Francia.

www.loirebybike.co.uk/

## 253 VÍA CLAUDIA AUGUSTA, ITALIA Y AUSTRIA

Esta antiquísima ruta cultural y comercial del Imperio romano recorría 700 kilómetros desde el Danubio hasta Altinum, cerca de Venecia. Hoy es el camino más ligero para quienes quieran pasar en bici los Alpes. A los menos deportistas se les concede una pequeña trampa: en el puerto del Tirol hay autobuses que llevan, bici incluida, hasta Italia.

www.viaclaudia.org/en/introduction.
html

## 254 CESENATICO, ITALIA

Lo llamaban el Pirata. Marco Pantani, celebrado rey de la montaña, convicto por dopaje y trágica víctima de la droga, entrenaba sobre la bici por los cerros de su región natal, Emilia-Romaña. Ciclistas de carretera de todo el mundo siguen imitándole, disfrutando de las carreteras vacías, las soberbias vistas y los simpáticos pueblos. Por la tarde recargan las pilas con maravillosos platos de pasta.

www.cesenatico.it

# PARAÍSOS CICLISTAS

### 255 COPENHAGUE, DINAMARCA

Montar en bici por la capital danesa es venirse arriba. O, mejor dicho, 'ir' por arriba. Por puentes, valga el caso, como el Bicycle Snake. Y es que aquí los ciclistas tienen prioridad: más del 60% de los habitantes de la ciudad va en bici al trabajo. Tienen sus propios garajes, carriles-bici amplísimos y 200 kilómetros de vías rápidas reservadas para ellos. Imposible encontrar, tampoco como turista, mejor modo de desplazarse.

www.copenhague.es

### 256 ISLAS LOFOTEN, NORUEGA

 ¿Perdón? ¿Montar en bici en las Lofoten, que no tienen más que montes? Vamos a ver: una montaña se puede circundar. Sí, también aquí: en este pintoresco archipiélago junto a la costa de Noruega. Por pequeñas carreteras, vías cicloturistas o, si no hay más remedio, por carreteras principales, los ciclistas van encontrando ovejas, verdes despeñaderos y coloridas casas o grandes iglesias de madera. Y luego está el mar, que resplandece en el más hermoso azul… cuando no llueve.

www.discover-norway.no/english

### 257 RUTA DE LOS DOLOMITAS, ITALIA

Los Dolomitas son los montes más emblemáticos de los Alpes: angulosos gigantes grises que señorean blandos tapices de prados y que relucen, con el crepúsculo, en roja incandescencia. Pero no hay que ser un profesional para adentrarse en ellos pedaleando: la Lunga Via delle Dolomiti, que en rigor empieza en la localidad italiana de Dobbiaco, atraviesa, siguiendo el trazado del antiguo ferrocarril de los Dolomitas, 66 kilómetros de las famosas montañas del sur del Tirol. Diez túneles y unos viaductos de vértigo hacen de este camino cicloturista toda una aventura.

www.ciclabiledolomiti.com

### 258 RUTA DEL MOLDAVA, CHEQUIA

Esta ruta pasa, con sus buenos 430 kilómetros, desde el nacimiento del Moldava hasta su desembocadura en la ciudad de Mělník, por las misteriosas aldeas de Bohemia, así como por mucha naturaleza, pantanos, viejos castillos e iglesias. El camino va serpenteando, a derecha e izquierda del río, por montañas y valles: la mejor manera de conocer Chequia.

www.czechtourism.com/sp/home/

### 259 RUTA COSTERA DE MESENIA, GRECIA

Este trayecto de 230 kilómetros entre Kalamata, en Mesenia, y Kaló

En Copenhague, moverse en bicicleta es llegar rápida y cómodamente y circular… a otro nivel.

Neró, en la costa del Peloponeso, está pensado más para relajarse. Pescado recién capturado en pueblos idílicos, paradas en playas de ensueño, caminos casi sin desnivel… Difícilmente se encontrará una ruta en bici más amable.

www.visitgreece.gr/en/destinations/peloponnese

### 260 RUTA COSTERA DEL MAR DEL NORTE, PAÍSES BAJOS

Al ciclista suertudo, el viento le sopla por la espalda. Aunque esto no puede garantizarse en la costa holandesa del mar del Norte. Eso sí: esta vía cicloturista de 570 kilómetros, entre Sluis y Nieuweschans, más allá de un par de dunas es plana como una tabla. Así y todo, hay mucho que ver: el mar, largas playas, algún molino de viento, praderas, campos, diques, taludes, lindos pueblos y pequeñas ciudades.

www.holland.com/es

## PARAÍSOS CICLISTAS

# MISTICISMO Y LEYENDAS

A VECES FUERON GIGANTES, A VECES BRUJAS Y VAMPIROS O, DE REPENTE, EL MISMÍSIMO DEMONIO QUIEN CONSTRUYÓ DETERMINADO PUENTE. UNA EUROPA DE MISTERIO…

## 261 ESCUELA ÉLFICA, REIKIAVIK, ISLANDIA

En realidad, el número de habitantes de Islandia es mucho mayor del oficial. En la escuela nacional de elfos y hadas, la Álfaskólin, hay un montón que aprender sobre todas estas ubicuas y hurañas criaturas islandesas. Pocas cosas se hacen en Islandia sin tener en cuenta al *huldufólk*, la población oculta. Hay hasta un asesor élfico para proyectos de construcción: vigila que las nuevas calles o casas no dañen el hábitat de elfos, enanos, ondinas y troles.

theelfschool.com

## 262 PIEDRAS DE CALLANISH, ESCOCIA, REINO UNIDO

Estos dientes grises de granito de la isla escocesa de Lewis se yerguen, agudos y angulosos, hasta 5 metros hacia el cielo. Quisiera uno retroceder en el tiempo para ver qué espectáculos tuvieron lugar aquí, en este círculo de menhires de Callanish, hace más de 3000 años. (O quizás mejor no.) Para qué fin sirvieron entonces estos pesadísimos monolitos, sigue siendo un misterio. Su especial atractivo reside, sin embargo, precisamente en eso: en que tantas leyendas hayan surgido sobre su origen, y la ciencia hasta ahora no ofrezca respuestas claras.

www.historicenvironment.scot

## 263 TRANSILVANIA, RUMANÍA

Puede parecer supersticioso, pero un diente de ajo y un crucifijo en la maleta, mal seguro que no hacen puestos a viajar a Transilvania. Y es que todo el mundo conoce las espeluznantes historias sobre Drácula. El escritor Bram Stoker, que en 1897 insufló vida literaria a este pálido chupasangre, marcó un hito: desde entonces, el variopinto paisaje de Transilvania y las historias de terror han quedado indisociablemente unidos y han conferido a esta región fama considerable. Especialmente el castillo de Bran, otrora hogar del cruel príncipe Vlad III, quien sirvió de modelo histórico para Drácula, cuadra en esa imagen de lugar terroríficamente bello.

www.larumania.es/ciudades-y-regiones-de-rumania/transilvania

## 264 TROLLTUNGA, NORUEGA

Regla número uno si se pasea por los montes noruegos: no hay que meterse nunca con un trol. De hecho, conviene ayudar a estos seres fabulosos a construir sus casas añadiendo una piedra a los majanos que hay junto a los caminos. Luego, más allá de este aporte constructivo, hay que estar en buena forma para llegar, tras una marcha de unas 10 horas, a la espectacular plataforma rocosa llamada Trollzunge, «lengua de Trol». Sobre este saledizo horizontal, se estará a 700 vertiginosos metros sobre el lago Ringedalsvatnet.

de.fjordnorway.com

Un mirador para valientes: balanceando las piernas en la «Lengua de Trol».

## 265 GRUTA DE FINGAL, IRLANDA

Cual oscuras fauces infernales se abre al mar azul turquesa esta cueva. Se adentra 85 metros en la gris roca volcánica de la isla escocesa de Staffa. Lo que hace aún más surrealista la visión son los cientos de columnas de basalto a ambos lados de la entrada a la caverna. Es como si un artista hubiera diseñado esta isla y no hubiera surgido de manera natural. Gracias a su singular belleza, este lugar ya tuvo en el pasado muchos visitantes de postín, por ejemplo, Julio Verne y Felix Mendelssohn Bartholdy. Este último quedó tan impactado, que tras la visita compuso su célebre obertura *Las Hébridas*.

www.nts.org.uk/visit/places/staffa

## 266 MONTE BROCKEN, ALEMANIA

Blocksberg es como la gente que vive alrededor del Brocken llama a este monte, el más alto del macizo del Harz. Es una especie de salón de plenos al aire libre para las temibles hechiceras. Y es que aquí se celebra cada año, ya desde mediados del siglo XVII, el mayor encuentro de brujas de Alemania. Quien se cuente entre estas en secreto, que empaque toda la parafernalia brujeril y vuele con su escoba a esta cima de 1141 metros en la noche del primero de mayo. El clímax de esta fiesta de las brujas es una hoguera gigantesca que ilumina los espantosos rostros de los asistentes.

https://en.harzinfo.de

## 267 MONTE OLIMPO, GRECIA

El Olimpo, el «Luminoso», suele estar cubierto de nubes o coronado de nieve. Lo rodea un aura de majestad. Y con razón. Al fin y al cabo, era el monte de los 12 dioses de la mitología griega (Atenea, Afrodita, Hermes…), quienes efectivamente escogieron como residencia esta cumbre, que, con sus 2917 metros, es la más alta del país; desde aquí mandaba Zeus el trueno y el rayo. Quien quiera estar cerca de los dioses, puede ascender a la cumbre con el debido equipamiento. Otros se deleitan con el soberbio paisaje y con los bosques, lagos y praderas. Una zona divina.

visitgreece.gr/en/nature/mountains

## 268 ARCACHÓN, FRANCIA

Empujadas por los fuertes vientos del Atlántico, las arenas de la gran duna del Pilat, en Arcachón, se apilan hasta una altura de 110 metros. La mayoría de los visitantes de esta famosa atracción natural pasa de largo, sin embargo, por la ciudad de invierno y todas las leyendas que la envuelven. En un cerro cercano a la playa hay, en un laberinto de estrechísimas calles, 96 caseríos encantados llenos de miradores, almenas y torrecillas en una salvaje mezcla de estilo árabe, románico, gótico y renacentista. Se trata del mítico «monte hechizado» de Francia, concebido hace 150 años para tuberculosos pudientes. Cuando, a comienzos del siglo XX, los artistas y los ricos descubrieron otros destinos, los caseríos cayeron en su letargo embrujado.

www.arcachon.com/es/

## 269 PUENTE DEL DIABLO, SUIZA

Construir puentes sobre barrancos abisales no es cualquier cosa. Y los habitantes del cantón de Uri pueden cantar una canción al respecto. Una y otra vez fracasaban estrepitosamente en su intento de salvar la garganta de Schöllenen hasta que, al fin, frustrados, desistieron: *«Do sell der Tyfel e Brigg bue!»*, es decir, que haga el puente el diablo. El cual resulta que recogió el guante. Construyó el puente, aunque, eso sí, no de manera del todo desinteresada: exigía el alma del primero que lo cruzase. Pero tranquilos: el asunto al final se resolvió. En lugar de un turista despistado, los lugareños enviaron un pobre macho cabrío.

www.myswitzerland.com/es-es/

## 270 AURORAS BOREALES, ISLANDIA

La aurora boreal es, para muchos, la luz más hermosa que existe. Y estos velos verdes y azules del cielo nocturno han dado lugar a muchas leyendas. Los vikingos, por ejemplo, creían que eran el puente por el que los guerreros caídos llegaban al Valhalla, aunque a veces los consideraban un mal presagio. Si uno se plantea ir en busca de auroras boreales por Islandia debe saber que la mejor época es de noviembre a febrero, y que mientras se ve el fenómeno, no se puede ni bailar ni cantar… so pena de ser llevado por los espíritus.

es.visiticeland.com/

## 271 HUELGOAT, FRANCIA

Entre los roquedos cubiertos de musgo de este parque natural de Bretaña, ya habría mecido en sus brazos a su hijo la Virgen María. Otras historias sobre este bosque encantado se retrotraen a tiempos más antiguos todavía, o atribuyen todas esas rocas a un ataque de cólera del gigante Gargantúa, quien un día sencillamente se habría levantado con el pie izquierdo. Hoy es, en cualquier caso, precisamente su quietud lo que hace tan atractivo al parque de Armórica, junto al pueblo de Huelgoat.

www.vacaciones-bretana.com/

mbrecillos de piedras del sur del Tirol. Hay una enigmática fuerza en torno a estas misteriosas piedras.

## 272 HOMBRECILLOS DE PIEDRAS, SARENTINO, ITALIA

Contra viento y marea aguantan estos hombrecillos de piedras, desde hace siglos, en la cima del monte que domina Sarentino. Alguien debió de amontonar por la cumbre estas más de 100 pirámides de piedras tan altas como una persona… Si damos crédito a antiguos protocolos judiciales, hace 500 años allí se celebraban bailes de brujas y conjuros demoníacos. Otros sostienen que estamos ante un antiguo lugar de culto celta. ¿O se trata simplemente de un pasatiempo de pastores aburridos? Lo que está claro es que, entre estos hombrecillos de piedras de esta localidad del sur del Tirol, se respira una atmósfera muy especial.

www.sarntal.com/en/

## 273 EL GÓLEM DE PRAGA, CHEQUIA

Cuenta la leyenda que al Gólem lo formó, en el siglo XVI, el rabí Judá Löw a partir de un pedazo de barro al que insufló vida con magia cabalística. La idea era que acudiese en auxilio de los judíos cuando se viesen amenazados, por lo que la criatura se dedicaba a vagar por la ciudad, por el antiguo cementerio judío, por la sinagoga Vieja-Nueva

# MISTICISMO Y LEYENDAS

¿Son estas las nieblas de Ávalon? Tal vez el rey Arturo esté esperando para regresar…

del barrio Josefov… Quien hoy pasee de noche por las hechizantes callejas de Praga y oiga a su espalda unos pesados pasos, ya sabe de quién son.

www.prague.eu/es

## 274 CALZADA DEL GIGANTE, IRLANDA DEL NORTE, REINO UNIDO

Si damos crédito a una leyenda irlandesa, este dique surgió cuando luchaban dos colosos, uno de Irlanda y otro de Escocia. Bastante más sobria es la explicación de los geólogos para la formación de estas 40 000 uniformes columnas de basalto: un proceso de enfriamiento especialmente lento transformó la lava, hace 60 millones de años, en piedras geométricas. Sea como sea, este dique de la costa norirlandesa, a 80 kilómetros de Belfast, tiene un encanto

onírico. Es como estar en un cuadro de Dalí.

www.ireland.com/es-es

## 275 LAGO VERDE, AUSTRIA

 De repente, la Atlántida en Estiria: todos los años, en la época del deshielo, las aguas inundan una caldera de tal modo que sus prados, bancos y puentes quedan sumergidos a una profundidad de hasta 10 metros. El lago alpino resultante es cristalino y reluce con un extraordinario color verde esmeralda. Con una visibilidad de hasta 50 metros bajo el agua, es muy apreciado por los buceadores. Durante los meses estivales, la caldera se va secando hasta que, finalmente, se puede volver a pasear por el fondo del lago.

www.steiermark.com/en

## 276 DONCELLAS DE PIEDRA DEL VALLE DE ESELSBURG, ALEMANIA

¿Qué le pasa a una chica que tiene una aventura con el pescador del valle contra el criterio de su señora feudal, que desdeña a los hombres? Pues está claro: que se convierte en piedra. Tal destino sufrieron dos virginales doncellas del valle de Eselsburg, reserva natural cercana a Herbrechtingen, en Baden-Württemberg. En cuanto a la señora, fue abatida por un rayo. Los ganadores de esta historia son los caminantes y ciclistas de esta reserva natural, que hoy pueden admirar a estas dos solteronas de piedra y sus reflejos en el lago que tienen a sus pies.

www.heidenheim.de/Home

## 278 CABO BEACHY, INGLATERRA, REINO UNIDO

El Atlántico azul oscuro del sur de Inglaterra, unas praderas de intenso verde, un blanco acantilado calcáreo de 160 metros de altura… Un destino turístico de postal. Bienvenidos, pues, al cabo Beachy, la belleza natural del sur de Inglaterra. Bueno, claro, luego está ese asunto del fantasma de un monje asesino… Pues cuenta la leyenda que por el cabo Beachy ronda un monje vestido de negro al que le gusta inducir a los visitantes a lanzarse a la muerte por el precipicio, aunque otros hablan de unas espectrales figuras flotando sobre el

## 277 GLASTONBURY TOR, INGLATERRA

Algo que se yergue sobre la planicie de Somerset de un modo tan imponente, reúne todos los requisitos para ser considerado un objeto mitológico. Bienvenidos, en efecto, a la morada de Gwynn ap Nudd, señor del mundo de las hadas, pues, según la mitología galesa, este personaje legendario viviría en este cerro, de 158 metros. La voz celta *tor*, «monte», se refiere al propio cerro; la torre que hay en la cima de este, son los restos de una iglesia cristiana. Acaso este cerro sea también ese místico Ávalon de la leyenda del rey Arturo. En tal sentido apuntaría el antiguo nombre de Ynys yr Afalon.

https://www.visitbritain.com/es/es/penasco-de-glastonbury

# MISTICISMO Y LEYENDAS

acantilado. ¿Qué sería Inglaterra sin una buena historia de fantasmas?

www.visitbritain.com

# 279 ROQUEDOS DE EXTERNSTEINE, BOSQUE DE TEUTOBURGO, ALEMANIA

Ahí siguen cautivando con su hechizo. Tal vez porque surge la pregunta de si estas extrañas peñas son un simple puñado de rocas de arenisca o un lugar de fuerza mística, un sitio de influjos sobrenaturales y de espiritualidad. Lo cierto es que son un imponente monumento geológico al que mucha gente acude para celebrar especialmente la noche de Walpurgis y el solsticio de verano.

en.teutoburgerwald.de

# 280 MONTE ATOS, GRECIA

Este impresionante complejo monástico es vestigio de un tiempo ya remoto. En los 20 monasterios, hoy siguen viviendo unos 3000 monjes en completo aislamiento y sujetos a estrictas reglas. El monte Atos solo pueden visitarlo varones y en él los aguarda un humilde alojamiento. Las mujeres tienen prohibido desde hace 1000 años pisar el recinto, y los barcos con féminas a bordo deben mantenerse como mínimo a 500 metros de la costa. La prohibición también rige para animales hembra, hasta el punto de que allí solo se emplean como bestias de carga burros y caballos macho.

www.discovergreece.com/en

Entre los monjes del monte Atos, solo son bienvenidos los varones.

# MISTICISMO Y LEYENDAS

# SURCANDO LAS AGUAS

QUIEN SURCA RÍOS, CANALES O LAGOS,
TAMBIÉN VE COSAS QUE YA CONOCÍA, PERO
DESDE UNA PERSPECTIVA NUEVA. EN PIRAGUA
O EN BARCO, EN CRUCERO FLUVIAL O
DE EXCURSIÓN CON UN BARCO DE VELA…
¡A NAVEGAR POR EUROPA!

Tan especial como parece: unas benéficas vacaciones en barco por el canal du Midi.

## 281 CANAL DU MIDI, FRANCIA

Es una obra de ingeniería impresionante y, al mismo tiempo, un símbolo del refugio ideal para quien quiera sustraerse al trajín cotidiano. El canal du Midi serpentea a lo largo de más de 240 kilómetros por el sur de Francia y conecta el Mediterráneo con el Atlántico. Navegar por él es una experiencia que no se olvida: pasar parsimoniosamente por los viñedos de la región de Languedoc, por imponentes fortalezas como la de Carcasona y por metrópolis como Toulouse mientras los incontables plátanos y cipreses que flanquean el canal proyectando su sombra sobre buena parte del recorrido proporcionan frescor bajo el sol meridional. Si, además, en una tibia tarde centellea en el vaso un vino tinto francés, qué más se puede pedir.

https://es.france.fr/es

# 282 ☘ RÍO DUERO, PORTUGAL

El Duero es un señor río. A lo largo de sus 897 kilómetros, el tercer río más largo de la península Ibérica se ha convertido, con el correr del tiempo, en el maestro de obras de un cauce fluvial variopinto, en ocasiones imponente, con numerosas gargantas en cuyas terrazas se cultivan estupendos vinos. El Duero va trazando su curso primero por el norte de España; luego, avanza por entre abruptos roquedos, olivares, alcornocales y suaves colinas. Finalmente, antes de desembocar en el Atlántico, el ya portugués Douro atraviesa la hermosa y antigua ciudad de Oporto.

www.visitportugal.com/es

Así de agradable puede ser la vida en el río: chapuzón bajo el puente de Luis I, que conecta Oporto y Vila Nova de Gaia.

## 283 CANAL DEL GÖTA, SUECIA

¿Una maravilla que nadie conoce? No exactamente. De hecho, la oferta de actividades recreativas de este canal del sur de Suecia es fantástica. El propio canal, calificado de «obra pública sueca del milenio», conecta, con sus 190 kilómetros, el mar Báltico con el lago Vättern y con el Vänern, el mayor de Suecia. Así que solo hay que soltar amarras. La travesía en uno de los antiguos barcos que ofrecen cruceros es grata y cómoda, aunque también puede ponerse uno mismo al timón, en su propio velero o en uno alquilado. Sea como sea, ni las 58 esclusas ni los 50 puentes son motivo de estrés. Y en las riberas acompañan, con su parsimonia, una naturaleza increíble y unos pueblos preciosos; por no hablar de las exquisiteces que aguardan en los cafés y de algún que otro lugar de interés. Regla número uno: tomarse tiempo.

www.vastsverige.com/en/

## 284 EL ELBA A SU PASO POR DRESDE, ALEMANIA

Por la orilla van pasando caseríos y tres románticos palacios, mientras de fondo se oyen los airosos sones *dixie* de una banda que toca en directo. Bajo cubierta, retumba la vieja máquina de vapor, de 1841. Con sus nueve barcos antiguos, la venerable flota de Dresde es la mayor y más añeja de vapores de rueda del mundo. Da igual si a uno le interesa la tecnología naval de épocas pasadas o simplemente quiere disfrutar desde el agua del impresionante escenario de la ciudad: una travesía por el Elba en un va-

por antiguo no se olvidará así como así.

www.saechsische-dampfschiffahrt.de

## 285 REGIÓN LACUSTRE DEL SUR, FINLANDIA

Finlandia es el país de los mil lagos, pero eso es decir poco: hay decenas de miles. Ya solo la región lacustre del sur del país es un sueño para los aficionados a la navegación. Ya sea en el antiguo barco de vapor que sale de Kuopio o de Savonlinna, o a fuerza de brazos con remo y piragua, este gran mundo azul en el que se reflejan densas nubes blancas, rodeado del intenso verde de los bosques, es un sueño de verano que, una vez acabado el día, se puede rememorar en una rústica cabaña, con vistas, naturalmente, a las aguas.

www.visitfinland.com/es/e

## 286 LAGO DE SILS, SUIZA

Cuando, hace 100 años, el italiano Luigi Giani marchó a buscar fortuna, sintió el deseo de hacerse pescador en el lago de Sils, a 1800 metros de altitud; pero enseguida se dio cuenta de que ganaba más dinero paseando a la gente en una góndola veneciana. De modo que estableció una travesía regular entre Sils Maria y Maloja, convirtiéndose en el responsable de la línea naval situada a mayor altitud de Europa. Hoy esta línea sigue circulando por el mismo lago azul en un decorado alpino de ensueño, y al timón sigue sentándose un Giani: Franco, nieto de Luigi.

www.sils.ch/en/sils-engadin.html

## 287 RÍO NEVÁ, RUSIA

Largo no es, pero este río alcanza los 600 metros de ancho y atraviesa cual exquisita joya, tras los 74 kilómetros que sus aguas recorren desde el lago de Ládoga hasta el golfo del mar Báltico, en San Petersburgo, la perla de dicho mar. Este breve Nevá está conectado con otros ríos a través de numerosos canales, así que San Petersburgo es el lugar ideal para embarcarse en un extenso crucero que baja, si hay tiempo, hasta el Volga.

https://spain.russia.travel

## 288 CANAL DE OXFORD, INGLATERRA, REINO UNIDO

Este angosto canal serpentea por la verde campiña inglesa parsimoniosamente. Antaño, un viaje por él era todo salvo un placer, ya que se usaba principalmente para transportar carbón y víveres en pequeños botes. Duro oficio, pues en aquel entonces tiraban de los botes caballos o las propias personas. Hoy la cosa es bastante más cómoda: en una de las vías fluviales más bonitas de Inglaterra, puede uno emprender travesías de distinto tipo en amplios barcos. Quién sabe qué aguarda tras el próximo mean-

# SURCANDO LAS AGUAS

dro, quizás un típico pueblecito inglés o un *pub* donde los navegantes recapitulen la jornada ante una pinta de cerveza.

www.visitbritain.com/es/es/turismo-britanico

## 289 LAGUNA DE VENECIA, ITALIA

Todos saben que a Venecia la bendice el agua. Las aguas casi siempre azules de la gran laguna que rodea esta joya arquitectónica, de 550 kilómetros cuadrados, están salpicadas de incontables islas e islotes, y se encargan de separar la bahía del Adriático lenguas de tierra como Lido o Pellestrina. La laguna bulle de embarcaciones en idéntica medida que el Gran Canal: hay barcos turísticos y barco-buses, barcas-taxi y miles de botes particulares que van de Murano a Torcello o a San Erasmo… Aquí el tormento es tener que elegir.

www.veneziaunica.it

## 290 RÍO SHANNON, IRLANDA

En las praderas de un verde intenso pacen a su aire las vacas y las ovejas, regalando una mirada apática a los barcos que pasan junto a ellas. Una travesía de varias jornadas por este río irlandés es, ante todo, variada: después de horas atravesando unos bellísimos parajes deshabitados, un pueblecito brinda de repente la oportunidad de hacer una pausa o visitar alguna iglesia medieval. Antaño era sobre todo la cervecera Guinness quien utilizaba el río y los muchos canales que de él salen para distribuir

## 291 CANAL DE CALEDONIA, ESCOCIA, REINO UNIDO

De la costa escocesa occidental a la oriental de una tacada. Ningún problema: este canal de 100 kilómetros conecta la localidad de Fort William, a la sombra del Ben Nevis, el monte más alto de Gran Bretaña, con la más septentrional de Inverness, junto a la ría de Moray. En rigor, para atravesarlo en barco solamente hacen falta dos días y medio. Ahora bien, por qué apresurarse si esta vía acuática combina lagos, ríos y tramos de canal y llevan por la incomparable naturaleza de las Highlands. Surcando grandes lagos como el Ness, se siente uno como en el mismísimo océano, especialmente si realiza el trayecto en piragua de remos. Menos mal que las localidades de la orilla están llenas de *pubs* y bares donde reponer fuerzas.

www.scottishcanals.co.uk/canals/caledonian-canal

sus barriles. Hoy, el plácido Shannon se ha convertido en un paraíso para gente ávida de reposo y para amantes de la naturaleza.

www.ireland.com/de-de/aktivitaeten/wassersport

## 292 RODILLA DEL DANUBIO, HUNGRÍA

El Danubio no solo tiene brazos. Resulta que también tiene una rodilla: una rodilla húngara para más señas. Aquí, 30 kilómetros al norte de Budapest, este imponente río vira su curso del este al sur describiendo un gran meandro de 90 grados. Es un tramo fácilmente navegable en cuyas orillas se yerguen los altos del monte de Visegrado, donde tiene su hogar un exuberan-

te mundo de plantas y animales. En Budapest, los barcos ya esperan pasajeros.

https://wowhungary.com/es/destinations/el-recodo-del-danubio-223

## 293 LAGO DEL IJSSEL, PAÍSES BAJOS

Casi 30 kilómetros de largo tiene el dique de cierre que los holandeses construyeron en 1932, arrancándole al mar del Norte el lago de Ijssel. Este lago de agua dulce, el mayor del país, es hoy una meca para los amantes de los deportes de vela, ya que, debido a lo llano del terreno circundante, aquí soplan casi siempre fuertes vientos. A lo largo de la ribera hay, además, muchos puertos pintorescos donde puede uno concluir plácidamente la jornada

El canal de Caledonia también incluye lagos como el Lochy.

tras una intensa travesía. Quien no tenga el título de patrón de yate, puede poner su suerte en manos de un experimentado capitán y reservar plaza para un crucero en uno de los grandes veleros disponibles.

www.holland.com/es/turista.htm

### 294 RÍO MOLDAVA, CHEQUIA

El Moldava, el mayor río de Chequia, recorre 430 kilómetros hasta desembocar, junto a Mělník, en el Elba. Nace a 1200 metros de altitud, en la agreste selva de Bohemia, y atraviesa el Parque Nacional de Šumava, embalses y esclusas, pasando por encantadores pueblecitos y por altivos baluartes, por *campings* y por fondas. En el río abundan, en los lugares adecuados, canoas, kayaks y balsas, pues a los checos les encanta el agua. En la hermosa Praga, pasa por el puente de Carlos y por el Hradčany; las aguas del Moldava centellean al sol del mediodía y realmente uno no querría estar en ningún otro sitio.

www.prague.eu/es

### 295 DELTA DEL DANUBIO, RUMANÍA

Tras un viaje de nada menos que 2860 kilómetros en el que el Danubio atraviesa diez países, en su desembocadura en el mar Negro aguarda aún otro espectáculo: el delta, el mayor humedal de Europa, el mayor junqueral cerrado de la Tierra, Patrimonio de la Humanidad y Reserva de la Biosfera. Islas, lagos, bosques de ribera y dunas ofrecen un entorno protegido a miles de especies animales y vegetales. Son tres los principales brazos en que el Danubio avanza hacia el mar Negro, pero además hay todo un laberinto de riachuelos, perfecto para explorarlo en

## SURCANDO LAS AGUAS

En la antigua línea postal Hurtigruten, hoy se embarcan sobre todo gente deseosa de admirar Nordland.

barca. El clásico crucero por el Danubio empieza en Passau, lleva hasta el delta y luego, de regreso, incluyendo las grandes ciudades y los paisajes de ensueño.

romaniatourism.com/

### 296 LAGO MÜRITZ, ALEMANIA

Müritz viene de una palabra eslava que significa «pequeño mar». Este lago se halla encuadrado en la increíble naturaleza virgen de la llanura lacustre de Mecklemburgo y puede explorarse en los puntuales barcos de línea, como pasajero del único vapor de Mecklemburgo-Pomerania Occidental o como capitán de un barco propio. Relax absoluto en mitad de vastos bosques, pantanos y praderas. Aunque igual puede ser algo estresante tener que atracar en el puerto ante todo el mundo siendo un patrón inexperto.

www.germany.travel/es/ocio-relax/paisajes-naturales/parques-nacionales/parque-nacional-de-mueritz.html

### 297 BIRMINGHAM, INGLATERRA, REINO UNIDO

En la cuna de la Revolución Industrial se puede alquilar un barco para navegar por el canal de Birmingham y Fazeley. Apenas si alcanza los 29 kilómetros, pero tiene 38 esclusas, y en Fazeley conecta con el canal de Coventry, de modo que la travesía ya llega a sus buenos 180 kilómetros. El de patrón no es aquí ningún cargo agobiante: es cuestión de ir pasando tranquilamente por praderas y campos, por pueblecitos o por la vivaz Birmingham. Allí los *pubs* quedan tan cerca, que casi se podría pedir una cerveza desde el propio barco.

visitbirmingham.com

### 298 RÍO LOIRA, FRANCIA

Dejarse llevar, aflojar la marcha y relajarse: este es el credo de la navegación fluvial. *Et voilà*: la región

## 299 ❄ LÍNEA HURTIGRUTEN, NORUEGA

Franjas de costa silvestre, abruptos fiordos y, a lo lejos, cumbres nevadas: en verano, el sol de medianoche inunda el paisaje con una luz mística y, en invierno, las auroras boreales exhiben en el firmamento su velo multicolor. No hace falta ser creyente para quedar petrificado de temor reverencial ante el espectáculo de la costa occidental noruega desde un barco de la línea Hurtigruten. Desde 1893, esta ruta marítima de 2700 kilómetros entre Bergen y Kirkenes es una línea postal de gran importancia para numerosas localidades costeras. Es una de las más hermosas travesías que existen y los noruegos se refieren a ella con orgullo como su calle Real.

global.hurtigruten.com/

---

del Nivernés y el Loira se diría que está hecha para eso, pues aquí corren apaciblemente las aguas del canal del Nivernés, del río Yonne y del canal lateral del Loira. No queda sino dejar que, a lo largo de cientos de kilómetros de canales, el viento se lleve los cuidados y se sucedan castillos, viñedos y antiquísimos pueblos. Y también cabe la bici, para pequeñas escapadas por tierra.

es.france.fr/es

mientras que desde el lago se abre una fantástica vista de los majestuosos Alpes austríacos. Los barcos de línea se detienen, en su travesía, en todos los puntos de interés; el que quiera se baja y se queda cuanto considere. Solo que a menudo no es sencillo decidir dónde. Y es que, en torno a este lago, en mitad del amablemente ondeado Salzkammergut, hay multitud de castillos, caseríos y pintorescos lugares.

attersee-attergau.salzkammergut.at/en.html

## 300 LAGO ATTER, AUSTRIA

En la somera zona cercana a la orilla, el agua clara reluce en un turquesa que recuerda al Caribe,

# SURCANDO LAS AGUAS

# SABUESOS Y ESPÍAS

## RECORRER CIUDADES Y PARAJES SIGUIENDO LAS HUELLAS DE SHERLOCK HOLMES O JAMES BOND.

### 301 'LOS INMORTALES', ESCOCIA, REINO UNIDO

Cuando Christopher Lambert aún hacía buenas películas, tuvo un gran papel, a pesar de la falda escocesa, en el grandioso paisaje de las Highlands. Esta fantástica película de 1986, que trata de unos espadachines inmortales y transcurre en una dimensión temporal paralela en Nueva York, hace mucho que es un filme de culto. El gancho son el legendario valle de Glen Coe y el idílico castillo de Eilean Donan.

www.eileandonancastle.com

### 303 COMISARIO BRUNETTI, VENECIA, ITALIA

Ya solo por la estupenda terraza de Brunetti sobre el Gran Canal, en la que el protagonista come espaguetis con su familia, quisiera uno ser comisario en la serie policíaca de la escritora Donna Leon. Pero el mal acecha por doquier en la ciudad de la laguna y Brunetti corre infatigable por estrechas callejuelas y pequeños puentes, mientras se permite un *espresso* en bares convenientemente desconocidos. Estos policíacos son la guía turística ideal: ajena al aluvión de visitantes...

www.lecturalia.com/autor/320/donna-leon

### 302 'ESCONDIDOS EN BRUJAS', BÉLGICA

Ray la ha pifiado en un asesinato que le han encargado y debe ocultarse en Brujas con su socio Ken. Para matar el tiempo deambulan juntos por la ciudad… y de ahí que el casco viejo de Brujas, con su encanto medieval, tenga un maravilloso papel protagonista en los lacónicos paseos de estos atormentados gánsteres.

www.visitbruges.be/es

### 304 AKI Y MIKA KAURISMÄKI, HELSINKI

En junio del 2019, las legendarias localizaciones de la pareja de hermanos cineastas más famosa de Finlandia tuvieron que cerrar «en vista de los oscuros poderes del neocapitalismo, orientado al beneficio». No obstante, parece ser que el cine Andorra, el café Moscú, el bar Corona y el Dubro vnik Lounge, que aparecían en películas como *Un hombre sin pasado* o *Three Wise Men*, filmes llenos de personajes estrambóticos, podrían resucitar en otros sitios.

www.myhelsinki.fi/en

Venecia según el comisario Brunetti: aletargada y sin turistas.

## 305 'SPECTRE 007', PICO GAISLACHKOGL, TIROL

Se diría que James Bond tiene debilidad por los restaurantes futuristas de las cimas de los Alpes. Ya en *007 al servicio de su Majestad* (1969), disfrutaba de los placeres del local panorámico Piz Gloria, en la cumbre del Schilthorn (en Suiza). En el 2015 el agente británico viajaba, en *Spectre 007* (esta vez no en la persona de George Lazenby, sino de Daniel Craig), a Sölden para infiltrarse en una lujosa clínica alpina situada a 3048 metros de altitud. En realidad, este futurista cubo de cristal en medio de los Alpes de Ötztal es el restaurante Ice Q. Justo al lado se halla *007 Elements*, una exposición interactiva sobre *Spectre 007* y otros filmes de James Bond.

www.iceq.at/en/james-bond.html

## 306 'EL PERFUME', GRASSE, FRANCIA

Es perfectamente lógico que el *bestseller* de Patrick Süskind sobre el asesino de mujeres Jean-Baptiste Grenouille tenga su fin en esta ciudad, que desde hace 400 años es famosa por sus aromáticos productos. Quien hoy pasee por el casco viejo, encontrará multitud de rincones que posiblemente ya en el siglo XVIII tuvieran el mismo aspecto. Y en el Museo de la Perfumería puede uno imaginarse los éxtasis que Grenouille experimentaría en su búsqueda de un perfume irresistible. Aunque, claro, ese vívido París de 1783 que Tom Tykwer muestra en la película es, en realidad, Barcelona.

www.ville-grasse.fr

El doble de bonito: el paisaje alpino reflejado en la fachada del restaurante Ice Q.

## 307 'EL PUENTE', SUECIA Y DINAMARCA

Un cadáver yace exactamente en la frontera entre Suecia y Dinamarca. Se abre una investigación transfronteriza y el caso es de esa lobreguez y esa brutalidad típicamente escandinavas. Uno de los protagonistas es el espectacular puente de Øresund. Malmö y Copenhague son, con su gris invernal, personajes secundarios. Para quien prefiera los Alpes, en la serie *Pagan Peak* aparece una víctima con la mitad del cuerpo en Alemania y la otra, en Austria.

www.oresundsbron.com/en/start

## 308 DESIERTO DE TABERNAS, ESPAÑA

Más seco no hay nada. Al menos en Europa. De ahí que este desierto le sirviera al Sáhara de doble en películas como *Lawrence de Arabia* o *Indiana Jones*. Quienes más lo pisaron, sin embargo, fueron los bandidos, indios y pistoleros de cintas como *Hasta que llegó su hora*, *El regreso de Winnetou* o *El tesoro de Manitú*. Decorados como Fort Bravo o Western Leone, hoy son parques temáticos del Lejano Oeste.

www.fortbravo.org

## 309 'INTERSTELLAR', ISLANDIA

Un pensamiento así, ya lo habíamos tenido todos: que Islandia está realmente en otro planeta. Pero es que eso se verifica especialmente en un punto de la isla: en el glaciar de Svínafellsjökull. Paseando por él, uno termina de entender por qué este desierto de hielo casi logra desesperar a los astronautas de la película, que buscan una nueva Tierra.

www.south.is/en

## 310 DETECTIVE BRENNER, GRAZ, AUSTRIA

Da igual lo que haga: Brenner siempre resuelve el caso. Este maravilloso detective privado desquiciante y regordete de Wolf Haas nació de Graz y regresa, en *La vida eterna*, sexto volumen de la serie, a su barrio de Puntigam. Haas escribió esta novela expresamente por el nombramiento de Graz como Capital Europea de la Cultura en el 2003, así que se trata de una guía ideal de la ciudad.

www.graztourismus.at/en

## 311 'JUEGO DE TRONOS', RAGUSA, CROACIA

Como capital de los siete reinos, Ragusa pasó a ser un lugar de culto para los aficionados a la red de intrigas tejida alrededor del Trono de Hierro. Algo tendrán que ver la belleza croata del pintoresco casco antiguo (cuya silueta, en cualquier caso, se retocó digitalmente) y otros lugares como el fastuoso Qarth (el palacio del Rector) o la casa de los Eternos (la torre de Minčeta). Pero no solo hay visitas guiadas para las localizaciones de *Juego de tronos*, sino también para las de *Star Wars. Episodio VIII. Los últimos jedis*.

www.365sabadosviajando.com/category/europa/croacia/

## 312 'LA INSOPORTABLE LEVEDAD DEL SER', PRAGA, CHEQUIA

Esta novela de Milan Kundera es un sí a la libertad, ya que la acción está íntimamente ligada a la Primavera de Praga de 1968. Entonces los habitantes de Praga hicieron frente a los tanques del Pacto de Varsovia, que aplastaron su deseo de democracia. Quien lleve consigo el libro, puede comparar la Praga de hoy con la de hace 50 años.

www.prague.eu/es

## 313 'VACACIONES EN ROMA', ROMA, ITALIA

En la Ciudad Eterna se han rodado miles de películas. Las imágenes que uno tiene ante los ojos son, sin embargo, dos: el baño de Anita Ekberg en la Fontana de Trevi en *La dolce vita*, y Audrey Hepburn como princesa irresistible paseándose de incógnito por Roma con Gregory Peck. Visitas guiadas sobre cine, hay en Roma a montones; sin olvidar los estudios Cinecittà, a las puertas de la ciudad.

www.turismoroma.it/es

## 314 'EL PIANISTA', VARSOVIA, POLONIA

Esta turbadora y emotiva cinta que Roman Polanski dedica al pianista

# SABUESOS Y ESPÍAS

y compositor Władysław Szpilman, quien, en el gueto de Varsovia, sobrevivió por un milagro a los crímenes nazis, está basada en la autobiografía del personaje. Las escenas de exteriores urbanos se rodaron realmente en el barrio de Praga, porque en él se había conservado la atmósfera de la antigua Varsovia. Todavía hoy, unos 20 años después, se sigue respirando el mismo ambiente.

warsawtour.pl/es/pagina-principal-2/

## 315 'MIDNIGHT IN PARIS?, FRANCIA

A veces los sueños se vuelven realidad, y así sucede en este maravilloso cuento de hadas fílmico de Woody Allen. Un turista estadounidense sube a medianoche en una limusina que lo transporta al turbulento mundo artístico de la década de 1920. Quien quiera seguirle, repara en localizaciones como el restaurante Polidor o el Museo Rodin.

es.parisinfo.com

## 316 INSPECTOR WALLANDER, YSTAD, SUECIA

La jovial Suecia de Astrid Lindgren no cabe en los policíacos que protagoniza este agente desengañado, siempre refunfuñando. Lo que no quita que la ciudad de Wallander sea un sitio agradabilísimo y lleno de casas de madera y adobe, y de encantadores callejas antiguas. Muchos fans de estos libros y filmes se lanzan tras las huellas de Wallander con la visita guiada oficial.

visitsweden.com/

## 318 'ULISES', DUBLÍN, IRLANDA

El 16 de junio de 1904, en Dublín, un día completamente normal de la vida de Leopold Bloom un día en dieciocho episodios. En su novela de 1922, James Joyce hace vagar por Dublín a su protagonista y deja ver al lector cómo los sucesos externos van difuminándose con pensamientos, asociaciones y recuerdos. Con una visita guiada puede uno ir reviviendo, al menos superficialmente, aquel día del héroe novelesco de Joyce, y quizá hasta ahorrarse la complicadísima lectura.

www.ireland.com/es-es/qu%C3%A9-ver-y-hacer/irlanda-literaria/articulos/bloomsday-en-dublin/

## 317 'EL SABUESO DE LOS BASKERVILLE', DARTMOOR, INGLATERRA, REINO UNIDO

«De sus fauces abiertas salía fuego, sus ojos centelleaban en contenido ardor…», así describía Arthur Conan Doyle al inquietante perro fantasma de Dartmoor. En el paisaje del Parque Nacional de Dartmoor, que, con sus típicas rocas graníticas sigue igual de inquietante y de austeramente bello, se puede seguir la pista del genial Holmes. En el capítulo *Los sabuesos de Baskerville*, el Sherlock televisivo Benedict Cumberbatch dice sobre las leyendas que, «para el turismo en Devon, sin duda han sido un prodigio».

www.dartmoor.gov.uk

## 319 AGATHA CHRISTIE, TORQUAY, INGLATERRA, REINO UNIDO

Quien visite la Riviera inglesa, al suroeste del país, topará con la reina de la novela detectivesca. Se puede seguir su pista en el Agatha Christie Literary Trail o en la Agatha Christie Mile de Torquay, su ciudad natal. También se puede visitar su casa de Greenway o acudir, a mediados de septiembre, al International Agatha Christie Festival.

www.visitengland.com/es/es

## 320 'HARRY POTTER', CATEDRAL DE DURHAM, INGLATERRA, REINO UNIDO

¿Quién no querría ir a un colegio como el Hogwarts? Ni siquiera aquellos que hace mucho que acabaron sus estudios pueden sustraerse a la fascinación del espec-

A vueltas con el perro negro: efecto vespertino del Parque Nacional de Dartmoor.

tacular edificio de estas películas, edificio que, en realidad, es una iglesia. La catedral de Durham se construyó, hacia 1090; pero hoy sus visitantes se sienten transpor-tados a las historias de nuestro aprendiz de mago favorito.

www.durhamcathedral.co.uk

## SABUESOS Y ESPÍAS

# PLAYAS DE ENSUEÑO

ALGUNAS VECES, EL PARAÍSO SE ENCUENTRA EN UNA FRANJA DE ARENA. AQUÍ ESTÁN LAS MÁS BONITAS DE EUROPA.

### 321 ENSENADA DE CAPRICCIOLI, CERDEÑA, ITALIA

Enmarcada por grandes rocas graníticas redondeadas, la ensenada de Capriccioli, dividida en dos, baja poco a poco hasta las aguas de un mar color azul turquesa. En la linde de la playa, olivos pinos ofrecen su fragante sombra. En esta ensenada, resguardada del viento, suele encontrarse un agua plácida y cristalina. Es decir, que en temporada alta está hasta los topes. Mejor ir en primavera u otoño.

www.sardegnaturismo.it/es

### 322 PLAYA DE DUEODDE, BORNHOLM, DINAMARCA

Hay que dejar que la arena del extremo sur de la isla de Bornholm se escurra entre los dedos: es tan fina que antaño se usaba para relojes de arena. Si no fuera por las dunas y los pinares, la playa más bonita de Dinamarca podría estar en los mares del Sur. Así que la idea es pasear como por las nubes,

pues no todo el mundo se atreve a bañarse en las gélidas aguas del Báltico. Este milagro de arena blanca va adentrándose en el agua someramente, por lo que es ideal para niños. También los surfistas están aquí como en el séptimo cielo. Desde el aparcamiento, una pasarela de madera lleva, entre altas dunas, directamente al mar.

www.visitdenmark.com

### 323 PLAYAS DE SOTAVENTO, FUERTEVENTURA, ESPAÑA

 Las playas arenosas del sureste de Fuerteventura son un paraíso para familias y *windsurfistas*. Y no solo porque la playa del Risco del Paso, o la de la Barca, se extienden lisas hasta casi el infinito. A los *windsurfistas* y *kitesurfistas* les encanta, en efecto, sobre todo el viento constante. De ahí que acudan también para la copa mundial de estos deportes, que se celebra aquí. Quien prefiera resguardarse del viento, encontrará rincones al socaire entre las dunas.

visitfuerteventura.es

# 324 PLAYA DE DONA ANA, ALGARVE, PORTUGAL

Se considera una de las más bonitas del sur de Portugal: la arena fina, el agua clara y unas espectaculares formaciones rocosas hacen de esta playa, con su pequeña bahía, motivo de tantísimas postales. Los acantilados que la rodean no solo mantienen a raya al viento, sino que además dan sombra por la tarde. Sobre este paraíso, cerca de la ciudad de Lagos, hay cafés y restaurantes con soberbias vistas. Razón de más para acercarse.

www.visitportugal.com/es

Multicolor desfile de sombrillas: un día de baño en la playa de Dona Ana.

## 325 PLAYA DE LAKOLK, RØMØ, DINAMARCA

Con su ligerísima pendiente, la playa de Lakolk, en la isla danesa de Rømø, es el destino perfecto para una excursión en familia. Y como además es tan impresionantemente amplia, ni siquiera en temporada alta plantea problemas de espacio. Para que no se crucen, sin embargo, los que quieren construir tranquilamente castillos de arena o jugar con sus cometas y los que tienen ganas de entregarse a actividades más movidas, hay zonas especialmente indicadas para que jinetes, aficionados a deportes de vela o al *kite buggy* y *windsurfistas* puedan corretear ordenadamente. Por lo demás, en septiembre acoge uno de los mayores festivales de cometas de Europa.

www.visitdenmark.com

Arena, espacio y viento: la playa de Lakolk, en la isla danesa de Rømø.

## 326 CABO DE KAMENJAK, ISTRIA, CROACIA

El cabo está en la punta sur de la península de Istria y solamente es accesible por una carretera escabrosa y polvorienta. A quien la tome le esperan incontables calas recónditas de aguas azul turquesa, a las que solo es posible llegar por sendas de abruptos acantilados, a veces, de repente, peligrosas; el agua clara se presta al buceo con tubo. Es obligada la visita al genuino Safari Bar, en un bosquecillo de bambú. A pocos pasos, los valientes se lanzan al mar por el acantilado.

http://croatia.hr/es-ES

## 327 PLAYA DA BORDEIRA, COSTA VICENTINA, PORTUGAL

Esta playa, cercana al pueblo de Carrapateira, se convierte, con bajamar, en una de las mayores playas arenosas de Portugal y, con pleamar, en un paraíso para amantes del surf y el *bodyboard*. (Hay quien afirma que aquí están las mejores olas del Algarve.) Esta ambivalencia hace que la bahía sea igual de interesante para turistas aventureros y para familias. También tiene fama entre muchas aves migratorias que acostumbran detenerse aquí en su viaje hacia África.

www.visitportugal.com/es

# PLAYAS DE ENSUEÑO

### 328 GOLDEN BEACH, CHIPRE DEL NORTE, TURQUÍA

 Como a un par de horas de Famagusta se encuentra, en la península de Karpasia, esta playa dorada. La zona que rodea esta joya de arena fina no es aún muy turística, así que es posible disfrutar todavía con calma de este prodigio de arena, mar y altas dunas. Pero esta playa, una de las más bonitas de Chipre del Norte, no se lo pone a uno fácil: el viaje hasta ella es largo. También puede hacerse noche en la cercana localidad de Dipkarpaz.

www.welcometonorthcyprus.co.uk/

### 330 DUNAS DE ŁEBA, POLONIA

La arena de Łeba, en Polonia, es tan extraordinariamente fina que muchos bañistas se llevan sacos. Así y todo, no se agota: el viento y las olas aportan tanta cada día que, en ocasiones, incluso el puerto corre peligro de quedar enterrado. Pero hay quien sabe sacar el lado positivo a tanta exuberancia, que es precisamente el motivo de que Łeba esté entre los lugares de baño más populares de la cosa polaca del Báltico. Quizá influya también el soberbio escenario de enormes dunas que rodean la playa.

www.polen.travel/es

### 329 CALA DEL MORO, MALLORCA, ESPAÑA

La bahía más bonita del sur de Mallorca no es fácil de encontrar; en ella hay, sobre todo, lugareños. El acceso está al suroeste de la cala Llombards: por un sendero se llega a esta recóndita bahía silvestre, que puede vérselas tranquilamente con cualquier playa caribeña. La reluciente cala está enmarcada, a derecha e izquierda, por imponentes acantilados. A cambio de tanta belleza, los visitantes deben asumir carencias en lo que a infraestructuras se refiere: no hay aseos, restaurantes ni socorristas.

www.infomallorca.net

### 331 PLAYA DE OPATOVO, MONTENEGRO

Apenas a 3 kilómetros del centro de Opatovo, se halla un lugar de paz y silvestre belleza. Esta playa de arena (en los casi 300 kilómetros de litoral, las hay también de grava y de rocas) tiene 200 metros de largo y ni siquiera en verano está masificada. En las dos zonas, a un lado y otro del faro, aguardan, además de una plácida experiencia con la naturaleza, una buena infraestructura en forma de cafés y restaurantes.

www.visit-montenegro.com

### 332 PLAYA DE LA COSTA DE LOS VASCOS, BIARRITZ, FRANCIA

Biarritz tiene una larga historia como lugar de baño recreativo y terapéutico, pero los tiempos mundanos en que aquí disfrutaban del frescor estivo emperadores y reyes, *lords* y *ladies*, hace mucho que quedaron atrás. Hoy esta ciudad de la áspera costa atlántica vasca es, sobre todo, un sitio para el surf. Lo que no significa que las amplias playas no sean óptimas para bañarse y jugar con la arena. Eso sí, con bajamar. Cuando sube la marea o los vientos azotan el océano, los jinetes de las olas exultan y no hay quien los pare.

www.tourisme.biarritz.fr/es

### 333 WEST WITTERING, CHICHESTER, INGLATERRA, REINO UNIDO

Esta playa silvestre de arena recibió la ecoetiqueta de la bandera azul por la buena calidad de sus aguas. Con bajamar se alternan las lagunas someras y los bancos de arena, dando lugar a un espacio de aventura ideal para niños. La playa de West Wittering es famosa también por sus geniales vistas al puerto de Chichester y al paisaje de colinas calcáreas de los South Downs.

westwitteringestate.co.uk

### 334 PLAYA DE RODAS, ISLAS CÍES, ESPAÑA

Los romanos las llamaban «islas de los Dioses», y quien visite este archipiélago del noroeste de España, frente a la costa gallega, difícilmente les llevará la contraria. De hecho, aquí descubrirá la playa más hermosa del mundo: el amplio arco de arena que conecta dos de las islas Cíes es uno de esos tesoros de España todavía sin masificar. Todavía… Este reino de aguas cristalinas, fina arena blanca, vastas dunas y verdes pinares se va haciendo cada vez más famoso. De ahí que exista una restricción: para entrar se debe solicitar un permiso por internet.

www.spain.info/es/reportajes/las_divinas_islas_cies.html

### 335 GOLDEN BAY, MALTA

El nombre no es casualidad: esta bahía del noroeste de la isla está realmente ribeteada de una ancha franja de arena del color oro. Reluce en contraste con el mar azul-turquesa o en uno de sus bellísimos ocasos. Pero de esta maravilla natu-

## PLAYAS DE ENSUEÑO

La arena es tanta, tanta, tanta que crea las dunas de Łeba.

Contraste típico de Lanzarote: el verde-turquesa del mar, y el paisaje volcánico.

ral no se puede disfrutar a solas: aunque esta pintoresca bahía, delimitada por dos precipicios, quede bastante a trasmano, es una de las playas más concurridas de Malta. Hay tumbonas, sombrillas, restaurantes, cafés y, para adictos a la adrenalina, experiencias fuertes, desde moto acuática a *paravelismo*.

www.visitmalta.com/de

## 336 PLAYA DE OLDSHOREMORE, ESCOCIA, REINO UNIDO

Una cuesta desciende hasta la blanda y blanca arena: un sitio ideal de la costa occidental de Escocia para, simplemente, no hacer nada. Y a quien esta playa no le parezca lo bastante deshabitada, un paseo por el (no tan sencillo) Oldshoremore Bay Circuit lo lleva a dos más amplias que con seguridad están vacías y son de la misma belleza celestial. Perfecto para airearse en un día ventoso. Quien vaya en autocarava-

na, puede pasar una idílica noche escocesa en el aparcamiento, con baños.

www.visitscotland.com

## 337 VUTUMI, ANTÍPAXOS, GRECIA

Quien tome el barco para ir a esta playa desde la pequeña y tranquila isla vecina de Paxós, vive toda una aventura ya en la travesía. Pero la guinda está cuando se llega: ¿es que se ha equivocado el patrón y se ha arribado al Caribe? Rocas y arenas blancas, una taberna entre los árboles… ¿Qué más puede pedirse a unas vacaciones? ¿Quizás tener todo esto para uno solo? Eso es un sueño imposible, aunque las grandes masas todavía no han descubierto esta ideal playa de Antípaxos.

www.visitgreece.gr

## 338 PLAYA DE VAYA, BULGARIA

El trayecto es algo fatigoso: sobre todo los dos últimos kilómetros ponen los amortiguadores del coche realmente prueba. Pero no bien se llega, todas las fatigas quedan recompensadas. La playa de Vaya no recibe demasiados visitantes, pero ofrece a los bañistas bastantes servicios a pesar de su ubicación aislada, por ejemplo, chiringuitos, socorrista y aseos. Los abruptos acantilados que se yerguen hacia el cielo al norte de la playa, son un telón de fondo imponente. Quien busque algo todavía más silvestre y natural, tiene cerca la playa de Irakli.

www.bulgariatravel.org/es

## 339 PLAYA DE TYLÖSAND, SUECIA

Esta playa es ideal para largos paseos y se cuenta entre las más bonitas de Suecia, un país con pocas playas de arena. La orilla es somera, perfecta para los niños. Por lo demás, el Hotel Tylösand pertenece a Per Gessle, miembro del grupo pop Roxette, muy exitoso allá por la década de 1990. Más interesante es, sin embargo, la ubicación del hotel: entre las dunas y separado de la arena de la playa nada más que por 50 hermosísimos metros.

visitsweden.com

## 340 PLAYAS DE PAPAGAYO, LANZAROTE, ESPAÑA

Quien visite estas playas del sur de Lanzarote, se enfrenta a un enorme dilema. Ha de elegir, en efecto, entre siete auténticas joyas cuya hermosura no viene sino acrecentada por el contraste con el negro de las rocas volcánicas y con el azul oscuro del océano. Los escabrosos caminos de acceso son imposibles para el coche, pero teniendo en cuenta que estas playas pertenecen al Parque Natural de Los Ajaches, un paseo por ellas es obligado en una visita a Lanzarote.

turismolanzarote.com

**PLAYAS DE ENSUEÑO**

# ASÍ COME EUROPA

UNOS LLENAN ESTÓMAGOS DE OVEJAS CON TODO LO IMAGINABLE, OTROS HACEN DE UN SÁNDWICH LA COMIDA PRINCIPAL DEL DÍA… EUROPA DA DE COMER MARAVILLOSAMENTE. CUESTIÓN DE GUSTOS, CLARO.

## 341 'RACLETTE' DEL VALAIS, VALAIS, SUIZA

 La *raclette* del cantón del Valais se parece poco a esa variante que los alemanes toman en sus casas junto al árbol navideño o en Nochevieja mientras suenan petardos. Los suizos ponen bajo un horno medio queso *raclette* y lo sirven sobre los platos cuando está fundido. Luego añaden patatas, pepinillos, cebolletas y vino blanco de Fendant, típico de allí. Quien tenga a mano una hoguera y derrita el queso junto a las llamas, también estará haciendo lo propio. Esta hogareña modalidad es la que usan en algunos restaurantes suizos.

www.quesosdesuiza.es/quesos-suizos/surtido/raclette-del-valais-aop

## 342 'SMØRREBRØD', COPENHAGUE, DINAMARCA

La voz danesa *smørrebrød* significa «pan con mantequilla», aunque en modo alguno se trata de una simplicidad. Para este pan de centeno untado, en Dinamarca existe un tipo de restaurante específico. El sitio de *smørrebrød* más famoso probablemente sea el Ida Davidsen, en Copenhague, donde el tatarabuelo de la actual propietaria habría inventado esta especialidad en 1888. La carta, con 178 opciones, tiene su sitio en el *Libro Guinness*.

idadavidsen.dk/?lang=en

## 343 'LÁNGOS', HUNGRÍA

Al *lángos*, según los húngaros, lo que mejor le va es el *lecsó*. ¿Todo claro? El *lángos* hace mucho que es un clásico también más al oeste, sobre todo en ferias, festivales o mercadillos: el aceite hierve en grandes recipientes de los que sale esta torta de masa de levadura frita. El *lecsó* se ve menos fuera de Hungría, pero es verdad que este guiso de pimiento amarillo, tomate, cebolla y tocino marida muy bien con el *lángos*. Aunque lo cierto es que tampoco casan mal el aceite de ajo, la nata agria o el queso de oveja, ni el azúcar *glass* o la fruta.

## 344 'HAGGIS', ESCOCIA, REINO UNIDO

El *haggis*, un estómago de oveja relleno, es el «gran jefe del clan de los patés». Así es al menos como lo define Robert Burns, poeta nacional escocés. Normal entonces que, en la Noche de Burns, que celebran el 25 de enero, día de nacimiento del literato, los escoceses se atiborren de estómagos de oveja rellenos. Que esta especialidad no es cosa de pusilánimes, ni para prepararla, ni para consumirla, cabe inferirlo ya de la lista de ingredientes: el estómago de la oveja se rellena con el corazón, los pulmones y la grasa de los riñones de esta, a lo que se añaden cebollas y harina de avena.

www.visitscotland.com/es-es/see-do/food-drink/haggis/

## 345 'KÄSKNÖPFLE', LIECHTENSTEIN

La receta del *käsknöpfle* va pasando de madre a hija: así es costumbre en el Principado. Y de ahí que este plato tradicional sepa distinto en cada sitio. Pero esto no se debe a la masa de la pasta, que, hecha con harina, huevos, agua, pimienta, nuez moscada y sal, es la misma en casi todas partes, sino al queso que sobre ella se gratina. Muchos cocineros usan, mezclándolo por ejemplo con otro

## 346 'BYREK', ALBANIA

*Börek* lo llaman en Turquía, pero esta exquisitez de hojaldre relleno se prepara también en Bulgaria *(banitsa)*, en Grecia *(bureki* o *pita)*, en muchos países de la ex Yugoslavia *(burek)* y en países de la antigua Unión Soviética *(cheburek)*. El *byrek* se cuenta, en cualquier caso, entre los platos tradicionales albaneses y suele rellenarse de espinacas y/o queso de oveja. Aunque también es un tentempié maravilloso esas variantes en las que bajo la reluciente superficie del hojaldre se ponen dados de patata, carne picada o *ricotta* salado.

A la espera de clientes: puesto de *byreks* en Albania.

de Appenzell, el queso agrio curado de Liechtenstein, que se hace con leche desnatada cuajada.

## 347 'AJVAR', SERBIA, MACEDONIA Y TURQUÍA

«Fogoncito, fogoncito, ¿quién tiene el *ajvar* más rico en su despensa?». Difícilmente pueda responderse a esta pregunta. Probablemente fuesen los otomanos –que, desde el siglo XIV, dominaron el sur de los Balcanes durante 500 años– quienes inventaran esta salsa de pimiento. Pero hoy son sobre todo macedonios y serbios quienes compiten por el mejor *ajvar* con el que acompañar platos de carne. Quien quiera preparar esta salsa, necesita tiempo: el pimiento rojo primero se asa, luego se pela y se despipa, para luego confitarse durante horas.

## 348 'SMALAHOVE', NORUEGA

En Noruega, los corderos lo llevan claro en la época previa a Navidad. Los mataderos se encargan de que en muchos restaurantes pueda servirse *smalahove*: cabeza de cordero salada, curada y hervida. Hace mucho que este plato, antaño comida de pobres, se considera una delicia. Lo que no quita que, para el neófito, suponga un reto… En el plato, junto a colinabos y puré de patata, hay una cabeza cuyos suculentos ojos y orejas deben tomarse en primer lugar.

www.visitnorway.es/que-hacer-en-noruega/saborea-noruega/gastronomia-unica-y-singular

131

Madre mía, ¿cuál me llevo? Montonera de bizcochos en Alsacia.

## 349 PAPAS ARRUGADAS CON MOJO, ISLAS CANARIAS, ESPAÑA

En el siglo XVI llegó a las islas Canarias, ya entonces parte de España, un tubérculo que había de cambiar para siempre la gastronomía de la zona: en su versión de «papa arrugada», patata cubierta de una fina costra de sal, dicho tubérculo se ha convertido en la insignia culinaria del archipiélago; aderezado, eso sí, con las salsas típicas, ante todo el mojo rojo y el verde. El primero lleva pimiento picante y ajo, mientras que su hermano verde se hace en

## 350 'KOUGELHOPF', ALSACIA, FRANCIA

Si realmente lo llevaron a Alsacia los Reyes Magos es más que discutible; lo cierto es que este *kougelhopf* (o *gugelhupf*) tiene la forma de un turbante. El molde, de barro o cerámica –no es raro que pase de generación en generación, y suele ir profusamente adornado–, es tan tradicional como la propia receta, una masa de levadura a la que se añaden almendras y uvas pasas marinadas en *kirsch*. Se toma en el desayuno, se moja en café con leche, se sirve con mantequilla e incluso se riega con un vasito de vino blanco. En las *fêtes du kougelhopf*, por ejemplo, en Ribeauvillé, los estantes de los puestos callejeros se comban bajo el peso de estos bizcochos.

www.tourisme-alsace.com

sin un solo grano de trigo recibe su característico sabor por un toque de comino. Va de maravilla con los contundentes platos letones de pescado y carne ahumada, e incluso sirve para un postre riquísimo: la *maizes zupa,* sopa de pan, con manzana, azúcar, mantequilla y *rupjmaize.*

### 352 'NOCKERL', SALZBURGO, AUSTRIA

«Dulce como el amor y suave como un beso» es este dulce, como un «saludo enviado desde el cielo». La versión más famosa de la canción de la que proceden estos versos la compuso Peter Alexander en 1961. Cuándo surgiera, en cambio, la exquisitez que la tonada celebra, no se sabe con seguridad. ¿La usaba ya en el siglo XVI Salome Alt para mimar a su amante, el príncipe-arzobispo Wolf Dietrich? Lo que está claro es que los esponjosos *nockerls* actuales requieren de horno y de clara de huevo batida. Este postre de tres picos, que representan las montañas junto a Salzburgo, es una imponente cima dulce.

www.salzburg.info/es

### 353 ALGAS MARINAS, IRLANDA

Seiscientos tipos distintos de algas crecen en las pulcras aguas de la costa irlandesa. Que estas verduras del mar son una fuente nutritiva de primer orden, lo saben los irlandeses desde hace siglos. Y desde que se ha descubierto cuántos minerales, vitaminas y oligoelementos contienen, así como que son antiinflamatorias, antibacterianas y anticancerígenas, estas plantas se consideran una súper comida. Hoy en muchos restaurantes se preparan de las formas más variadas.

www.ireland.com/es-es/

### 354 'SURSTRÖMMING', SUECIA

Lo mejor es abrir bajo el agua la lata en que viene el *surströmming.* Así se suaviza la primera impresión, que es un hedor de mil demonios. (Los suecos hablan de un «olor fuertecillo».) El *surströmming* es pescado corrompido, fermentado: en primavera se ponen en salmuera arenques, se los deja macerar hasta final de agosto, y entonces se toman en una dulce torta de *tunnbröd* acompañados de cebolla, patata y una salsa de nata agria y tomate. Incluso muchos suecos solo pueden soportar esta exquisitez tradicional con bastante aguardiente.

visitsweden.com

### 355 'STROOPWAFEL', GOUDA, PAÍSES BAJOS

Uno de los dulces holandeses más famosos no era, en su origen, sino una forma de aprovechar sobras: lo que quedaba de la masa, se horneaba como gofre y se rellenaba de sirope. Hoy el *stroopwafel,* gofre

general con perejil o cilantro; ambos llevan aceite de oliva. Recetas para estas salsas, hay tantas como familias: cada una aporta su toque exquisito.

www.holaislascanarias.com/
gastronomia-canaria/

### 351 'RUPJMAIZE', LETONIA

En Letonia el pan se considera patrimonio cultural. La producción de *rupjmaize,* pan de centeno, incluso hoy sigue envuelta en todo tipo de leyendas y rituales. Si, por ejemplo, lo dejas boca abajo, estás cometiendo una grave falta de respeto. Este pan a base de levadura y

**ASÍ COME EUROPA**

de sirope, se puede disfrutar recién hecho sobre todo en los mercados semanales. En los cafés lo sirven sobre la taza caliente para que el relleno de caramelo se licúe.

www.holland.com/es/turista/informacion/general.htm

## 356 'CURRYWURST', ALEMANIA

Que el bar que Herta Heuwer regentaba en Berlín en 1949 iba tan mal que la mujer terminó inventando de puro aburrimiento el *currywurst*, salchicha con curri, suena ciertamente plausible; pero también los hamburgueses se atribuyen ese mérito, como los habitantes de la cuenca del Ruhr… Con o sin tripa, hervido o a la brasa, acompañado de la típica salsa de tomate, de *tsatsiki* o de cava, el *currywurst* es un fenómeno germánico. Aunque un museo a él consagrado –que cerró– solo lo hubo en Berlín.

## 357 'PANZANELLA', ITALIA

Un poquito de aceite de oliva, un toque de limón y se tuesta. Después se añaden la lechuga y las hortalizas… y el pan de cualquier casa italiana se convierte en una absoluta exquisitez. ¿Quién inventó esta ensalada de pan? Puede que campesinos o quizá pescadores; en cualquier caso, gente que sabía sacar partido a sus despensas.

www.italia.it/es

## 358 'VEPŘO KNEDLO ZELO', CHEQUIA

¿Vepřo knedlo zelo? ¿Pero eso qué es? Pues se trata del plato nacional checo: cerdo asado, pellas y col. No hay ningún restaurante del país que no lo tenga en la carta. La carne lleva su tocino, las pellas son típicas de Bohemia y la col se adereza con tocino y alcaravea.
Sin duda, un clásico ejemplo de la cocina del este de Europa: suculenta y basada sobre todo en la carne. Y para acompañar, nada mejor que una espléndida cerveza checa.

www.czechtourism.com/sp/home

## 359 'PLOKKFISKUR', ISLANDIA

¿En qué se suele basar la cocina de una isla? Efectivamente: en el pescado. Y con las sobras de este inventaron las mujeres islandesas el *plokkfiskur*, pescado machacado. Los trozos de pescado se mezclan con patata en un sofrito de harina al que se añade pan de centeno tierno. Hoy en día se utilizan para este plato filetes de bacalao fresco, se cubre todo con queso y se gratina en el horno.

es.visiticeland.com

# 360 'FRANCESINHA', OPORTO, PORTUGAL

¿Solo con un sándwich puede uno aguantar todo el día? En Portugal se puede estar seguro: esta «francesita», probablemente originaria de Oporto, es especialmente contundente. Basada en esta el *croque-monsieur* francés, la *francesinha* es una combinación extraordinariamente sabrosa de pan, jamón, longaniza *(linguiça)* y bistec o ternera asada. Se corona de queso fundido y, si se tiene suficiente apetito, de un huevo a la plancha *(francesinha com ovo);* de guarnición lleva patatas fritas. A esta delicia le pone la guinda una espesa salsa de tomate, cerveza y mostaza.

Santo cielo, cómo huele… Regocijo ante una sabrosa *francesinha*.

**ASÍ COME EUROPA**

# ¡CUÁNTO ESPACIO!

Y DE REPENTE, ENTRE ANGOSTAS CALLEJUELAS,
BULLICIOSAS VÍAS O EDIFICIOS ALTOS, SE ABRE
UNA ANCHURA INCOMPARABLE. ESOS SITIOS DE
LAS CIUDADES EUROPEAS EN LOS QUE SE PUEDE,
DE VERDAD, RESPIRAR HONDO.

La plaza del Palacio, en San Petersburgo, hace el efecto de un gigantesco tablero de ajedrez con la pieza del rey en el centro.

## 361 PLAZA DEL PALACIO, SAN PETERSBURGO, RUSIA

 Es esta la plaza por antonomasia: grande, bonita y cargada de historia. De un lado, el barroco palacio de Invierno de los zares rusos; del otro, una arqueada sucesión de edificios neoclásicos. Edificios que fueron construidos a comienzos del siglo XIX, cuando, por orden del zar Alejandro I, esta plaza se convirtió en un monumento a la victoria rusa sobre las tropas napoleónicas.

El imponente golpe de efecto central es la famosa columna de Alejandro, que, erigida en 1834, pesa 500 toneladas y ostenta, con sus buenos 47 metros, el récord del mundo. A pesar de la sensación de armonía que transmite, esta plaza también ha sido escenario de acontecimientos terribles, por ejemplo, la Revolución de Octubre de 1917 o el Domingo Sangriento de 1905.

www.visit-petersburg.ru/es_
sanpetersburgo/

## 362 PLAZA DE ARISTÓTELES, TESALÓNICA, GRECIA

¡Por fin una plaza con vistas al mar! El arquitecto francés Ernest Hébrard estaba convencido del influjo magnético de este cuando, a comienzos del siglo XX, acometió el proyecto. La idea era que esta plaza de Aristóteles tendiese un puente entre el Imperio bizantino y Occidente. Hoy sigue siendo un foro para debates políticos, manifestaciones y toda clase de eventos culturales, conciertos y celebraciones carnavalescas y navideñas.

www.visitgreece.gr

## 363 PLAZA PRINCIPAL, HVAR, CROACIA

Frente a la costa croata hay más de 1200 islas, pero, para muchos, la más bonita es Hvar. De ahí que la alta sociedad lleve sus yates al puerto de la ciudad homónima. Y este atracadero se encuentra a pocos pasos de la plaza principal, que está flanqueada por casas de un blanco reluciente con cubierta de teja roja, y conduce a la catedral de San Esteban. Es el lugar perfecto desde el que presenciar, *pivo* (cerveza) en mano, el atardecer.

visithvar.hr

## 364 PLAZA DEL MERCADO, BRESLAVIA, POLONIA

Inicialmente, el centro de Breslavia, la cuarta ciudad más grande

La Piazza del Campo, en Siena.

## 365 PIAZZA DEL CAMPO, SIENA, ITALIA

El empedrado rojo de esta plaza baja como una concha hasta el Palazzo Pubblico, el ayuntamiento. Aquí el centro no lo ocupa ninguna iglesia, cosa extraordinaria en una ciudad medieval. Igualmente rompedora resultaba en su momento la gran fuente, la Fonte Gaia, que proveía de agua a la ciudad a través de una canalización de 25 km. Y es que a comienzos del siglo XIV era impensable igualar este logro de los maestros de obras de Siena. Lo cierto es que hoy la gente suele disfrutar, más que del agua de la fuente, de un Aperol Spritz helado en uno de los locales que la rodean.

www.italia.it/es/home.html

de Polonia era, en efecto, una gigantesca plaza de mercado. Entonces le pusieron en el medio un imponente ayuntamiento y pasó a ser como un anillo cuadrado. Cargado, eso sí, de historias y leyendas: adornan las fachadas elegantes frisos con motivos animales y vegetales, así como esculturas escondidas. Están representados incluso Hansel y Gretel: dos casas que antaño hospedaban a los miembros del bajo clero católico, ridiculizados como atolondrados niños de cuento. Las mejores vistas sobre la plaza son las de la torre de la iglesia de Santa Isabel.

www.wroclaw.pl/en

## 366 MARKTPLATZ, TUBINGA, ALEMANIA

Las callejuelas empedradas y el prieto sucederse de casas de madera y adobe de Tubinga, difícilmente tengan parangón en el resto de Suabia. Aquí los estudiantes debaten en tabernas, las familias pasean por las tiendas y los turistas toman *cappuccinos*. Este ambiente tan vívido culmina en la Marktplatz, con un ayuntamiento que parece sacado de una postal, y cuyo reloj astronómico lleva indicando desde 1511 los eclipses solares y lunares previstos. Por cierto: en el restaurante del sótano del ayuntamiento sirven los mejores *spätzle* al queso.

www.tuebingen.de/en/

## 367 PLAZA PRINCIPAL, BOGENSE, DINAMARCA

Bogense tiene el título de municipio más *hyggelig* («plácido») de Dinamarca. Y no se lo ha otorgado la ciudad a sí misma: aquí, en la isla de Fionia, el estrés se queda muy atrás. Y eso empieza ya en la plaza principal, un auténtico primor en el que viene celebrándose el mercado desde la Edad Media. La flanquean, junto a vistosos tilos, casitas del siglo XVIII cuidadosamente restauradas. Absolutamente *hyggelig*…

www.visitnordfyn.com

## 368 PLAZA DE SZÉCHENYI, PÉCS, HUNGRÍA

Haber sido hace diez años una de las capitales europeas de la cultura no ha dado a Pécs mucha fama. Pese a ello, es la quinta ciudad húngara y su plaza principal, un sueño que evoca el Mediterráneo; sin olvidar la mezquita Gázi Kászim, cuya cúpula verde recuerda a los conquistadores otomanos del siglo XVI. Entre la mezquita, el ayuntamiento neobarroco, los edificios modernistas y la fuente cerámica de Zsolnay aguarda, ante un pedazo de tarta de la pastelería Mecsek, un singularísimo viaje en el tiempo.

www.iranypecs.hu

## 369 GRAND-PLACE, BRUSELAS, BÉLGICA

Al diseñar estas fachadas barrocas, cuidadas hasta el último detalle, no se escatimó un céntimo. Tampoco hay ninguna iglesia que conmine a la modestia a los visitantes de este

## ¡CUÁNTO ESPACIO!

*grote markt,* gran mercado. Una cosa está clara: es un sitio de negocios. Y eso fue siempre Bruselas, con su ubicación estratégica a orillas del Senne. Esta imponente plaza, con su ayuntamiento, lleva siendo un hervidero desde hace más de 1000 años.

www.brussels.be

nas, también se usaba para ejecuciones públicas. Pero esto afortunadamente ya es historia y hoy es un punto de encuentro, comercio y celebración. El ayuntamiento neoclásico alberga todo tipo de eventos, las tiendas invitan a gastar y cada año se celebra la fiesta de Kaziukas.

vilnius-tourism.lt/en/

estar donde todos se reúnen para intercambiar recetas y, los miércoles y sábados, días de mercado, llenar las despensas. La vista más bonita sobre esta pequeña localidad, probablemente sea la de la Tour du Roi, torre cuya escalera tiene 100 peldaños.

www.destinationpupg.com/en

### 370 PLAZA DEL AYUNTAMIENTO, VILNA, LITUANIA

En esta plaza de la capital lituana, las cosas no siempre fueron tan tranquilas como hoy: a partir del siglo XIV, la plaza del mercado fue convirtiéndose en plaza del Ayuntamiento, que, con sus tres esqui-

### 371 PLACE AUX HERBES, UZÈS, FRANCIA

Con apenas 8500 habitantes, Uzès, en el sur de Francia, no parece tanto una pequeña ciudad como un acogedor piso compartido. Esta Place aux Herbes sería el cuarto de

### 372 PLAZA PRINCIPAL, LINZ, AUSTRIA

¿Cuándo es mejor visitar el imponente corazón de la capital de la Alta Austria? Sin duda, en Navidad. Y es que esta plaza principal llega al corazón, con su brillo dorado, cuando los puestos del mercado navideño relucen como el sol.

¿Es la Plaza Mayor de Salamanca la más bonita de España o quizá de Europa?

# 373 PLAZA MAYOR, SALAMANCA, ESPAÑA

¿Es esta la plaza más bonita de España? Por la noche, con los edificios barrocos del siglo XVIII magníficamente iluminados –por ejemplo, el ayuntamiento, con sus cinco arcos de granito y su campanario–, quisiera uno responder afirmativamente… De hecho, parece la plaza más bonita del mundo. Pero esta amplia superficie, que solo se cercó con el complejo de edificios de Alberto Churriguera a partir de 1724, también debe visitarse de día: estar al sol, verse con amigos, tomar un café, hacer negocios, ir de compras, oír música…

www.salamanca.es

Aunque también en verano queda uno fascinado con los 13 200 m² de una de las mayores plazas de Europa. Y cuando se haya admirado suficientemente esta amplitud y el boato de los edificios barrocos, puede uno recorrer las callejas comerciales aledañas.

www.linztourismus.at/international/downloads/

# 374 PRAÇA DO COMÉRCIO, LISBOA, PORTUGAL

Nada puede preparar para semejante visión: tras bajar por la Rua Augusta, una de las principales arterias de la Baixa, se pasa por el Arco del Triunfo, al final de esa calle, y de repente, surge la Praça do Comércio con el Tajo al fondo. Si, tras la estatua ecuestre del rey José I, este río plateado se antoja más bien el océano, la propia plaza parece, con sus edificios porticados, el fastuoso acceso a la capital portuguesa. Y justamente de eso se trataba. Los lisboetas siguen llamando a esta plaza Terreiro do Paço. Este nombre alude a un antiguo palacio que sucumbió, como prácticamente el resto de la ciudad, al terremoto de 1755.

www.visitlisboa.com/es

# ¡CUÁNTO ESPACIO!

## 375 RYNEK GŁÓWNY, CRACOVIA, POLONIA

Aquí puede respirarse el pasado, sobre todo al atardecer: cuando se encienden las farolas y, poco a poco, la gente va ocupando las mesas en los numerosos locales. En esta plaza del mercado de Cracovia se han firmado armisticios, se han prestado juramentos, se han destruido monumentos y se han vuelto a erigir; incluso se han presenciado suicidios a lo bonzo. Con una superficie de 40 000 m², se cuenta entre las plazas medievales más grandes de Europa.

krakow.travel/es/

Cracovia tiene un gran corazón: la plaza del mercado en medio de la encantadora ciudad vieja.

## 76 ROYAL CRESCENT, BATH, INGLATERRA, REINO UNIDO

Royal Crescent no está rodeado de adoquines o baldosas. Ante el más bello ejemplo de arquitectura georgiana de toda Gran Bretaña se tiende un finísimo césped. Este semicírculo luce 30 magníficos edificios, dispuestos en perfecta simetría, cuyas fachadas ornadas con columnas siguen prácticamente iguales que cuando se construyeron, a finales del siglo XVIII. El museo del edificio n.º 1 muestra cómo son las cosas en el interior de esta «media luna real».

visitbath.co.uk

## 377 PIAZZA DELL'ANFITEATRO, LUCCA, ITALIA

La plaza principal de la ciudad toscana de Lucca tiene forma de estadio olímpico: los viejos edificios cercan casi por completo esta plaza elíptica, a la que solo se accede a través de cuatro puertas arqueadas a las que apuntan, de hecho, sendos brazos de una cruz que hay en el centro de la plaza. En esta, sin embargo, no compiten por el podio atletas, sino por el favor de la clientela restaurantes y cafés. Lucca puede visitarse cómodamente desde Florencia en una excursión de un día, pero un viaje por la Toscana realmente vale la pena por sí mismo.

www.visittuscany.com

## 378 PLAZA DE LA CIUDAD VIEJA, PRAGA, CHEQUIA

En 1415, el predicador y reformador Jan Hus fue quemado en la hoguera en Constanza. En Chequia no olvidaron a este clérigo de Bohemia y su monumento mira hoy altivo a los incontables visitantes de la plaza de la Ciudad Vieja, en el centro de Praga. Rodeada de edificios cargados de historia y cuidadosamente restaurados, esta plaza ocupa más de 9000 m$^2$. Si uno se siente saturado de historia, puede sentarse a tomar cerdo asado y beber cerveza Pilsen en uno de los acogedores locales con terraza.

www.prague.eu/es

## 379 HAUPTMARKT, TRÉVERIS, ALEMANIA

En la ciudad alemana más antigua, también exhala una antiquísima historia esta plaza del mercado. Ya en 958 se erigió como emblema nacional la cruz del centro. Y es que, si en Tréveris la época romana es más visible que en ninguna otra urbe germana (la Porta Nigra, las termas imperiales), esta plaza está dominada por edificios renacentistas, barrocos, neoclásicos e historicistas. Semejante raudal de historia arquitectónica hace de esta ciudad una mina para los aficionados a la arquitectura y la historia.

www.trier-info.de/en/home

## 380 PLAZA DEL MERCADO, TELČ, CHEQUIA

Las fachadas cuidadosamente restauradas, con sus orgullosos pórticos corridos, parecen salidos de la maqueta de una estación ferroviaria. Esta plaza, famosa por su arquitectura renacentista italiana, a más de uno se le habrá antojado la más bonita de Europa. Y a unos pocos cientos de metros, calle arriba, domina el imponente castillo de Telč, con su atildado jardín, su invernadero y su pinacoteca.

www.czechtourism.com/sp/c/telc-unesco/

¡CUÁNTO ESPACIO!

# A CIELO ABIERTO

FUERA DE LAS CIUDADES, EN PLENA NATURALEZA, EUROPA OFRECE UNA INCREÍBLE VARIEDAD DE ACTIVIDADES AL AIRE LIBRE. EN TIERRA FIRME, POR EL AGUA E INCLUSO POR LOS AIRES.

## 381 BUCEO Y OBSERVACIÓN DE CETÁCEOS, ISLANDIA

Frente a las costas de Islandia patrullan incontables gigantes marinos que posan para una foto con temerarios saltos. Entre estas estrellas de los mares hay rorcuales, ballenas azules, yubartas y orcas; la mejor época para poder fotografiarlas es entre junio y agosto. Quien quiera sumergirse –Islandia es una de las zonas de buceo más impresionantes de Europa–, puede hacerlo en Silfra: en la fisura entre placas tectónicas. Aquí el agua es tan clara, que hay una visibilidad de hasta 100 metros.

icewhale.is

## 382 CICLISMO DE MONTAÑA, ITALIA

Los montes del lago de Garda son un clásico del ciclismo de montaña, por no decir *el* clásico. Son rutas bastante duras y, las subidas, pronunciadas y largas. Ahora bien, quien emprenda el descenso hacia el valle teniendo ante sí el lago, que allá abajo, muy abajo, compite en su claror con el azul del cielo, siempre querrá repetir. El clásico de clásicos es el descenso del Tremalzo.

www.garda-see.com/en/what-to-do/bike-mtb

## 383 SENDERISMO EN FJELL, NORUEGA

Los noruegos que salen al monte hablan de Fjell como de un lugar mágico. Esta privilegiada región montañosa ofrece mil posibilidades para excursiones (de uno o varios días) por altas sierras, formaciones rocosas alpinas y altiplanos. En invierno hay salidas guiadas para perderse por este montañoso mundo nevado.

www.visitnorway.es

## 384 SENDERISMO ACUÁTICO, ALEMANIA

Si no se quiere ni sudor ni adrenalina, el plan perfecto es recorrer en canoa la gigantesca llanura lacustre de Mecklemburgo, unos 100 kilómetros al sur de Rostock. Se va remando de hotel en hotel en excursiones de hasta ocho días, y al final de la ruta se vuelve al punto de partida en taxi acuático.

www.visit1000lakes.com/

## 385 PARAPENTE, SUIZA

El sueño de volar se convierte en una intensa realidad en el Aletsch Arena. Gracias a su extraordinaria columna térmica, en las últimas décadas esta región se ha vuelto un auténtico hervidero. Con la compañía de un piloto experimentado, se disfruta desde el cielo, sobre el glaciar de Aletsch, el mayor de los Alpes, de una de las vistas más impresionantes del mundo alpino. Para más de uno, tan airosa experiencia vacacional marcó el inicio de una larga relación con el parapente.

attersee-attergau.salzkammergut.at/en.html

Ir deslizándose tranquilamente por un romántico paisaje nevado: la estación de esquí de Seefeld-Rosshütte, en el Tirol.

# 386 ESQUÍ, AUSTRIA

Según los especialistas, en Europa hay unas 3650 zonas de esquí, con nada menos que 38 000 kilómetros de pistas. Según las mismas fuentes, los amantes de este deporte tienen el mejor lugar del mundo para su práctica en Austria. La estación de esquí de Kitzbühel-Kirchberg, que se extiende por los estados del Tirol y Salzburgo, ha sido elegida como la principal, por su tamaño y por su variada oferta de pistas, y también por su nieve garantizada. Junto a las clásicas estaciones de Alemania, Suiza y Francia, en Europa también aguardan a los esquiadores zonas menos frecuentadas: el Alto Tatra en Eslovaquia, Sierra Nevada en España, Zakopane en Polonia, Bansko en Bulgaria, los Alpes Dináricos en Serbia o Špindlerův Mlýn en montes Gigantes de la República Checa.

www.kitzbueheler-alpen.com/en/startseite/a-holiday-in-the-kitzbueheler-alpen.html

## 387 ♣ EQUITACIÓN, IRLANDA

Galopar como un relámpago por vastas playas o trotar tranquilamente sobre un fondo de verdes colinas, difícilmente haya un país más hermoso y variado que Irlanda para una experiencia ecuestre. Y es que la cría de caballos y la equitación son omnipresentes en esta verde isla. Tanto en el sur, patria de los famosos ponis de Connemara, como en los numerosos picaderos que se encuentran por todo el país. Quien quiera explorar Irlanda sobre una montura, tiene muchas opciones y puede hacerlo en grupo o por su cuenta.

www.ireland.com

Excursión a caballo por la playa en la bahía de Bally

## 388 KAYAK DE MAR, FINLANDIA

Con 6700 islas, naturalmente, no se pueden visitar todas. Pero quien haya hecho un alto o incluso pernoctado en alguno de los pulidos cerros graníticos de ese jardín de islotes que son las islas Åland, nunca olvidará este maravilloso mundo de agua casi deshabitado. Se ofrecen hasta excursiones guiadas para novatos del kayak de mar, y en verano el sol de medianoche lo envuelve todo en oro.

www.visitaland.com/en/med-kajak-till-smultronstallena/

## 389 SENDERISMO ALPINO, ALEMANIA

Este camino es para gente sin vértigo: en el espectacular sendero alpino Heilbronner Weg, se hace equilibrismo por abruptas paredes, se cruzan exiguos puentes y se trepa por empinadas escaleras. Las vistas, las incontables cumbres de los Alpes, simplemente no tienen parangón. Y es que esta ruta recorre, a casi 2500 metros de altitud, ni más ni menos que la cresta de la cadena principal de los Alpes de Allgäu (Algovia). Vértigo puro.

www.oberstdorf.de/en/

## 390 NAVEGACIÓN A VELA, FRANCIA

Un agua azulísima bajo la quilla y, delante, las bahías de la isla de Porquerolles: la costa mediterránea francesa es ideal para gozar de la libertad absoluta de una travesía a vela. Las numerosas islas que jalonan la Costa Azul son el escenario mediterráneo perfecto para nadar en aguas cristalinas o bucear, mientras que enclaves costeros como Niza, Cannes o Saint-Tropez ofrecen un atractivo ambiente en animados cascos antiguos.

https://es.france.fr/es/tema-mar

## 391 SURF, PORTUGAL

¿Quién quiere ir a Hawái, estando el Algarve? Muchos surfistas suspiran por el extremo sur de Portugal: es una de las zonas con más olas de Europa y ofrece, con las diferentes condiciones de sus lados sur y oeste, los requisitos perfectos para cada nivel. La élite surfera se reúne en el Algarve sobre todo en otoño e invierno para cabalgar las tremendas olas que se estrellan, sin prácticamente

o de Waterford.

obstáculos, contra la costa occidental de la región.

www.visitportugal.com/es/
node/73856392

### 392 COASTEERING, GALES, REINO UNIDO

*Coasteering* es un compuesto de *coast* (costa) y *mountaineering* (montañismo), así que podría traducirse como *costañismo*. El mejor sitio para practicarlo será aquel en el que esta modalidad se inventó: el condado galés de Pembrokeshire. Con un guía y en traje de neopreno, se trata de ir saltando, nadando y escalando por rocas y acantilados. Y hay lu-

gar para familias con niños y para adictos a la adrenalina.

www.visitwales.com/things-do

### 393 SENDERISMO DE MARISMA, PAÍSES BAJOS

Cuando, en la costa holandesa, el mar del Norte se retira con la bajamar hasta casi el horizonte, queda al descubierto durante unas horas un entorno natural realmente único. Caminar descalzo por la arena cenagosa de este paisaje irreal tiene algo de meditación. Pero mejor no aventurarse en la marisma sin un guía, ya que así se aprende mucho sobre este hábitat y no se corre peligro de muerte cuando sube la marea.

www.holland.com/es

### 394 SENDERISMO, ESLOVENIA

En Eslovenia, las condiciones para el senderismo son verdaderamente paradisíacas: paisajes intactos, misteriosos valles y un imponente mundo alpino ofrecen posibilidades simplemente infinitas. La red de senderos tiene más de 10 000 kilómetros, ideal para excursiones de

## A CIELO ABIERTO

En 1864, cinco gimnastas de Bad Schandau inventaron la escalada libre en los peñascos de la Suiza Sajona.

# 395 ESCALADA, SUIZA SAJONA, ALEMANIA

Dicen que la escalada libre, sin apoyos artificiales, se inventó en las montañas de arenisca del Elba. También pueden utilizarse cuerdas y clavijas, pero solo como medida de seguridad. Desde que en 1874 se coronó con escalada libre el Mönch, un peñasco cercano a Rathen, la Suiza Sajona se considera una de las zonas de escalada más antiguas del mundo, con sus propias reglas y sus propios grados de dificultad. Más de 1100 peñascos aguardan a quien los acometa.

www.saechsische-schweiz.de/en/

uno o varios días por cualquiera de estos pintorescos caminos.

www.slovenia.info/es

# 396 CICLISMO, FRANCIA

En la patria del ciclismo, el Mont Ventoux es una auténtica leyenda: sus 1900 metros de altura y su pico cárstico se yerguen sobre los montes circundantes; cualquier ciclista entiende de inmediato que le espera una subida de sangre, sudor y lágrimas. Tres vías llevan a la cumbre, pero la más popular es la escarpada ruta de la cara sur. Para un ciclista es toda una experiencia domeñar al gigante de la Provenza, no solo porque el Mont Ventoux ya ha sido varias veces final de una etapa del Tour de Francia.

ciclismoepico.com/puertos-de-montana/europa/francia/alpes-f/mont-ventoux/

# 397 MUNRO-BAGGING, ESCOCIA, REINO UNIDO

*Munros* se llama a los «tres miles» de Escocia. Solo que aquí se mide en pies, es decir, que hablamos de cimas de 914'4 metros. Hay 282, y la más alta es la del Ben Nevis (1345 metros). Quien las sube todas, se dice que se ha «embolsado» los *munros*. Ya han completado la lista más de 6000 personas.

www.visitscotland.com/es-es/see-do/active/walking/munro-bagging/

# 398 REMO, FRANCIA

Si hay que remar, que sea entre escarpadas paredes rocosas. La travesía por la garganta del Ardèche es una experiencia arrebatadora, con una pega: en julio y agosto, estas aguas las surcan hasta 5000 botes; así que mejor ir en temporada baja. La travesía en piragua empieza en el Pont d'Arc, un espectacular arco de piedra natural.

en.ardeche-guide.com/

# 399 BUCEO, MALTA

Relucientes peces loro naranjas, traviesos peces payaso y, en días tranquilos, una visibilidad de hasta 50 metros: sensación de ingravidez en arrecifes, cuevas y pecios. Gracias a lo variado de su costa rocosa, las islas del archipiélago maltés ofrecen unas condiciones estupendas para bucear. Una de las atracciones más famosas está en la costa oeste de Gozo; es el Blue Hole, sima de 18 metros a la que se baja desde una piscina natural de agua marina, y en cuyas rocas han hecho su hogar pulpos y langostas. Una vez abajo, las paredes de la roca se abren dando acceso al mar abierto.

www.visitmalta.com/es/diving

# 400 KITESURFING, GRECIA

Cierto que no es fácil aprender a hacer *kitesurfing*, pero una vez que se domina es una sensación inigualable. En los últimos años, entre los amantes de este deporte ha cobrado fama Grecia. El motivo es el *meltemi*, viento estival del norte que ofrece un soplo estable entre mayo y septiembre. Además, la Hélade ofrece tipos de costa de lo más variado.

www.visitgreece.gr/en

# A CIELO ABIERTO

# MONSTRUOS, BANDIDOS Y PALACIOS

UN ARMARIO EMPOTRADO EN EL QUE HAY UN CADÁVER Y OTROS SITIOS ESTRAMBÓTICOS. ASÍ DE EXTRAVAGANTE ES EUROPA.

## 401 UNIVERSITY COLLEGE, LONDRES, INGLATERRA, REINO UNIDO

Esta fue, en 1826, la primera universidad inglesa que aceptaba a los alumnos con independencia de su sexo, raza, religión o adscripción política. Tal innovación fue obra del reformador social Jeremy Bentham, a quien todavía hoy se le encuentra en el edificio. Dispuso que tras su muerte lo momificaran de modo que su cadáver, vestido a la manera de su época, pudiera admirarse sentado en una silla en una cabina de madera. Que el precursor del moderno Estado del bienestar siga participando en las juntas de facultad es, sin embargo, un mito.

www.ucl.ac.uk/culture/auto-icon

## 402 MUSEO PARA CIEGOS, KAUNAS, LITUANA

¿Cómo es no poder ubicarse en el entorno nada más que palpando y oliendo? La respuesta se encuentra en las catacumbas de la iglesia de San Miguel Arcángel. Y es que, en esta exposición, originariamente pensada para ciegos, reina una oscuridad total. Quienes ven, pueden experimentar aquí qué se siente al guiarse únicamente por sonidos, aromas, olores o texturas de superficies.

visit.kaunas.lt/en/see-and-do/sights/

## 403 FESTIVAL DE ESCULTURA CON ARENA, OSTENDE, BÉLGICA

¿Qué sale si mandas a la playa a un grupo de artistas internacionales con cubo y pala? Las muecas del Gordo y el Flaco, los joviales rostros de Nemo y Dory o un castillo de la Bella Durmiente de 6 metros de alto. Y sí, todo de arena, toneladas de arena. Unos 240 camiones de material especial han de llevarse cada año para este festival, uno 30 kilómetros al oeste de Brujas. Esta fiesta artística en la playa es el mayor festival de escultura con arena del mundo y se celebra entre junio y septiembre.

www.visitoostende.be/en

## 404 MINAS DE SAL, WIELICZKA, POLONIA

Monumento cultural, lugar de eventos, sanatorio… Desde su cierre en la década de 1990, las minas de sal de Wieliczka tienen muchas caras: en lo profundo esperan, además de unos depósitos de sal cargados de historia, una capilla y esculturas de «oro blanco». Arriba, gracias al mi-

Construido con arena: tesoro arquitectónico efímero en Ostende.

Unbekannt

## 405 CEMENTERIO DE LOS SIN NOMBRE, VIENA, AUSTRIA

En brumosas tardes otoñales, se imagina uno a los fantasmas de los ahogados vagando entre las cruces de hierro fundido. Son realmente almas en pena, ya que nadie sabía quiénes eran cuando, entre 1840 y 1940, los enterraron en este camposanto del undécimo distrito vienés. Más de 600 personas desconocidas yacen en las tumbas de la parte vieja, invadida de maleza, y de la nueva, primorosamente cuidada por voluntarios.

www.wien.info/es/locations/cemetery-of-the-unnamed

croclima salino, se practican tratamientos terapéuticos; se puede incluso pernoctar a más de 100 metros bajo tierra en alguno de los depósitos adaptados. Quien se apunte a la ruta del minero, vivirá una gran aventura con ropa de época en la oscura profundidad de la mina.

www.laminadesalwieliczka.es/

## 406 PARQUE DE SUPERKILEN, COPENHAGUE, DINAMARCA

Tendría uno que poder volar, así podría verse aún mejor este lugar que, con sus diversas tonalidades rojas, da un aire futurista al barrio de Nørrebro. La plaza Roja forma parte de una zona verde digamos que distinta: la cercana plaza Negra está atravesada de hipnóticas líneas blancas, mientras que en el propio parque hay auténticos árboles y prados dispuestos para pícnics así como, por todas partes, bancos, fuentes y elementos lúdicos de mil países. La idea es que este parque

reúna al vecindario multicultural de este barrio humilde.

www.visitcopenhagen.com

## 407 MUSEO DEL LÁTIGO, KILLER, ALEMANIA

A falta de tierra cultivable, los habitantes de Killer debieron buscarse la vida. Así fue como llegaron, hace ya algunos siglos, al látigo, la llave de contacto de la época del carruaje. La localidad de Killer se convirtió en el centro de la fabricación alemana de látigos, como hoy sigue atestiguando un pequeño pero encantador museo.

## 408 MUSEO DE BOLSILLO, BASILEA, SUIZA

En las visitas guiadas por la ciudad, los turistas siempre se asomaban al nº 31 de Imbergässlein… y no encontraban nada. Un día, sin embargo, los dueños de la casa empezaron a exponer en la ventana pequeñas colecciones de objetos varios: primero, cosas propias; luego, de los vecinos y de más gente. El requisito es que lo expuesto en este museo, el más pequeño de Basilea, quepa en un bolsillo.

www.hoosesaggmuseum.ch

## 409 UN RETRETE, MONT BLANC, FRANCIA

El gran paisaje, el aire puro, la nieve… y cada temporada los residuos de más de 30 000 alpinistas. Hasta hace pocos años, este altísimo «monte blanco» merecía su nombre solo en parte. De ahí que en el 2007 se instalara, a 4260 metros, el excusado más alto de Europa. Pero es que esta casita de madera probablemente también sea, con un coste de construcción de nada menos que 150 000 euros, el cuarto de baño más caro del continente.

www.chamonix.com/chamonix-mont-blanc,0,es.html

## 410 GIETHOORN, PAÍSES BAJOS

Para la edición mundial del octogésimo aniversario del Monopoly, competían por un lugar en el tablero auténticas metrópolis. Berlín y Bruselas no lo consiguieron, pero Giethoorn sí. Y eso que este muni-

# MONSTRUOS, BANDIDOS Y PALACIOS

Los búnkeres marinos Maunsell parecen máquinas de guerra de *Star Wars*.

cipio ni siquiera tiene calles: quien quiere visitar a sus vecinos, navega en barca por los canales de esta Venecia holandesa. Cosa que encanta sobre todo a los chinos: cada año acuden unos 200 000 para ver este idilio de casas de tejado de caña, sauces y canales.

www.rondvaartbedrijf.nl/en.index.html

largo y 75 kilos de peso, el cachalote puede apuntarse con orgullo este tanto. Pero este falo gigantesco es solo uno de los nada menos que 300 miembros viriles animales que, metidos en formol, sobrellevan en este museo su lacia existencia. La pieza más pequeña es un pene de hámster que ha de mirarse con lupa.

phallus.is/es/

Grubišić se rompió, ambos llevaron los recuerdos de su relación a un lugar especial, y así nació este Museo de las Relaciones Rotas. Los objetos de muchas otras relaciones fracasadas desprenden un tipo especial de magia: un hacha que se usó para destrozar muebles, una pócima amorosa con la etiqueta «No funciona»…

brokenships.com

### 411 FALOTECA NACIONAL, REIKIAVIK, ISLANDIA

Aquí se aclara de una vez por todas quién la tiene más larga. Con un miembro de 170 centímetros de

### 412 MUSEO DE LAS RELACIONES ROTAS, ZAGREB, CROACIA

¿A quién se le ocurre exhibir el final de una relación? Cuando el amor de Olinka Vištica y Dražen

### 413 MUSEO DEL BANDIDISMO, CERDEÑA, ITALIA

Si el bandolerismo sardo, que viene de época romana, realmente es debido al afán de libertad de estos isleños, no está claro. En el Museo

# 415 BÚNKERES MARINOS MAUNSELL, INGLATERRA, REINO UNIDO

Si debiera hacerse una secuela de aquella película apocalíptica de *Waterworld,* este sería el escenario perfecto. Los búnkeres se yerguen sobre el agua, apoyados en largos pilotes, ante la costa oriental inglesa y no se toman la menor molestia de mimetizarse con el paisaje. Construidas como medida defensiva durante la II Guerra Mundial, hoy las cuatro oxidadas torres de acero que aún se conservan atraen a aficionados a la historia y fotógrafos. A este lugar también se lo conoce como Fort Madness, Búnker Locura, ya que muchos de los soldados que aquí sirvieron, posteriormente precisaron de ayuda psicológica.

www.visitkent.co.uk

del Bandidismo, en Aggius, uno se sumerge en los tiempos –hace apenas un siglo– en que alrededor del propio edificio se producían incontables asesinatos. Aquí se aprende también quién era el Muto di Gallura, el Mudo de Gallura, a quien se atribuye una venganza de sangre con más de 70 muertos.

www.museodiaggius.it/en

tales entre marinos revolucionarios y el líder comunista húngaro Béla Kun. La atracción principal es, sin embargo, las botas de Stalin: lo único que quedó, tras la revuelta de 1956, de la estatua de 8 metros de alto que un día hubo en un céntrico parque de Budapest.

www.mementopark.hu/?lang=en

segundo edificio más grande del mundo
tras el Pentágono estadounidense. Quien se apunte a una visita guiada, debe llevar el pasaporte e ir preparado: 1100 salas, un vestíbulo de 100 metros de largo, 2,5 toneladas de lámparas de araña…

cic.cdep.ro/en

# 414 MEMENTO PARK, BUDAPEST, HUNGRÍA

En este museo al aire libre del suroeste de Budapest, se exhiben más de 40 estatuas y bustos de la era comunista. Lenin, Marx y Engels miran taciturnos desde sus pedes-

# 416 PALACIO DEL PARLAMENTO, BUCAREST, RUMANÍA

A juicio del jefe de Estado comunista rumano Nicolae Ceauşescu, 65 000 m² podían bastar para la «Casa del Pueblo». Tras la ejecución del dictador (1989), el Congreso y el Senado se mudaron al

# MONSTRUOS, BANDIDOS Y PALACIOS

## 417 MUSEO DE LA BRUJERÍA Y LA MAGIA, BOSCASTLE, INGLATERRA, REINO UNIDO

 En el idílico pueblecito de Boscastle, en la escarpada costa de North Cornwall, uno esperaría cualquier cosa excepto brujas y magos. Pero este museo del ocultismo arroja luz en los misterios de lo oculto: muestra con pasión hasta qué punto es antigua la historia de la magia en Gran Bretaña. ¿Por qué precisamente en este sitio? Porque muy cerca se descubrió una piedra-laberinto que demuestra que aquí la gente ya se ocupaba de tales cuestiones en tiempos inmemoriales.

museumofwitchcraftandmagic.co.uk

## 418 CATACUMBAS DE LOS CAPUCHINOS, PALERMO, ITALIA

Para caracteres sensibles, la visita a las catacumbas de los Capuchinos es todo un reto: mirar a difuntos añejos en diversos estados de conservación no es plato de gusto… Sin embargo, es fascinante, pues muchos de los 2063 cadáveres están de pie o sentados y conservan un extraño aire de vida. También están los 40 frailes de la orden que, ya en el siglo XVI, fueron acomodados aquí para la eternidad. Debe de ser por el clima de esta cripta por lo que los muertos están, en parte, sorprendentemente bien conservados.

www.palermocatacombs.com

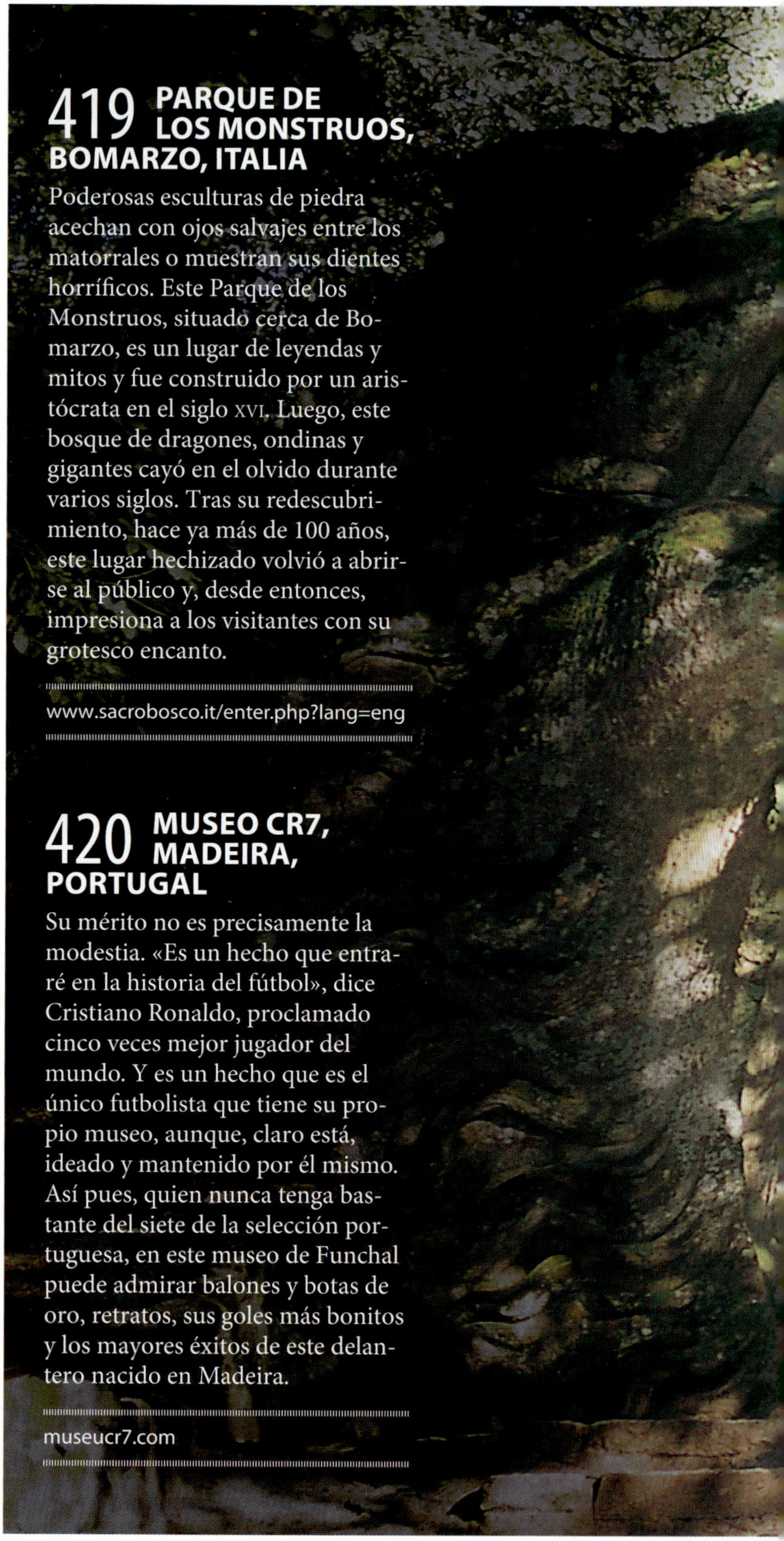

## 419 PARQUE DE LOS MONSTRUOS, BOMARZO, ITALIA

Poderosas esculturas de piedra acechan con ojos salvajes entre los matorrales o muestran sus dientes horríficos. Este Parque de los Monstruos, situado cerca de Bomarzo, es un lugar de leyendas y mitos y fue construido por un aristócrata en el siglo XVI. Luego, este bosque de dragones, ondinas y gigantes cayó en el olvido durante varios siglos. Tras su redescubrimiento, hace ya más de 100 años, este lugar hechizado volvió a abrirse al público y, desde entonces, impresiona a los visitantes con su grotesco encanto.

www.sacrobosco.it/enter.php?lang=eng

## 420 MUSEO CR7, MADEIRA, PORTUGAL

Su mérito no es precisamente la modestia. «Es un hecho que entraré en la historia del fútbol», dice Cristiano Ronaldo, proclamado cinco veces mejor jugador del mundo. Y es un hecho que es el único futbolista que tiene su propio museo, aunque, claro está, ideado y mantenido por él mismo. Así pues, quien nunca tenga bastante del siete de la selección portuguesa, en este museo de Funchal puede admirar balones y botas de oro, retratos, sus goles más bonitos y los mayores éxitos de este delantero nacido en Madeira.

museucr7.com

A monstruo regalado, no le mires el diente: encuentros en el Parque de los Monstruos.

# MONSTRUOS, BANDIDOS Y PALACIOS

# SUBIENDO Y BAJANDO ESCALERAS

HAY PELDAÑOS QUE LLEVAN A LA NADA; OTROS, AL MONTE. LUEGO ESTÁN LOS QUE SON FAMOSOS PORQUE TIENEN UN PAPEL PROTAGONISTA EN ALGUNA PELÍCULA. EN FIN, UN SUBE Y BAJA POR EUROPA…

Concierto al atardecer: en la escalera sonora del órgano marino.

## 421 ÓRGANO MARINO, ZADAR, CROACIA

En el paseo marítimo de la antiquísima ciudad de Zadar, junto al Adriático, las olas hacen música. Esta escalera, que conduce directamente al mar, tiene 70 metros de anchura. Una ingeniosa construcción que lleva dentro es la causa de que los peldaños canten. Normal que esta escalera musical goce de gran popularidad… La gente observa, escucha, disfruta y se toma su tiempo.

www.zadar.travel/en

## 422 FUNICULAR DEL NIESEN, SUIZA

El compositor Johannes Brahms subió a la cumbre del monte Niesen en 1886: en una época en que hacer montañismo por gusto y por el paisaje todavía era algo completamente nuevo. Dos décadas más tarde, empezaron las obras de este funicular del Oberland bernés; se trataba de aligerar la subida. Pero sigue en su sitio, paralela a los rieles, una escalera que, con sus 11 674 peldaños, se ha hecho un sitio en el *Libro Guinness*. Subir por ella solamente se permite, por desgracia, o quizá por suerte, un día específico al año.

https://www.niesen.ch/en

## 423 CALLE DEL CALVARIO, MALLORCA, ESPAÑA

Subiendo esta escalera, puede uno ir repasando el año entero; cada uno de sus días, de hecho. No otro es el sentido de los 365 escalones que llevan hasta el monte del Calvario. En Pollensa resulta especialmente impresionante el Viernes Santo, día en que suben por esta escalera, a la luz de antorchas y en completo silencio, a un Cristo.

www.pollensa.com

## 424 TORRE EIFFEL, PARÍS, FRANCIA

¡Bah! En ascensor sube cualquiera… Estas grandiosas vistas de París quieren que te las ganes con cada uno de los 740 peldaños que llevan al 2º piso, a 173 metros. Durante el ascenso hay tiempo suficiente para pensar en esta audaz construcción de 10 000 toneladas. ¿Quién se habría imaginado en la Exposición Universal de 1889 que esta torre se convertiría en el icono más visitado del mundo? La idea era desmontarla 20 años…

www.toureiffel.paris/es

## 425 MONTAÑA DE BUEREN, LIEJA, BÉLGICA

¿Que cómo te dejan estos 374 amplísimos peldaños? Sin respiración. En sentido figurado, pero también literal, cuando se ha subido esta escalera extremadamente larga y empinada. Se construyó en recuer-

do de los 600 soldados que, en el siglo XV, defendieron Lieja de Carlos I de Borgoña.

www.visitezliege.be

## 426 ESCALINATA DE SAN MIGUEL, SCHWÄBISCH HALL, ALEMANIA

Los 53 peldaños al pie de la torre románica de San Miguel son, desde 1925, la escena de un festival teatral estivo al aire libre: un espectáculo único que hace resplandecer de clara luz teatral la escalinata mientras abajo, en la plaza del mercado, entre edificios antiguos, los espectadores siguen la sesgada función.

https://www.schwaebischhall.de/en/welcome/welcome

## 427 ESCALERA-EUROPA 4000, PARTENEN, AUSTRIA

Quien se haga esta escalera en 20 minutos, probablemente también pueda correr sobre el agua. Con 3609 peldaños y una pendiente máxima del 86% (¡!), sube 700 metros en paralelo al teleférico de Vermunt. Si uno se atreve, debe usar el reloj de control y pedir luego un certificado en una de las oficinas de turismo… cuando se haya recobrado el aliento.

https://www.montafon.at/en

## 428 SAN JUAN DE GAZTELUGATXE, ESPAÑA

Esta isla rocosa de San Juan de Gaztelugatxe, en la costa vasca, tiene un toque surrealista. Para llegar hasta el antiguo lugar de peregrinación que hay en el centro del peñasco, primero se pasa por un puente de piedra; luego, serpentean hasta la ermita 231 peldaños. Un lugar escarpado y misterioso, ideal para el rodaje de la saga fantástica *Juego de tronos*.

tourismus.euskadi.eus/es

## 429 ESCALERA DE FLØRLI, NORUEGA

4442, 4443, 4444… ¡Hecho! La de Flørli es, con una longitud de 1'6 kilómetros y un desnivel de más de 740 metros, la escalera de madera más larga del mundo. Sube hasta una antigua central eléctrica, como se infiere de las gruesas tuberías paralelas a los peldaños; pero la clave está en la arrebatadora vista sobre el fiordo de Lyse. A esta escalera se llega con un ferri que solo opera regularmente en verano. Quien, tras subir los 4444 escalones, piense que ya está, se equivoca: la bajada es, de lejos, más dura para las rodillas.

www.florli.no

## 430 ESCALERA DEL SPITZHAUS, RADEBEUL, ALEMANIA

*Jahrestreppe*, escalera del año, llaman los sajones a estos infinitos peldaños entre los viñedos de Radebeul. Pero la escalera barroca más larga de Sajonia no tiene

# 431 ESCALERA DE LA PIAZZA DI SPAGNA, ROMA, ITALIA

La escalera más famosa de Roma la diseñó en el siglo XVIII un arquitecto italiano, la financió un diplomático francés y se ubicaba en un gueto de literatos y artistas ingleses. ¿A qué viene entonces lo de española? Que así se llame esta Scalinata della Trinità dei Monti es debido a que sus 135 peldaños, desde los que hoy admiran la vivaz plaza de España turistas de todo el mundo, llevan a la embajada española.

www.turismoroma.it

La quintaesencia de la escalera: gente ociosa en la Scalinata della Trinità dei Monti.

365 escalones, sino 397; una inexactitud que los lugareños enmendaron con un rótulo en el peldaño trigésimo segundo: «Para que el dicho pueda funcionar, mejor empieza solo desde aquí a contar». En cualquier caso, la maratón que cada año se celebra en este monte Everest sajón no es moco de pavo: el récord está en recorrer, en 24 horas y 156 rondas, 13 800 metros; claramente más que los 8848 metros del Everest. Mejor no calcular el número de peldaños cubiertos…

www.treppenmarathon.de/course-data/

# 432 ESCALERAS DE STRUDLHOF, VIENA, AUSTRIA

El complejo de escaleras que salva el desnivel existente entre Liechtensteinstrasse y Waisenhausgasse está en el centro de la abigarrada acción de una de las mayores obras de la literatura austríaca. Quien deambule por estas intrincadas escaleras no puede, en efecto, dejar de imaginarse cómo en ellas, hace 100 años, el escritor Heimito von Doderer subía y bajaba caviloso los peldaños mientras urdía las historias de los numerosos protagonistas que cobran vida en su obra *Las escaleras de Strudlhof o Melzer y la profundidad de los años*.

www.wien.info/es

**SUBIENDO Y BAJANDO ESCALERAS**

## 433 BRAGA, PORTUGAL

La monumental escalera barroca que sube hasta el santuario bracarense de Bom Jesus do Monte asciende, con 581 zigzagueantes peldaños y un desnivel de más de 160 metros, hasta el Terreiro de Moisés, la plaza frente a la iglesia, con una fantástica vista de la ciudad de Braga, al norte del país.

visitbraga.travel

señado en estilo modernista por Antonio Gaudí, llevan trabajando desde 1882. Para visitar alguna de las torres de esta imponente iglesia, es condición indispensable no tener vértigo. Se sube en ascensor y la vista es única, pero la bajada por angostas y empinadas escaleras de caracol es un suplicio para quienes tengan miedo a las alturas.

sagradafamilia.org/es/home

de desdén mira el hijo de Zeus desde lo alto de la torre del octógono del jardín montés de Wilhelmshöhe, Patrimonio de la Humanidad, a una altura de 530 metros. Pero aquí también están las murmurantes cascadas de una gigantesca y fluyente escalera acuática que realza, si cabe, la magnificencia del héroe griego.

https://museum-kassel.de/en/museums-parks-palaces/unesco-world-heritage-site-of-bergpark-wilhelmshoehe/hercules

## 434 LA SAGRADA FAMILIA, BARCELONA, ESPAÑA

Si en el 2026 debería estar listo, entre ruinas de iglesias, el aeropuerto de Berlín, en el Templo Expiatorio de la Sagrada Familia, di-

## 435 ESTATUA DE HÉRCULES, KASSEL, ALEMANIA

Su puesto de asistente de los dioses requería matar leones, luchar contra serpientes de nueve cabezas o domar équidos devoradores de personas. Desnudo y con un punto

## 436 ESCALERA POTEMKIN, ODESA, UCRANIA

Quién sabe si la gente se acordaría de aquel motín de marineros de 1905 si Serguéi Eisenstéin no hu-

Esta escalera de doble hélice de Giuseppe Momo es una auténtica maravilla arquitectónica.

biera rodado *El acorazado Potemkin* veinte años después; en su momento, la revuelta de los marineros se extendió contra el régimen zarista. Una de las escenas clave de la película transcurre en esta gran escalinata de 192 peldaños, que se construyó a mediados del siglo XIX y por la que, en el filme, los ciudadanos de Odesa huían de los soldados del zar o morían tiroteados por estos. Si la escalera realmente tuvo un papel tan importante, quién sabe. Lo cierto es que se ha hecho famosa por esta legendaria escena cinematográfica en la que un carrito de bebé rueda por los peldaños en mitad del caos.

www.odessatourism.org/en

## 437 CALTAGIRONE, SICILIA, ITALIA

Los 142 peldaños de la escalinata de Santa Maria del Monte, entre los viejos edificios de la pequeña ciudad de Caltagirone, son una obra artística transitable. Esta escalinata de piedra se construyó en 1608 y, tres centurias después, se adornó con unas baldosas cerámicas que hoy le confieren su tremendo encanto. Ya desde hace siglos se celebran en este lugar en pendiente joviales fiestas y se colocan elegantemente velas, farolillos y flores, por lo que se trata del mayor icono de este municipio enamorado del arte. Quien quiera ver la escalinata peripuesta, que vaya en agosto al festival La Scala Illuminata.

www.lascalailluminata.it

## 438 TÚNEL DE BASE DE LÖTSCHBERG, SUIZA

Nadie querría tener que usar esta escalera. En el túnel de 34'6 kilómetros que pasa por debajo de los Alpes suizos entre las localidades de Frutigen (en el cantón de Berna) y Raroña (en el cantón de Valais), se encuentra la escalera más amplia de Europa. Mide casi 330 metros y sirve, ante todo, para permitir que, en caso de accidente, pueda sacarse a la luz del día lo más rápido posible a los pasajeros de los trenes. La escalera forma parte del puesto de intervención de Tellenfeld, en el acceso norte del túnel. En visitas guiadas, puedes ver parte del túnel y de las mismas escaleras.

www.swissinfo.ch/spa/abierto-el-t%C3%BAnel-de-loetschberg/5951676

## 439 ESCALINATA DEL SAGRADO CORAZÓN, PARÍS, FRANCIA

Esta iglesia católica resplandece en blanco como un ángel en Montmartre, el cerro parisino más alto (130 metros). Sobre la basílica, visitantes y expertos en arte tienen opiniones distintas; pero la escalinata es una de las mayores atracciones de París. Tiene 237 peldaños y obliga a detenerte constantemente porque, cada dos pasos, ofrece unas vistas de la ciudad estupendas. La propia escalinata, sin embargo, es visita obligada para cuantos acuden a la ciudad del amor. Por lo demás, llegados aquí, no necesariamente hay que conformarse con esta escalera: también están los 300 escalones que suben a la cúpula del templo.

www.sacre-coeur-montmartre.com

## 440 ESCALERA DE MOMO, MUSEOS VATICANOS, CIUDAD DEL VATICANO

Quien ya esté abrumado por la belleza de los Museos Vaticanos y ante todo de la Capilla Sixtina, debería reservar a toda costa aún un poco de discernimiento y abandonar esta por la salida de la izquierda. Allí le espera una escalera muy especial. Su artífice, Giuseppe Momo, la diseñó (1932) en forma de doble hélice, de ahí que quienes suben y quienes bajan nunca se crucen, ya que van por niveles distintos. Especialmente impresionante es el efecto de embudo, que realmente parece que tirase hacia el abismo.

www.museivaticani.va/content/museivaticani/es.html

## SUBIENDO Y BAJANDO ESCALERAS

# SOLO PARA CAMINANTES

QUIEN VA A PIE, ESTÁ MÁS CERCA DE LA VIDA. Y EUROPA ESTÁ REPLETA DE RUTAS MARAVILLOSAS EN LAS QUE LA META ES EL PROPIO CAMINO.

## 441 SOUTH WEST COAST PATH NATIONAL TRAIL, INGLATERRA, REINO UNIDO

A comienzos del siglo XIX, la guardia costera abrió caminos por la costa de Cornualles, al suroeste de Inglaterra, para frenar a unos diligentes clanes de contrabandistas. Hoy esta senda de 1014 kilómetros pasa por playas, pueblecitos, acantilados, brezales y praderas. El mar se ve casi siempre, el aire es claro y, gracias a la corriente del golfo, a veces uno cree, por las temperaturas moderadas y la vegetación frondosa (por ejemplo, en la aldea de St Just in Roseland), que no está en Inglaterra sino en el sur de Francia.

www.southwestcoastpath.org.uk

## 442 PASEO DEL MURO, BERLÍN, ALEMANIA

Este paseo recorre nada menos que 160 kilómetros de las antiguas instalaciones fronterizas de la RDA en Berlín oriental y ofrece historia y paisaje: restos del Muro y árboles, prados y bosques. Se informa en varias lenguas sobre la historia y la división de Alemania y sobre sus víctimas. Al comienzo y al final de cada uno de los 14 tramos puede llegarse en transporte público.

www.berlin.de/en/

## 443 TOUR DEL MONT-BLANC, FRANCIA

Ni más ni menos que alrededor del monte más alto de Europa occidental, transcurre una de las rutas de senderismo más espectaculares de los Alpes, llena de arrebatadores panorámicas de cumbres, glaciares y profundos valles. Este camino de 170 kilómetros atraviesa prados, llanos pedregosos y puertos alpinos y pasa por Suiza, Italia y Francia. Eso sí, si se quiere hacer este *tour* del Montblanc, hay que estar bien preparado. Las etapas, de hasta 9 h, suelen tener un desnivel de más de 1000 metros.

www.autourdumontblanc.com/es

## 444 CAMINO CENTRAL DE LOS ALPES, AUSTRIA

Esta pista de alta montaña es, con sus casi 1300 kilómetros, la ruta senderista más larga de Austria,

## 445 RUTAS DE LEVADAS, MADEIRA, PORTUGAL

Un cielo azul intenso, grandiosos paisajes, montes volcánicos, el aroma de las flores y de la vegetación, y todo rodeado del azulísimo Atlántico. ¿Qué mejor que ponerse las botas de *trekking* y el sombrero y enfilar los senderos que transcurren junto a las *levadas,* las acequias que llevan las aguas pluviales desde el norte de esta isla portuguesa hacia los campos del sur? Perderse es difícil: el camino atraviesa montes y valles del macizo central sin separarse apenas a la acequia. Es la forma ideal de explorar esta isla polifacética.

www.visitmadeira.pt/es-es

país que, de hecho, atraviesa de oeste a este. Con razón se la califica de muy exigente: en unas etapas que superan una y otra vez la barrera de los 3000 metros de altitud, la forma física, el paso seguro, la experiencia en glaciares y la buena orientación son indispensables. Quien no se arredre ante todo ello, descubrirá un mundo alpino intacto de una belleza única. Si hace mal tiempo, en muchos tramos es posible elegir un desvío más fácil o itinerarios que no pasen por glaciares.

traveltoaustria.info/austria-the-hikers-heaven/

## 446 GARGANTA DE SAMARIÁ, CRETA, GRECIA

La hora es esencial: se trata de una ruta que es todo menos desconocida. Y es que la garganta de Samariá se cuenta, con sus casi 13 kilómetros, entre las más largas de Europa. Y, como es tan imponente, casi nunca está uno solo. Aun así, quien madrugue podrá disfrutar sin agobios de estas abruptas paredes rocosas con sus majestuosos plátanos, pinos y cipreses. Quien tenga suerte en el camino –que, con sus 16 kilómetros, empieza en el altiplano de Omalós (a unos 1230 metros) y baja serpenteando hasta el pueblo costero de Agía Rumeli, en el mar de Libia–, verá a los buitres sobrevolando en círculos.

www.west-crete.com

Una belleza casi sobrenatural: la exuberante vegetación de los montes de Madeira.

Solo para senderistas experimentados: las montañas de Córcega son tan imponentes como salvajes y solitarias.

## 447 GR-20, CÓRCEGA, FRANCIA

Escabrosas peñas, un cielo azul intenso, un mar resplandeciente… El GR-20 (Grande Randonnée 20) de esta isla montañosa próxima a Italia, promete el paraíso senderista en la Tierra; pero, por muy paradisíaco que suene, así es. En los trechos más altos suele haber nieve todavía en verano y, para el escarpado y salvaje interior de la isla, realmente es necesaria experiencia en el *trekking*. Quien confíe en sus piernas y no tenga vértigo, podrá disfrutar sin cortapisas de las 15 etapas, con un desnivel total de 12 500 metros.

https://es.france.fr/es/corcega/articulo/gr20-corcega-mucho-mas-sendero

# SOLO PARA CAMINANTES

Soledad en el Kungsleden, en plena naturaleza sueca.

# 448 KUNGSLEDEN, SUECIA

El cóctel perfecto para los amantes del senderismo: amplios valles flanqueados por altas cumbres, tupidos bosques verdes, claros lagos de montaña… y un buen chorro de soledad. Este «Camino del Rey» se divide en un tramo septentrional y otro meridional entre los que no existe conexión directa. Independientemente, sin embargo, de por cuál se opte, la extraordinaria belleza de la naturaleza sueca proporciona, en ambos, una experiencia senderista simplemente inolvidable. Es posible pernoctar en numerosos refugios provistos de todos los servicios, a veces, hasta de sauna.

www.swedishlapland.com

## 449 RENNSTEIG, TURINGIA, ALEMANIA

Este camino senderista es, con sus 170 kilómetros, el más antiguo de Alemania. Hoy por suerte, los excursionistas no tienen el apuro de los correos que antaño llevaban por aquí despachos urgentes. Empieza cerca de Eisenach y pasa por el bosque de Turingia, por el castillo de Wartburg y por la Reserva de la Biosfera hasta llegar a Blankenstein. Algo de forma física no viene mal: el recorrido completo supone unos 3000 metros de desnivel, pero unas vistas alucinantes y una naturaleza magnífica resarcen de las inevitables agujetas.

https://www.visit-thuringia.com/travel-hotel-holiday-tour-rennsteig-123988.html

## 450 VÍA ALGARVIANA, PORTUGAL

Este camino, antigua senda de peregrinaje, recorre 300 kilómetros por el sur de Portugal: desde Alcoutim, en la frontera con España, hasta el cabo de San Vicente, en el Atlántico. Las mejores vistas están en el Fóia, el punto más alto del Algarve (900 metros); luego se puede bajar a reponer fuerzas a la ciudad de Silves. El encanto de esta Vía Algarviana está en la alternancia de naturaleza y pueblecitos, y el buen tiempo está casi garantizado.

www.portuguesetrails.com/es

## 451 CINQUE TERRE, ITALIA

La caminata costera por el Parque Nacional de Cinque Terre, en la Riviera de Levante, es de sobra conocida. Y con razón: la senda que va de Levanto a Riomaggiore serpentea por antiquísimos pueblecitos litorales como Vernazza o Corniglia, con casas de colores y estupendos sitios donde recargar las pilas con deliciosos platos de pasta. Entre pueblo y pueblo, vas subiendo y bajando por la escarpada costa entre viejos viñedos y bosquecillos, casi siempre con un panorama espléndido del mar azul. Quien no esté para esfuerzos, tiene el tren regional que recorre la costa.

www.cinqueterre.eu.com/es

## 452 WEST HIGHLAND WAY, ESCOCIA, REINO UNIDO

Este famoso camino permite explorar las profundidades y alturas escocesas. Son entre seis y nueve etapas –150 kilómetros– que llevan a los caminantes tanto por escarpadas costas rocosas, relucientes lagos y áridos paisajes pantanosos, como al Ben Nevis (1345 metros). El West Highland Way resulta extraordinariamente agradable por esa hospitalidad escocesa que se respira en todas partes, ya sea en los típicos *pubs* o en los encantadores alojamientos en casas particulares de los pueblecitos del camino.

www.westhighlandway.org

## 453 LAUGAVEGUR, ISLANDIA

Ancestral, magnífico, amplio… Este camino de 55 kilómetros, al sur de Islandia, atraviesa paisajes volcánicos primigenios con montes entre rojo y ocre, profundas gargantas, cimas cubiertas de hielo y vaporosas fuentes termales; a esta

# SOLO PARA CAMINANTES

variedad se debe que el Laugavegur sea la ruta senderista más famosa de Islandia. No es mala idea ir bien equipado. Y si llueve, la excursión se convierte en una aventura aún mayor.

https://www.ultimategearlists.com/destinations/laugavegur-trail-iceland

## 454 VIA PODENSIS, FRANCIA

Con el bastón de peregrino y la concha en el sombrero, esta Via Podensis de Francia lleva a Santiago de Compostela. Son 700 kilómetros entre la ciudad de Le Puy-en-Velay, en Auvernia, y Saint-Jean-Pied-de-Port, al pie de los Pirineos. Es la más famosa de las cuatro antiguas rutas jacobeas francesas. El variado paisaje de brezales y verdes hayedos y pinares, así como las antiquísimas iglesias y pequeñas ciudades como Estaing o Conques, al borde del camino, compensan las fatigosas subidas y el hecho de que haya tantísimos peregrinos.

www.elcaminoasantiago.com/caminos/francia/etapasviapodiense.htm

## 455 CUMBRES DE LOS BALCANES, ALBANIA

Esta ruta, que antaño era un camino de caravanas y pastores, va llevando, en diez etapas, por Albania, Kosovo y Montenegro. Sube y baja por las apabullantes alturas de los montes Prokletije, aún poco explotados turísticamente. Acompañan al caminante verdes pastos alpinos, lagos azules e imponentes formaciones rocosas. La idea es que esta pista, abierta hace poco, rompa fronteras y acerque a los habitantes de la región.

www.peaksofthebalkans.com

## 456 ASCENSO AL PREIKESTOLEN, NORUEGA

Si dan miedo las alturas, igual no es buena idea: el Preikestolen es una plataforma rocosa casi cuadrada cuyas paredes verticales caen 600 metros hasta el fiordo de Lyse. Y no hay barandilla. Aun así, merece la pena este camino de 4 kilómetros, en el que se salva un desnivel de casi 600 metros. Una vez arriba, se despliega un panorama tremendo de montaña y fiordo. Como hay siempre tanta gente, es mejor madrugar.

https://www.visitnorway.es/que-ver-en-noruega/noruega-de-los-fiordos/ryfylke/el-pulpito/

## 457 VALLE DE LOS SIETE LAGOS, ESLOVENIA

No es obligatorio subir a la cumbre del Triglav, el monte más alto de Eslovenia, que da nombre a un parque natural; también puede ser la meta el propio camino, sobre todo si transcurre por el hermosísimo valle de los Siete Lagos. Son 8 kilómetros en los que uno se cruza con marmotas y machos cabríos, y se va parando en lagunas cristalinas que incluso en verano pueden estar heladas. Las vistas entre luminosas florecillas silvestres, roquedos grises y aguas turquesa no tienen nada que envidiar a los Alpes.

www.slovenia.info/es

## 458 RUTA BÄRENTREK, SUIZA

Esta ruta senderista de ensueño empieza en Meiringen y cruza las montañas del Oberland bernés pasando por los tres reyes de los Alpes suizos: el Eiger, el Mönch y el Jungfrau. Son 130 arduos kilómetros en un impresionante paisaje alpino primigenio, dejando atrás siete puertos, así como glaciares, lagos y cascadas, y bajando y volviendo a subir profundos valles.

www.wanderungen.ch/en/home.html

## 459 RUTA DE PIEDRA SECA, MALLORCA, ESPAÑA

Esta ruta, en la costa norte de la isla, sigue antiguos caminos locales. Empieza en el puerto de Andratx y pasa por la sierra de Tramontana hasta llegar a Pollensa. Ofrece constantemente, como su nombre indica, muros de piedra seca, es decir, sin argamasa, aparte de una exuberante vegetación, paisajes intactos, antiquísimos encinares y pinares, viejos pueblecitos y, por supuesto, el mar. Esta pista de aproximadamente 140 kilómetros es el GR-221.

http://www.gr221.info/gr221 esp.htm

## 460 PASO DE LOS ALPES, ALEMANIA, AUSTRIA E ITALIA

Quien cruzó los Alpes desde Múnich sabe, cuando se toma un *espresso* en la plaza de San Marcos mientras recapitula su odisea, qué significa recorrer 550 kilómetros y salvar en total 22 000 metros de desnivel. Y el que llega a la llanura del Piave, al norte de Italia, tras cruzar los Alpes, ha vivido la montaña.

www.tyrol.com/things-to-do/sports/hiking/hiking-tours/a-munich-venice-dream-path

No hay nada como una mañana luminosa y clara en el monte: saludando al nuevo día en una cabaña del valle de los Siete Lagos.

# MARES DE CASAS DESDE ARRIBA

EN LAS CALLES Y CALLEJAS UNO SE SUMERGE EN LA VIDA DE LAS CIUDADES. DESDE ARRIBA, SIN EMBARGO, UNO SE HACE IDEA DE SUS DIMENSIONES, DE SU AMPLITUD O SU PEQUEÑEZ.

### 461 THE PENTHOUSE, LA HAYA, PAÍSES BAJOS

Los Países Bajos no tienen demasiados miradores, pero desde este restaurante de la planta 42 del Haagse Toren –a 135 metros sobre el nivel del suelo–, en una dirección la vista alcanza hasta el mar del Norte y, en la otra, hasta Róterdam. Entretanto se va dejando, plato a plato, que los manjares deleiten el paladar; y, si se le coge el gusto a las alturas, nada mejor que bajar a uno de los ocho apartamentos situados a 108 metros.

www.thepenthouse.nl

Southwark, Londres, cuesta entre 20 y 50 millones de libras. Quien no los lleve encima en ese instante puede mirar, así y todo, desde el quinto rascacielos más alto de Europa (95 plantas). Lo mejor es que sea poco antes del atardecer cuando el ascensor sale disparado hasta el mirador de este gigante acristalado con forma de torre de iglesia: así se vive desde lo alto esta metrópoli tanto de día como de noche. Desde aquí, el Támesis y el London Eye se antojan miniaturas.

www.theviewfromtheshard.com

una ventana a 4000 años de historia de esta práctica deportiva. También la longitud del salto ha evolucionado: al principio, 20 metros eran una auténtica proeza; hoy los ligerísimos saltadores andan batiendo la marca de los 140.

www.visitoslo.com/es/

### 462 THE SHARD, INGLATERRA, REINO UNIDO

Un apartamento de lujo en este palacio futurista de cristal de

### 463 HOLMENKOLL-BAKKEN, OSLO, NORUEGA

Las vistas de Oslo desde esta torre-trampolín de 60 metros son soberbias. Y además de ser el trampolín de esquí más antiguo del mundo (1892), tiene también el primer museo de esquí, que abre

### 464 MONTJUIC, BARCELONA, ESPAÑA

No hay que dejar de subir esta montaña de 173 metros que domina la capital de Cataluña: Barcelona se despliega a los pies mientras se sube al parque de Montjuic en el teleférico, que se toma en el puerto.

¿Con el teleférico o a pie? De ambas maneras tiene un gran encanto contemplar desde lo alto Dubrovnik.

Una vez arriba, se podría pasar el día entero entre fortalezas, museos como la Fundación Joan Miró o el Museo Nacional de Arte de Cataluña, el Jardín Botánico y edificios de la Exposición Universal de 1929. Y luego están, naturalmente, esas impresionantes vistas.

www.barcelonaturisme.com/wv3/es/

## 465 GRAVITY BAR DE LA GUINNESS STOREHOUSE, DUBLÍN, IRLANDA

Los irlandeses llevan 250 años haciendo su Guinness, a la que ellos llaman *black stuff* y a cuyos ingredientes, historia y fermentación

## 466 MONTE SRĐ, DUBROVNIK, CROACIA

¿Irse de Dubrovnik sin pisar el monte Srđ? ¡De ninguna manera! Allí arriba, a 412 metros de altitud, se tendrá a los pies esta ciudad encantadora y el mar. Ya se dieron cuenta los franceses que, a comienzos del siglo XIX, construyeron en esta montaña junto a Dubrovnik su Fort Imperial. Aunque los deportistas pueden seguir subiendo a pie, desde el 2010 hay también un teleférico. Y arriba, además de las espléndidas vistas, hay una exposición permanente sobre la Guerra de Yugoslavia en los restos de aquel fortín napoleónico.

www.tzdubrovnik.hr/lang/es/index.html

# 467 BRITISH AIRWAYS I360, BRIGHTON, INGLATERRA

*Ready for take-off?* La compañía aérea patrocinadora se encarga de que este panorama de Brighton, desde 173 metros de altura, recuerde a un vuelo. Esta torre-mirador –cuya i sería, según algunos arquitectos, la inicial de «inteligencia» y cuyo 360 alude a los grados del círculo– no solo es la más fina del mundo, sino también la más alta con una plataforma que sube y baja. El anillo acristalado es al mismo tiempo el ascensor que asciende a una altura de 138 metros. Desde allí, la vista alcanza hasta Francia, o hasta «Europa», como les gusta decir a los isleños.

britishairwaysi360.com

El ascensor que al mismo tiempo es observatorio: vistas ininterrumpidas hasta el horizonte en el i360.

hay dedicada una imponente exposición en el centro de Dublín. Por siete plantas hay que ir serpenteando hasta llegar al Gravity Bar y a su cristalera de estupendas vistas. Un alemán diría que aquí puedes mirar por el cristal –es decir, empinar el codo– y al mismo tiempo los tejados de Dublín.

www.guinness-storehouse.com/es/home

### 468 TORRE DE LA CIUDAD VIEJA, PRAGA, CHEQUIA

Este edificio gótico da entrada al casco antiguo, al otro lado del puente de Carlos, desde el siglo XIV. El inolvidable conjunto ha visto de todo: reyes, guerras, cabezas decapitadas de rebeldes colgadas diez años de la torre… Hoy sigue en pie, quizás también por efecto del conjuro que se encontró grabado bajo su techumbre. La galería ofrece, sea como sea, unas vistas de Praga de una belleza atemporal.

www.prague.eu/es

### 469 ATOMIUM, BRUSELAS, BÉLGICA

¿En qué otro sitio tiene uno ocasión de arrastrarse hasta el interior de un cristal de hierro? Bueno, la verdad es que no hace falta arrastrarse para acceder al icono de la capital belga: en este constructo en forma de molécula, erigido con motivo de la Expo de 1958, caben varias exposiciones. Y el átomo más alto, a 102 metros del suelo, ofrece unas magníficas vistas.

atomium.be

### 470 TORRE DE RADIO Y TELEVISIÓN, RIGA, LETONIA

Si «televisión» significa ver lejos, en Riga esta torre de 368 metros es, como su propio nombre indica, la mejor opción para ver lejos. Esta esbelta construcción de acero se proyecta hacia el cielo, en la isla de Zaķusala, sobre tres pies curvos; desde sus miradores de 97 y 137 metros de altura, la capital letona parece de juguete. Se inauguró en 1986 y es la torre de telecomunicaciones más alta de la UE. Tampoco queda en mal lugar internacionalmente…

www.latvia.travel/en

### 471 TRAMPOLÍN DEL MONTE ISEL, INNSBRUCK, AUSTRIA

El día que lleguen los marcianos, esta construcción los dejará perplejos: ¿qué hacen estos excéntricos terrícolas en una torre tan curva? Pues lanzarse subidos en dos tablas… y volar; por ejemplo, en Juegos Olímpicos o en campeonatos mundiales. Pero la visita a este trampolín también compensa en días claros, pues desde la terraza o desde el restaurante Bergisel Sky, las vistas de Innsbruck son increíbles.

www.innsbruck.info/es

# MARES DE CASAS DESDE ARRIBA

## 472 PALACIO DE LA CULTURA, VARSOVIA, POLONIA

¿Queréis un rascacielos o preferís, mejor, un metro? En realidad, daba lo mismo lo que dijesen los habitantes de Varsovia: recibieron, quisieran o no, este Palacio de la Cultura como regalo de la Unión Soviética. Hoy en día este coloso de 230 metros es el edificio más alto de Polonia y se ha convertido en todo un icono. Ofrece cines, teatros, salas de congresos, museos… y unas vistas verdaderamente inolvidables.

www.pkin.pl/eng

## 475 ELEVADOR DE SANTA JUSTA, LISBOA, PORTUGAL

La capital portuguesa no solo es preciosa, también es tremendamente escarpada. ¿Qué mejor que construir un elevador desde la Baixa hasta el barrio del Chiado, con sus cafés literarios y sus locales de fado? Desde 1902, el elevador de Santa Justa lleva salvando los 30 metros que median entre ambos barrios en sus atildadas cabinas de madera. Arriba aguardan un mirador, un café y el acceso a la parte alta de la ciudad.

www.visitlisboa.com/es

## 473 TORRE NÄSINNEULA, TAMPERE, FINLANDIA

La construcción es sólida; la ubicación, fantástica. Así se podría describir en dos palabras esta torre-mirador, que desde 1971 puede presumir de ser la más alta del norte de Europa. Mientras se disfruta de una comida a 124 metros de altura en el restaurante giratorio, se va viendo pasar ante los ojos el hermosísimo paisaje costero en torno a esta ciudad del sur de Finlandia. Una comida verdaderamente inigualable.

visittampere.fi/es

## 474 NEMO SCIENCE MUSEUM, ÁMSTERDAM, PAÍSES BAJOS

La física, la química y la biología son en este museo motivo de diversión y entretenimiento: visitantes de todas las edades pueden perderse en el mundo de la geometría, proyectar anamorfosis, descubrir los secretos del elixir vital –el aminoácido– y experimentar hasta la saciedad. En este museo la perspectiva alcanza, en lo que a ciencia se refiere, hasta el último rincón del universo. Y luego no hay que dejar de ver la vista panorámica desde la enorme azotea, que también puede alcanzarse, por las escaleras, directamente desde la calle.

www.nemosciencemuseum.nl/en

## 476 TORRE DE LA FEDERACIÓN, MOSCÚ, RUSIA

A tan solo 4 kilómetros del Kremlin, se yergue sobre el perfil de la capital rusa esta torre, en cuya planta 89 se encuentra el mirador más alto de Europa. A una altura igualmente de vértigo hay también un lujoso restaurante y una fábrica de helados. ¿Y las vistas? Las vistas hacen que se aflojen las rodillas y se encojan las tripas, si se osa mirar hacia abajo. Si se dirige la vista al horizonte, sin embargo, la cosa cambia y uno se siente como un pájaro entre las nubes.

pnr360.ru/en/

## 477 IGLESIA MAYOR, ULM, ALEMANIA

Naturalmente, no se podía dejar de incluir el campanario más alto del mundo: nada menos que 161'53 metros sobre la ciudad se yergue esta maravilla arquitectónica de la mayor iglesia protestante de Alemania.

Una útil belleza de hierro: el elevador de Santa Justa.

E igual que la torre es visible desde lejos, del mismo modo las vistas desde ella alcanzan mucho más allá del mar de casas. Son 768 los peldaños que llevan hasta el mirador, situado a 143 metros. Los mejores atletas los suben, en una competición anual, en apenas 3 minutos. El común de los mortales, por supuesto, debe tomarse todo el tiempo que precise.

http://tourismus.ulm.de/web/eng/ulm-und-neu-ulm/historisches/ulmer-muenster.php

### 478 TERRAZZA DEL BRIVIDO, PIEVE, ITALIA

Pieve, en el altiplano de Tremosine, se halla a 460 metros sobre el lago de Garda. A este abismo se asoma la terraza panorámica del hotel Paradiso. Su nombre significa «terraza del escalofrío», nombre cuyo sentido, sin duda, entenderá bien quien sufra de vértigo. Los demás quedarán encantados con las vistas que ofrece, sobre pueblos y hasta el monte Baldo. Por lo demás, Pieve ofrece otros miradores igualmente impactantes que antaño servían para izar mercancías desde el lago.

terrazzadelbrivido.it

# MARES DE CASAS DESDE ARRIBA

## 479 COLINA DE CALTON, EDIMBURGO, ESCOCIA, REINO UNIDO

En pleno centro de la capital escocesa se yergue este curioso monumento sobre una verde colina: es como si de repente la Acrópolis se hubiera ido de viaje por Europa… La columnata es, en efecto, una imitación de la del Partenón ateniense, y se concibió como monumento a los caídos en las guerras napoleónicas. Se empezó a construir en 1822, pero el dinero se acabó enseguida y este segundo Partenón quedó así, a medio hacer, hasta hoy. De todas formas, la visita merece la pena por la hermosa perspectiva de Princes Street y del castillo de Edimburgo. A la colina se sube por unas escaleras desde Regent Road. La mejor hora para ir es al atardecer.

edinburgh.org/spanish/

## 480 TORRE EIFFEL, PARÍS, FRANCIA

Sinceramente, ¿quién puede decir que ha visto Europa sin haber subido a esta espectacular torre de hierro de 324 metros? Hasta 1930 ostentaba el título de edificio más alto del mundo, que aquel año le arrebató el edificio Chrysler, en Nueva York. A cambio sigue teniendo a sus metálicos pies a la ciudad más hermosa del mundo. (Al menos, eso piensa mucha gente.) Lo mejor es reservar por adelantado los tiques a través de internet, ya que la cola de turistas a menudo es mayor que la altura del propio monumento, uno de los más visitados del mundo.

www.toureiffel.paris/es

## MARES DE CASAS DESDE ARRIBA

Son siete millones los visitantes (grandes y pequeños) que registra cada año la torre Eiffel.

# FIESTAS DE LO MÁS EXCÉNTRICAS

HUEVOS, MÁQUINAS CORTACÉSPED, CIÉNAGAS, TOMATES O SILLAS DE OFICINA: EN ESTAS FIESTAS Y FESTIVALES, LA FANTASÍA NO TIENE LÍMITES.

### 481 BUCEO CON TUBO EN CIÉNAGAS, LLANWRTYD WELLS, GALES, REINO UNIDO

Será cosa del clima, pues esta ocurrencia surgió en una zona donde la lluvia no escasea y los pantanos no son grandes. Sea como sea, más de cien buzos de todo el mundo se lanzan cada año a una charca marrón para recorrer dos veces sus 55 turbios metros equipados con tabla, gafas y tubo…, y con unos estupendos modelitos de ondina de las aguas, Superman u oso.

www.visitwales.com/things-do/events/
sport/can-you-beat-bog

### 482 LUCHA DE DEDOS DEL PIE, FENNY BENTLEY, INGLATERRA, REINO UNIDO

En 1974, en un *pub* de las Midlands, tres amigos lamentaban que hubiera tan pocos campeones del mundo ingleses y se inventaron un nuevo deporte que, como era tan desconocido, cada año tendría a un inglés por campeón absoluto. Fue uno de ellos quien se hizo con el título de campeón mundial en el primer campeonato del mundo de lucha de dedos del pie, que celebraron enseguida. Esta disparatada competición se ha mantenido a lo largo de cuatro décadas y sigue celebrándose cada año en el Bentley Brook Inn de Fenny Bentley.

rove.me/to/england/world-toewrestling-
championships

### 483 FESTIVAL SIN BANDAS, HAILTINGEN, ALEMANIA

¡Qué maravilla, un festival de *rock* en una pradera! Primero un atasco y luego el *camping*, la comida rápida, la diversión, pocos baños portátiles, un montón de amigos y latas de cerveza para un regimiento. ¡Ojalá no estuviera esa música ruidosa que distrae de lo esencial! Concedido: los creadores del Festival sin Bandas se han dado cuenta, en efecto, de este nicho de mercado y han organizado un fin de semana largo con todos los elementos, incluidos *crowd surfing* y barro, pero sin música.

www.festivalohnebands.de

### 484 PUCK FAIR, KILLORGLIN, IRLANDA

En Killorglin, un pueblecito del condado de Kerry, al menos desde 1603 una cabra se pregunta, cada mes de agosto, por qué todo ese jaleo. Pero el animal no tiene nada que temer, al contrario: se le va a dispensar un gran honor. En la Puck Fair, una de las ferias más antiguas de Irlanda, la van a coronar King Puck. Después la colocan sobre una plataforma en la plaza principal, y le prodigan todo tipo de atenciones durante tres días. Tras su breve reinado, la cabra puede volver a vivir a su aire en las colinas de Irlanda.

www.puckfair.ie

### 485 AGITÁGUEDA, ÁGUEDA, PORTUGAL

Cuando sobre las callejas del casco viejo cuelgan mil paraguas multicolores dando sombra a un pueblecito igualmente colorido, es que vuelve a celebrarse el festival cultural AgitÁgueda. Aquí la consigna es el «arte urbano» y el verano se pasa, entre instalaciones, *street art* y música de la forma más abigarrada, pletórica y estrafalaria imaginable.

www.agitagueda.com

También se puede aprender a tocar la guitarra imaginaria…

## 487 MATCHMAKING FESTIVAL, LISDOONVARNA, IRLANDA

¿Sigues sin encontrar al chico o a la chica perfecto en webs de citas? Igual es hora de acercarse al oeste de Irlanda. Aquí la consigna es *Where music's played and matches are made*, o sea: «Donde tocan música y se forman parejas». Cada septiembre acuden 40 000 personas deseosas de encontrar la suerte en el amor durante estas cuatro semanas mágicas, o simplemente para pasarlo pipa. Música, baile, un ambiente retozón, nuevos amigos y quién sabe si, quizá… Si uno ya no está para jueguecitos, puede visitar al celestino Willie Daly en su «despacho» del Matchmaker Bar: quien entra en su *Lucky Book*, en seis meses se ve ante el altar.

www.matchmakerireland.com

## 486 ☀ TORNEO MUNDIAL DE AIR GUITAR, OULU, FINLANDIA

*Make air, not war:* a juicio de los organizadores, si todo el mundo se dedicara a tocar la *air guitar,* la guitarra imaginaria, tendríamos un mundo en paz. Todos los años, el mes de agosto, acuden a la ciudad finesa de Oulu montones de visitantes de todo el mundo para presenciar esta espectacular copa del mundo. La cosa está muy reñida y el nivel es altísimo; pero el auténtico dislate no es tanto el hecho en sí de que la gente toque sobre el escenario un instrumento que no existe, sino que al campeón mundial le dan de premio una guitarra eléctrica de verdad.

airguitarworldchampionships.com/en/home/

## 488 CARRERAS DE MÁQUINAS CORTACÉSPED, WETZISREUTE, ALEMANIA

«Run run», se suele oír siempre en los jardines alemanes. Pero cuando hay un ruido tremendo de motor de cortacésped en Wetzisreute, al sur del país, es que ha llegado la época de las carreras de máquinas segadoras. Los concursantes, con máquinas tuneadas, libran emocionantes duelos ante un público entusiasta en un circuito cerrado. Estas carreras de máquinas cortacésped se celebran, en verano, por toda la región.

www.geroellheimer-team.de

Me da a mí que estas manchas no salen… Salsa de tomate para todos en la Tomatina.

## 489 LA TOMATINA, BUÑOL, ESPAÑA

En Buñol, municipio de 9000 almas, no hay cuartel cuando, el último miércoles de agosto, vuelan toneladas de tomates: rojo es el color que domina el pelo, las camisetas y los rostros de la gente. La Tomatina empezó en la década de 1940, y desde entonces ha tenido que limitarse a 20 000 el número de participantes. Primero se vuelcan desde remolques los tomates pasados o se lanzan entre la gente, y ya puede empezar la batalla: todos contra todos. Hay varias versiones sobre el origen de este espectáculo. La escasez de tomates seguro que no es una de ellas.

http://latomatina.info/

de 2000 músicos, también participar en talleres durante tres fines de semana.

www.celticconnections.com

## 491 TORNEO DE COLARSE POR VENTANAS DE MOZAS, VALLE DEL ZILLER, AUSTRIA

En el valle del Ziller sobrevive este antiguo modo de cortejo, en cuyo torneo puede participar cualquier gallardo mozalbete que posea unos pantalones de cuero, pese menos de 100 kilos y haya cumplido los 16 años. Debe llegar hasta el balcón escalando por árboles o sobre cajas de cerveza apiladas y, tras ello, trepar hasta la 3ª planta. Allí le aguarda su recompensa: un beso.

www.tyrol.tl/en/calendar/details/
zillertal-fensterln-championship/

## 492 KALJAKELLUNTA, FINLANDIA

Sol, agua, buen humor… y cerveza a espuertas. Se trata de dejarse llevar cómodamente en improvisadas embarcaciones hinchables, pues Kaljakellunta significa ni más ni menos que «flotación cervecil». A finales de julio o principios de agosto, varios miles de personas se dejan llevar por el río Kerava o por el Vataa (según el año) hasta una playa de Helsinki. Tiempo de sobra para conocer a personas de otras barcas y brindar o flirtear con ellas. Lo mejor es que aquí no hay organizadores ni espónsores ni rollos publicitarios, solo diversión.

www.kaljakellunta.org/en

## 490 CELTIC CONNECTIONS, GLASGOW, ESCOCIA, REINO UNIDO

Cuando, en enero, las tormentas invernales sacuden las casas de Glasgow, es el momento de meterse en el Glasgow Royal Concert Hall o en alguno de los otros lugares donde tocan música durante dos semanas. Es música del ámbito céltico-gaélico, aunque también se han añadido otros estilos: *jazz*, soul, *folk*, fusión… El público no solo puede disfrutar de más

## 493 RØMØ MOTOR FESTIVAL, DINAMARCA

¿Hemos retrocedido en el tiempo? ¿Qué significan todos esos bigotes engomados y esos gorros de piel, esos cascos que parecen el perol de la abuela? Y luego está el rugido de todos esos vehículos que el tiempo ha vuelto únicos… En la isla de Rømø, en el mar del Norte, a tiro de piedra de Sylt, se retomó, en el 2016, la legendaria carrera de Fanø. Ya en el 2018 acudieron varios millares de espectadores y casi 80 participantes a la playa de Lakolk, la más ancha de Europa.

www.romomotorfestival.dk

## 494 CARRERA DE SILLAS DE OFICINA, SUIZA

Un concurso que cuestiona la moral del trabajo: en el campeonato mundial de carreras de sillas de oficina, en Olten, cada año compiten oficinistas que, más o menos estrafalariamente vestidos, van en sillas igual de estrafalariamente tuneadas. Las reglas siguen siendo un misterio y los accidentes y las colisiones abundan. También en Alemania son cada vez más los valientes que se lanzan montaña abajo sobre ruedas diminutas.

www.buerostuhlrennen.ch

# FIESTAS DE LO MÁS EXCÉNTRICAS

### 495 LANZAMIENTO DE LONGITUD DE HUESO DE CEREZA, ALEMANIA

Inflar los carrillos, soplar fuerte… ¡y allá va! A quien quiera subir al podio en Düren, más le vale practicar; escupir huesos de cereza es cuestión, ante todo, de técnica. Y es que hablamos de distancias pasmosas: el récord mundial masculino es, desde el 2017, de 22'52 legendarios metros; el femenino anda por los 16'01. Con semejantes marcas no podían ni soñar quienes, en 1974, fundaron este campeonato mundial. Los años han demostrado que, perseverando, no hay hueso lo bastante duro de roer.

www.dueren.de/sprachen/english/home/

### 496 TORNEO MUNDIAL DE TANGO EN LA NIEVE, TAMPERE, FINLANDIA

Los finlandeses quizá no bailen tango mejor que los argentinos, pero sin duda tienen más nieve. De ahí que puedan organizar cada año, en febrero o marzo, este curioso torneo. La fogosidad del baile no solo queda mitigada por el claror del día, sino también por chaquetas, bufandas, guantes, gorros y todo tipo de ropa de abrigo. Sea como sea, el frío invernal desaparece de la plaza del Ayuntamiento durante este torneo de tango.

visittampere.fi/de/events/
worldchampionships-of-snow-tango

### 497 TORNEO MUNDIAL DE LANZAMIENTO DE HUEVOS, SWATON, INGLATERRA, REINO UNIDO

Existe una modalidad huevil de ruleta rusa. Y es cosa para gente con nervios de acero: quien se estampe el único crudo de los seis huevos que le ofrecen, pierde. Estos duelos trepidantes forman parte del torneo mundial de lanzamiento de huevos, donde, entre otras cosas, hay que atrapar huevos en el aire o atinar en partes del cuerpo de blancos humanos voluntarios. Los organizadores descartan, de momento, participar en las Olimpiadas.

swatonvintageday.com/egg-throwing

Un pulpo que llega por los aires: jugando con el viento en el abigarrado Festival Internacional de Cometas (RICV).

## 498 FESTIVAL INTERNACIONAL DE COMETAS, BERCK-SUR-MER, FRANCIA

Sobre la playa de Berck-sur-Mer, en el canal de la Mancha, flotan seres como salidos de un cuadro de El Bosco: de mil colores, gigantescos y con largos tentáculos, alas de dragón u ojos saltones. Allí donde haga aire, están en su elemento. Y aquí se dan, sobre todo en abril, las condiciones perfectas para el Festival Internacional de Cometas (RICV). Para la 30ª edición (2016) acudieron a admirar a los maestros de los aires nada menos que 800 000 personas. Pero la playa es ancha y el cielo amplio, todos caben.

www.cerf-volant-berck.com

## 499 EL SALTO DEL COLACHO, CASTRILLO DE MURCIA, ESPAÑA

El día del Corpus Christi pueden verse en el burgalés pueblo de Castrillo de Murcia a hombres que saltan por encima de bebés. Se supone que el brinco de unos tipos disfrazados de demonio traerá suerte a los pequeños, cómodamente tumbados en colchones. Esta tradición, que dura 400 años, es polémica por el peligro que entraña. De hecho, la Iglesia católica la critica.

https://turismoburgos.org/es/destino/cultural/evento/fiesta-del-colacho

## 500 PATADAS EN LA ESPINILLA, CHIPPING CAMPDEN, INGLATERRA, REINO UNIDO

Un par de pintas de *ale* antes del concurso quizá ayuden. Pues, aunque los duelistas llevan pantalones rellenos de paja y zapatos blandos, el campeonato de patadas en la espinilla es un asunto doloroso. Se trata de hacer perder el equilibrio al adversario con una patada por debajo de la rodilla. Estos combates son los favoritos del público en los Juegos Olímpicos de Cotswold, cuyo programa incluye muchas otras modalidades deportivas estrafalarias.

www.olimpickgames.co.uk/the-events

# FIESTAS DE LO MÁS EXCÉNTRICAS

# ADRENALINA A TOPE

FRENTE A LA COSTA DE ESCOCIA NADAN TIBURONES GIGANTESCOS, EN ITALIA LA TIERRA HIERVE Y, EN AUSTRIA, UNA ESCALERA LLEVA AL ABISMO. UNA EUROPA DE EMOCIONES FUERTES…

## 501 TIROLINA, SAN VIGILIO, ITALIA

Cuando el suelo, a 100 metros, pasa por debajo a 80 km por hora, puede que uno aúlle de gusto o que cierre muy fuerte los ojos deseando que el asunto acabe. Al lanzarse por la tirolina más larga de Europa, a 1600 metros de altitud, hay que intentar respirar el aire alpino a lo largo de sus 3'2 kilómetros, porque seguro que uno se ha quedado sin aliento… y no solo por el increíble paisaje de los Dolomitas del sur del Tirol.

www.adrenalineadventures.it/en

¿Mejor así, cuando no se ve el suelo? Un paseo por las nubes en el monte Dachstein.

## 502 'RAFTING', ESTADO DE SALZBURGO, AUSTRIA

Cuando, en primavera, el deshielo provee de agua como es debido al Lammer, surcarlo en bote neumático es igual que montar un potrillo cerril, pero con salpicaduras. Ir salvando saltos y aluviones por entre las rocas de la garganta de Voglau es toda una aventura. Aunque el barranco del Lammer, sensacionalmente estrecho, se explora sobre todo en kayak, también se pueden recorrer a pie unos senderos que se abrieron en 1884.

www.lammerklamm.at

## 503 'PUENTING', GARGANTA DE ARÁDENA, GRECIA

Se puede imitar a James Bond y hacer *puenting* en el salto más alto de Europa, en la presa del valle de Verzasca, de 220 metros, o elegir la segunda opción más alta y saltar desde el puente de la espectacular garganta de Arádena, al suroeste de Creta. A veces hay buitres volando en círculos sobre este abrupto barranco rocoso, pero no hay que ver en ello un mal presagio.

www.bungy.gr/index-en.html

## 504 TEMPESTADES, SANTANDER, ESPAÑA

¿Sin planes para este invierno? Pues al norte de España, a capear el temporal. De noviembre a febrero, el Atlántico golpea con furia la costa de Santander: lanza unas olas gigantescas y fuertes vientos. El plan es, sencillamente, observar las tempestades. Experimentar el aullido de esta fuerza primigenia es un subidón de adrenalina especialísimo.

www.spain.info/es

## 505 TIBURONES GIGANTES, OBAN, ESCOCIA, REINO UNIDO

El coloso avanza por el mar frente al archipiélago de las Hébridas Interiores con sus enormes fauces abiertas: un espectáculo aterrador. Pero estos tiburones gigantes de hasta 10 metros y cuatro toneladas se alimentan exclusivamente de plancton. El tiburón peregrino vaga frente a la costa escocesa entre julio y septiembre, y si hay suerte es posible verlo.

www.oban.org.uk

## 506 ESCALERA A LA NADA, MONTE DACHSTEIN, AUSTRIA

Si se tiene vértigo, ya solo ver desde el lateral esta construcción hace sudar las manos. Enfilar la escalera que lleva a la nada –14 peldaños aparentemente inofensivos– le encoge el estómago a cualquiera. Y eso si finalmente te atreves, porque los escalones terminan en una plataforma de cristal a 400 metros de altura sobre la base de la pared rocosa del Dachstein. La vista sin obstáculos sobre el mundo alpino circundante es, simplemente, increíble. Pero primero hay que ser capaz de soportar la visión del abismo.

www.derdachstein.at/en

## 507 ESPELEOLOGÍA, TROU QUI SOUFFLE, FRANCIA

El oscuro mundo de las cuevas ejerce una fascinación especial. El macizo de Vercors, en los Alpes franceses, está atravesado por incontables cavidades. En el Trou qui Souffle, «agujero que sopla», parte de un sistema de grutas de 50 kilómetros, puede uno penetrar (con guía) en el reino de la eterna oscuridad. No se trata precisamente de un paseo, sino de escalar y descender fatigosamente. Pero llegar a la amplísima sala Hydrokarst lo compensa todo.

vercors.fr/fr-ete/rando-vtt-vercors-alpes/sports-nature-vercors/speleo-vercors/

## 508 ESQUÍ, VORARLBERG, AUSTRIA

Ya solo el nombre provoca escalofríos. *Black scorpions*, así se llaman las siete escarpadas pistas de la estación de esquí de Silvretta-Montafon que, con una pendiente de hasta el 81%, tan negras son que el esquiador medio ha de bajarlas, como un principiante, siempre en cuña. El subidón máximo de adrenalina es la pista de Sennigrat.

www.silvretta-montafon.at/en

## 509 'VIA FERRATA', MÜRREN, SUIZA

Cuando bajo las botas de *trekking* no hay más que una grapa de hierro y 100 metros de abismo, mejor no tener vértigo. La *via ferrata* que va de Mürren a Grindelwald, califi-cada de «difícil», pasa por paredes rocosas verticales y profundos barrancos que atraviesas por puentes colgantes e incluso haciendo equilibrio sobre cables de acero. En apenas un par de kilómetros se salvan 300 metros de desnivel –aquí está lo particular– cuesta abajo.

www.klettersteig-muerren.ch/en/

## 510 'KITESURFING', RODAS, GRECIA

El *meltemi* es previsible como un reloj: este viento estival del Egeo griego se levanta a finales de mayo y no deja de soplar hasta comienzos de octubre. Pero no solo a eso se debe que Fanes, en la isla de Rodas, sea una meca para jugar con el viento con cometa y tabla de surf. También cuenta la amplia playa, y que los principiantes salen de aquí encantados. Los profesionales optan por la tramontana de primavera y otoño, con olas de primera.

www.visitrhodes.com/things-to-do/adventures/water-sports

## 511 CAMA ELÁSTICA, BLAENAU FFESTINIOG, GALES, REINO UNIDO

Vamos a ver, ¿qué subidón de adrenalina son un par de saltitos en cama elástica? Pues depende: si la cama elástica está en una cueva de más de 200 metros de profundidad y suspendida sobre el suelo hasta 54 metros, el subidón puede ser de impresión. Quien quiera, puede seguir explorando este inframundo de abigarrada iluminación escalando y en tirolina.

www.zipworld.co.uk

## 512 BICICLETA DE MONTAÑA, LAGO DE GARDA, ITALIA

Montar solamente cuesta abajo durante 20 kilómetros y 3 horas: la bajada del Tremalzo es un clásico de la bicicleta de montaña con el que muchos ciclistas se deleitan tras cruzar los Alpes. Desde el lago de Garda hay 1800 metros de subida, pero, quien quiera ir directamente a la bajada, puede reducirlos a apenas 300 tomando un autobús. El descenso es por gravilla y caminos militares; hay raíces, hay piedras y una arrebatadora vista sobre el lago. La sonrisa maliciosa tampoco desaparecerá tomando un *cappuccino* en Riva.

trails.de/tour/passo-tremalzo

## 513 TELEFÉRICO, ZERMATT, SUIZA

Que al Pequeño Cervino deba uno subir necesariamente en una cabina de teleférico acristalada es, por supuesto, materia de opinión. Que,

en las cuatro cabinas de este *crystal ride* de Zermatt, de repente se vea el suelo de hielo desde una altura de 170 metros sobre el glaciar, ya son palabras mayores. El trayecto del teleférico más alto de Europa –3883 metros– es todo un espectáculo. Además, desde arriba se puede emprender el ascenso al Breithorn (4000 metros). Y todo ante el panorama de la pirámide de piedra del Cervino (o Matterhorn).

www.matterhornparadise.ch/en

### 514 SALTO BASE, BERLÍN, ALEMANIA

Nueve segundos y por fin se está, con las rodillas flojas, otra vez en el suelo, tras una caída libre desde la planta 39ª del Hotel Park Inn (Alexanderplatz): tras 125 metros de abismo, 20 antes del choque una cuerda frena el descenso. La caída quizá no quede en tu memoria, pero el subidón de adrenalina de verse en el aire como un pájaro junto a la torre de telecomunicaciones y sobre el mar de casas de Berlín, seguro que sí.

www.base-flying.de

### 516 SUBIDA AL VOLCÁN, ESTRÓMBOLI, ITALIA

El cráter de uno de los volcanes más activos de Europa resulta especialmente imponente cuando el

# ADRENALINA A TOPE

Pausa en el monte Tremalzo: también cuesta abajo necesita uno descansar…

Y a tu espalda, un monstruo atronador: la gran ola en Nazaré.

# 515 NAZARÉ, PORTUGAL

*Big wave surfers* se llaman los valientes que en invierno se lanzan a las olas con sus tablas en esta pequeña localidad portuguesa de pescadores. Una garganta submarina se encarga de proporcionarles, con la colaboración de olas rápidas y lentas y de una corriente en sentido contrario, auténticos monstruos de agua de más de 30 metros. Y esto no solo provoca subidones de adrenalina en los surfistas y sus equipos, sino también en los espectadores que, de lejos, a buen seguro, contemplan este atronador infierno.

www.visitportugal.com/es/node/73770

# 519 ESCALADA EN HIELO, TIROL, AUSTRIA

¿Qué hacen las cascadas en invierno? Congelarse. Cosa que a partir de diciembre ocurre unas 45 veces en el valle de Pitztal (Oberland tirolés). De ahí que la zona sea epicentro de la escalada en hielo. Hay rutas que suben hasta 190 metros:  tiempo y espacio suficientes para experimentar en condiciones cierto cosquilleo en el estómago, aunque también hay sitio para principiantes.

www.pitztal.com/de/winter

sol se ha puesto: entonces las erupciones y la lava fresca ofrecen un auténtico espectáculo de fuegos de artificio. Naturalmente, en una visita guiada a una de las calderas más activas del mundo, alias «Faro del Mediterráneo», se guarda una prudente distancia. Pero saber que bajo uno burbujea magma ardiente impresiona bastante.

www.visitsicily.info/en/volcanoes-insicily-vulcano-stromboli-etna

# 517 PREIKESTOLEN, NORUEGA

El ascenso al Preikestolen (véase p. 170) es solo el comienzo. El verdadero subidón espera al final: ya sobre el propio Preikestolen («silla de predicador»). Y es que esta plataforma rocosa, cuyas paredes caen verticalmente 604 metros sobre el fiordo de Lyse, no tiene barandilla. Esas imágenes legendarias en las que solitarios caminantes balancean las piernas sobre el abismo son, sin embargo, engaño-

sas. Ya solo en julio del 2019 fueron –para enojo de los conservacionistas– casi 120 000 los visitantes. Asumido lo cual, no deja de tratarse de un espectáculo natural sin parangón.

preikestolen365.com

# 518 ESQUÍ DE TRAVESÍA, MONTES DE FĂGĂRAŞ, RUMANÍA

Bajar con los esquís en plan salvaje una ladera totalmente virgen es como una dosis doble de hormonas de la felicidad. La clave está en el «totalmente virgen» y en el «en plan salvaje». Y es que los aficionados a bajar por nieve virgen no tienen más que desear en estos solitarios montes del sur de los Cárpatos. A la escarpada cresta se sube con un guía, y de noche puede uno recostar sus fatigados miembros en modernos hoteles.

romaniatourism.com

# 520 BARRANQUISMO, TESINO, SUIZA

Saltos de hasta 15 metros, rápeles de más de 50, toboganes hacia un abismo desconocido, nadar en agua fría… El barranquismo no es cosa de trashogueros. Al tener tantos cañones, en ocasiones, de muy difícil acceso, el cantón de Tesino se ha convertido, con su majestuoso paisaje, en una meca de los amantes de esta modalidad deportiva.

www.ticino.ch

# ADRENALINA A TOPE

# DONDE MEJOR SABE EL CAFÉ

¿CAFÉS DE USAR Y TIRAR? NO, GRACIAS. UN BUEN *CAPPUCCINO*, *ESPRESSO*, CAFÉ CON LECHE, AMERICANO O CARAJILLO REQUIERE SU TIEMPO, Y UNA ATMÓSFERA ADECUADA.

## 521 CAFÉ NUEVA YORK, BUDAPEST, HUNGRÍA

El mejor café del mundo: así se llama a sí mismo, sin ninguna modestia, el Café Nueva York. ¿Y quién iba a llevarle la contraria? Con su exuberante decoración, las balaustradas de madera y las suntuosas molduras de su techo, recuerda a un templo barroco. Este fastuoso café del año 1894, antiguo punto de encuentro de intelectuales y literatos, ha salido sorprendentemente incólume de las tormentas de la historia y ahora, tras una concienzuda restauración, vuelve a ofrecer todo tipo de exquisiteces.

www.newyorkcafe.hu

Una meca para los amantes del café: el Café Nueva York de Budapest.

## 522 GRAND CAFÉ ORIENT, PRAGA, CHEQUIA

Bienvenidos a la Casa de la Madre Negra de Dios. Suena como un lugar de peregrinaje, y lo es. Concretamente para los amantes del buen café y del arte, ya que esta casa alberga el único café cubista del mundo. Desde sus extraordinarias lámparas de araña hasta los bancos acolchados de rayas verdes, todo es aquí cubista. Incluso los dulces.

www.grandcafeorient.cz/en

## 523 CAFÉ A BRASILEIRA, LISBOA, PORTUGAL

Los lujosos cafés del siglo pasado, ¿son una especie en extinción? Quizás, pero han sobrevivido un par de magníficos ejemplares. En A Brasileira la cultura del café florece, entre paredes cubiertas de espejos y una refinada decoración, desde hace más de 110 años: un cuarto de estar público igual que en tiempos de Fernando Pessoa. Hoy es el único de su género en Lisboa.

abrasileira.pt

## 524 CAFÉ SPRÜNGLI, ZÚRICH, SUIZA

Elegir entre una oferta de dulces como esta –chocolates finísimos, pralinés o pastas– resulta complicadísimo. Y así era ya en 1836. Aquí tienen su origen, de hecho, los legendarios *luxemburgerli*, esas galletas rellenas de crema. Desde 1859, las señoras y los señores podían acomodarse también en la «cantina». Y aquello era algo bastante revolucionario, porque ahí también podían aventurarse señoras sin compañía masculina.

www.spruengli.ch

## 525 CAFÉ PUSHKIN, MOSCÚ, RUSIA

Este café surgió en 1964 con la canción «Nathalie», de Gilbert Bécaud, en la que el cantante se encuentra con su amada en el ficticio café moscovita Pushkin. La copia fiel del café de la canción no abrió hasta 1999. Las antigüedades cuidadosamente escogidas, las paredes forradas de madera y los platos rusos y franceses le confieren un encanto mundano.

cafe-pushkin.ru/en

## 526 CAFÉ SCHAMONG, COLONIA, ALEMANIA

El café no es simplemente café: esta es la máxima que rige en el tostadero de café más antiguo de Colonia. Para preparar, por no ir más lejos, un *espresso*, han de seguirse estrictamente nada menos que siete reglas. Es decir, que compensa hacer un pequeño desvío de camino al trabajo.

kaffeeroester.de

Una catástrofe en términos calóricos, pero, por lo demás, exquisita: la *baclava* del Hafiz Mustafa, en Estambul.

## 527 THE WOLSELEY, LONDRES, INGLATERRA, REINO UNIDO

*Cup of tea anyone?* En rigor, este clásico dorado no es un local de cafés sino de tés. También es restaurante, *brasserie*, punto de encuentro del mundo de la moda… (la mesa 32 es la de Kate Moss). El *afternoon tea* que, por supuesto, también existe en versión champán, es, con sus deliciosos *scones* y su *clotted cream*, todo un sueño. Servido, además, bajo altos arcos y entre columnas de mármol.

www.thewolseley.com

## 528 CAFÉ ALT WIEN, VIENA, AUSTRIA

Tras los incontables tipos de café, desde cafés para el desayuno hasta mezclas *gourmet* y de comercio justo, hay toda una filosofía. Este tostadero ofrece sobre todo productos *bio* y de comercio justo, que también vende en el mercado de las Carmelitas. Buen número de locales vieneses confían en la calidad de estos cafés.

www.altwien.at

## 529 GRAND CAFÉ, OSLO, NORUEGA

Todo Oslo quedó en *shock* con el anuncio de que el café del Grand Hotel, cargado de tradición, cerraba tras más de 140 años. A finales del siglo XIX, aquí venían en busca de tranquilidad principalmente artistas: Henrik Ibsen acudía a diario y Edvard Munch pintó el local. Hoy vuelve a abrir; lo han remodelado, pero sigue siendo el mismo acogedor oasis para pasar horas reflexivas.

www.grandcafeoslo.no/english

## 530 CAFFÈ TOMMASEO, TRIESTE, ITALIA

Este café, abierto en 1830, sirvió durante décadas de punto de encuentro de empresarios de éxito, artistas e intelectuales, así como de epicentro de varios movimientos políticos; de hecho, hay una exposición dedicada a su interesante historia. Aquí se viene, sin embargo, en primer lugar, por el *cappuccino*.

caffetommaseo.it

## 531 CAFÉ MAIASMOKK, TALLIN, ESTONIA

El Maiasmokk, «sabor fino», lleva en su sitio nada menos que desde 1864. La decoración incluye numerosas piezas únicas que datan de aquella época. Con el café se comen exquisitos bizcochos, tartas y pasteles. En una sala aneja, un pequeño museo del mazapán informa sobre la historia y el origen de esta pasta dulce de almendras.

www.kohvikmaiasmokk.ee/en

## 532 ROBERT'S COFFEE JUGEND, HELSINKI, FINLANDIA

En el cosmos de las franquicias del café, la sucursal de Robert's Coffee del n.º 19 de Pohjoisesplanadi es única: aquí se puede tomar un *cappuccino* de espuma primorosamente ornada mientras se estudia, hundido en muelles sillones de cuero, los bellísimos frescos modernistas de la cúpula.

robertscoffee.com/en

## 533 HAFIZ MUSTAFA, ESTAMBUL, TURQUÍA

En el café Hafiz Mustafa hay golosinas y dulces turcos desde primera hora de la mañana hasta bien pasada la media noche. Este negocio lo fundó un prestamista hace más de 150 años. En la primera planta se puede tomar tranquilamente el típico café negro turco o un té negro fuerte. Es obligatorio probar la especialidad de la casa: *baclavas* rellenas de almendra o de pistacho que se exportan a todo el mundo.

www.hafizmustafa.com

# DONDE MEJOR SABE EL CAFÉ

Ni siquiera en época de Goethe es probable que se viese tan vacío el Florian.

## 534 SCREAMING BEANS, ÁMSTERDAM, PAÍSES BAJOS

No es ningún gran café, pero tiene un gran amor por el detalle. Los camareros lo saben todo sobre tipos de grano, torrefacciones y modos de preparación, y adornan la espuma de la leche con maestría.

www.facebook.com/ScreamingBeans.SB

## 535 CONFITERÍA FÜRST, SALZBURGO, AUSTRIA

Quien esté a régimen, mejor será que evite tanto esta acogedora sede central de la plaza del Mercado como sus tres sucursales: tomarse nada más que un café e ignorar los múltiples y apetecibles dulces es aquí imposible. Esta confitería es conocida sobre todo por su pequeño y redondo bombazo, el *Mozartkugel*, «bola de Mozart», que sigue preparándose según la antigua receta.

www.fuerst.cc/en

## 536 CAFÉS, LEIPZIG, ALEMANIA

En los tradicionales cafés de Leipzig ya saciaban su afán cafetero figuras como Johann Wolfgang von Goethe, Napoleón Bonaparte o Richard Wagner. Lo mejor es pasarse por el Café Grundmann, el Kaffeehaus Riquet o el Café Corso. ¿Cómo toman esta infusión los sajones? «Dulce ha de ser el café», reza su proverbio.

www.leipzig.travel/en/leisure/gastronomy/coffee-house-culture-in-leipzig/

## 537 CAFÉ DE LA PAIX, PARÍS, FRANCIA

Este lugar bulle de historia y de historias. Se trata del café parisino más antiguo que sigue abierto; fue inaugurado en 1862, pero cobró su enorme fama con ocasión de la Exposición Universal de 1867. Esta institución parisina ha conservado hasta hoy su *glamour* mundano, con sus columnas doradas y sus frescos de estilo Segundo Imperio.

www.cafedelapaix.fr/es/

## 538 GRAN CAFÉ GIJÓN, MADRID, ESPAÑA

Acaso sigan dormitando en algún lugar de las cortinas rojas los sueños de todos los escritores, artistas e intelectuales que aquí se congregaban. En este lugar se han sentado, en efecto, Salvador Dalí, Luis Buñuel y hasta la legendaria espía Mata Hari. Cuando, en 1914, el local se vendió, el nuevo propietario debió firmar que este negocio y su nombre jamás desaparecerían.

www.cafegijon.com

## 539 CAFÉS, CRACOVIA, POLONIA

¿El centro europeo de la cultura del café? Viena, por supuesto. Solo que algunos entendidos consideran a Cracovia la capital cafetera secreta. Y es que aquí abundan los cafés y las teterías que, generalmente en edificios históricos del casco antiguo, son famosos por su excelente café y tienen a su espalda una larga tradición, por ejemplo, el Café Camelot o el Wesoła Café.

wesolacafe.pl/en

## 540 CAFFÈ FLORIAN, VENECIA, ITALIA

En el café más antiguo de Europa, el tiempo parece haberse detenido. Desde su apertura en 1720, lo único que ha cambiado son los precios y los clientes. Donde antaño compartían sus reflexiones artistas, intelectuales y políticos, hoy remueven sus *cappuccinos* tropeles de turistas. Por lo demás, el Caffè Florian fue el primero de Italia en dejar entrar a féminas, lo que le valió el sobrenombre de «coto de caza de Casanova».

www.caffeflorian.com

# DONDE MEJOR SABE EL CAFÉ

# DE MARINOS Y BARCOS

EL PUERTO SIMBOLIZA SEGURIDAD Y PARTIDA HACIA LO DESCONOCIDO. EN LAS LARGAS COSTAS EUROPEAS, SON MUCHAS LAS CIUDADES DESDE CUYOS MUELLES LA VISTA ALCANZA HASTA EL HORIZONTE.

## 541 HOORN, PAÍSES BAJOS

Esta hermosa y antigua ciudad, situada en una lengua de tierra del lago de Marken, fue cuna de descubridores y marinos de primer nivel. Aquí nació, en 1580, Willem Cornelisz Schouten, quien, entre otros descubrimientos, dio el nombre de su ciudad al famoso cabo de Hornos. De la impresionante historia de esta ciudad portuaria, con sus buenos museos y su espectacular puerto, hoy se disfruta entre cafés con terraza, restaurantes y curiosas tiendas.

www.holland.com/es/turista.htm

## 542 BURGAS, BULGARIA

Una ciudad que es el mayor puerto comercial de un país, a menudo acaba por considerarse un simple puerto y, condenada a ser punto de tránsito, ve pasar de largo a los visitantes. Sin embargo, Burgas,

## 543 LA VALETA, MALTA

Cruceros enormes surcan la bahía del puerto natural Grand Harbour en dirección a la terminal, desde donde los cruceristas se dirigen a explorar al casco antiguo, en lo alto de la colina. Y es que aquí hay algo que ver: La Valeta está rodeada de un sistema de fortificaciones que, desde 1570, la convirtió en la ciudad mejor protegida del mundo. Abajo, en el puerto, el turismo ha terminado por sustituir a la pesca.

www.visitmalta.com/es/home

en la bahía homónima del mar Negro, ofrece una bonita playa poco visitada, un agradable centro urbano y un frondoso parque llamado Jardín del Mar. Es el punto de partida perfecto para descubrir la cosa búlgara.

www.bulgariatravel.org/en

## 544 NYHAVN, COPENHAGUE, DINAMARCA

Es muy posible que, desde su construcción en el siglo XVII, el palpitante puerto de Copenhague no haya conocido una noche tranquila: donde antaño pululaban comerciantes trotamundos, hoy se toman cervezas o cafés lugareños y turistas. También es muy inspirador el vivaz ajetreo que reina ante las coloridas fachadas: Hans Christian Andersen, quien vivió durante

Así se presenta La Valeta, desde hace siglos, a quienes se acercan a ella desde el mar.

Las centelleantes fachadas del puerto… ¡sin lluvia! Bryggen, el barrio portuario de Bergen.

# 545 BERGEN, NORUEGA

Las coloridas fachadas de las casas de Bryggen, el puerto de Bergen, al atardecer parecen una chispeante procesión de farolillos, especialmente cuando las montañas que tienen a su espalda están cubiertas de nieve. Las luces de los restaurantes populares y las tabernas se reflejan, a su vez, en las tranquilas aguas. Entran ganas de quedarse en este sitio y pedir otro vasito de *aquavit*… Pero es que de aquí salen los barcos de la línea Hurtigruten, que llevan por los majestuosos fiordos. Tampoco puede omitirse que Bergen es la ciudad europea más lluviosa: 250 son los días que llueve cada año, muchas veces, a cántaros.

www.visitnorway.es/

años en diversas casas junto al muelle, habría escrito aquí muchos de sus famosos cuentos.

www.copenhague.info/

# 546 ESTOCOLMO, SUECIA

Por 14 islas se expande la vida de la capital sueca. Esta ciudad portuaria dispone de nada menos que 20 kilómetros de muelles, pero no llaman la atención al estar repartidos entre diversas bahías. También tiene su propia isla el casco viejo, Gamla Stan. Es la isla de Stadsholmen, desde la que pueden verse atracar los cruceros en el muelle de Stadsgården.

www.visitstockholm.com/es

Prueba de ello siguen dando el majestuoso castillo cercano al puerto y la vieja catedral. Pero Turku también sabe ser moderno, como demuestran un calendario repleto de eventos, una viva escena musical y una plétora de restaurantes de primera categoría.

www.visitfinland.com/es

## 549 CALA FIGUERA, MALLORCA, ESPAÑA

Este pequeño lugar de pescadores resulta idílico. Y donde hay pescadores, hay un puerto. El de Cala Figuera está rodeado de blancas casitas cúbicas frente a las cuales las embarcaciones se balancean en el agua azul turquesa. Y un detalle esencial: aquí no hay montonera de turistas.

www.infomallorca.net/?lg=es

## 547 GDAŃSK, POLONIA

Este puerto, el más antiguo del país, tiene 1000 años. Marcan su historia las aguas del mar Báltico y del Vístula: comercio con ámbar, ciudad hanseática, el emporio más próspero de estos lares… Especialmente hermosas se presentan esta urbe y su bahía desde un velero durante el Baltic Sail.

visitgdansk.com/de

## 548 TURKU, FINLANDIA

Turku, junto al mar del Archipiélago, en la costa suroeste de Finlandia, fue la ciudad más importante del país durante casi 600 años.

## 550 HAMBURGO, ALEMANIA

El éxito del tercer puerto más grande de Europa, tras Róterdam y Amberes, se basa en un engaño: el documento que concede a los hamburgueses privilegios aduaneros y de otro tipo desde el 7 de mayo de 1189 era una falsificación de taimados comerciantes. Les salió bien: Hamburgo es una perla en la cadena costera de Europa y un periplo por esta ciudad hanseática es toda una experiencia.

www.hamburg-tourism.com

## 551 GÉNOVA, ITALIA

El hecho de que Génova esté en la rodilla de la bota italiana –«rodilla» en latín es *genu*– la predestinaba a ser un puerto, y la historia de esta ciudad portuaria sigue pudiéndose leer en las fachadas de las estrechas callejas. El gran puerto conserva su bullicio: desde él salen barcos de pasajeros por ejemplo hacia Córcega, Túnez y Barcelona.

www.visitgenoa.it/es

## 552 FALMOUTH, INGLATERRA, REINO UNIDO

Desde el tercer puerto natural más profundo emprendieron su vuelta al mundo en solitario héroes de la vela como Robin Knox-Johnston y Ellen MacArthur. Esta ciudad portuaria ama las leyendas del mar y ofrece, con el National Maritime Museum Cornwall, un estimulante panorama de la navegación o de su propio puerto a través de dos ventanas submarinas.

www.falmouth.co.uk

## 553 KOTOR, MONTENEGRO

La hermosísima bahía de Kotor parece que estuviera en los fiordos escandinavos. Igual que con Venecia y Dubrovnik, el puerto de Kotor, cuyo amparo natural ya buscaban en la Antigüedad los griegos, se ha convertido en una especie de maldición: cada vez más cruceros

# DE MARINOS Y BARCOS

atracan en el muelle que hay justo delante del pintoresco casco antiguo. Quien vaya en temporada baja, igual hasta se encuentra a alguno de los famosos gatos.

www.visit-montenegro.com

## 554 SAINT-MALO, FRANCIA

Esta pequeña ciudad de la costa esmeralda de Bretaña fascina con su carácter bipolar. Donde hace un instante se estampaban contra los antiguos muros de la urbe unas olas monstruosas, se extiende a las pocas horas una idílica playa de arena. La bahía de Saint-Malo tiene una de las mayores oscilaciones de marea de Europa: hasta 12 metros. Con pleamar es mejor ir al centro, que sigue recordando a la época de esplendor de este puerto, a finales de la Edad Media.

www.saint-malo-tourisme.es/

## 555 SAN PETERSBURGO, RUSIA

Lo importante era el tamaño: Pedro el Grande quería una nueva capital de grandeza inigualable, que mirase a Europa y tuviera acceso al mar. El propio zar se ocupó, a comienzos del siglo XVIII, de erigir esta pomposa metrópolis a orillas del Nevá. Las vistas son imponentes sobre todo cuando, de noche, los puentes del río se abren para dejar pasar a los barcos.

www.visit-petersburg.ru/es_
sanpetersburgo/

## 556 MONTECARLO, MÓNACO

El puerto Hércules no es, naturalmente, uno cualquiera: es el puerto deportivo glamuroso por antonomasia, da igual el precio de las tasas de atraque. Y es que, para quien puede permitirse un yate de lujo de 70 metros, los 1300 euros por noche son calderilla. Pero ¿vamos a dejar que nos amargue el humor el vil metal? Lo importante es que el sol brilla y que el champán está frío…

www.visitmonaco.com/es

## 557 TALLIN, ESTONIA

Ir simplemente navegando con el propio hotel hasta las atracciones turísticas no es moco de pavo. El puerto de Tallin está tan cerca del maravilloso casco viejo medieval, que los cruceristas pueden peregrinar a pie hasta la vieja Reval, antiguo nombre germánico de esta ciudad hanseática. El puerto es bullicioso: cada año atracan más de 350 cruceros.

www.turismotallin.com/

## 558 GEIRANGER, NORUEGA

En verano, los pasajeros de los barcos de la línea Hurtigruten pasan cual tsunamis por las pacíficas calles de esta localidad de 250 almas. No cabe tomárselo a mal: Geiranger está rodeado de escarpadas cadenas montañosas y frente a un agua azul oscuro. La máxima atracción de la excursión a este fiordo son las Siete Hermanas: cascadas que caen desde una altura de hasta 300 metros.

www.stranda-hamnevesen.no

## 559 LA CANEA, CRETA, GRECIA

Quien llega en ferri al puerto de La Canea, se pregunta si el barco no habrá cruzado una frontera temporal invisible. Aquí dominan monumentos venecianos y otomanos; por el pintoresco casco antiguo serpentean angostas callejuelas empedradas, y en el puerto sigue titilando la antorcha del faro viejo. De modo que mejor sincronizar el reloj interior y sentarse a tomar un cóctel en uno de los acogedores bares del puerto.

www.incrediblecrete.gr/de202

Todo el afán de Napoleón era marcharse de Elba. A los actuales visitantes de Porto Azzurro les sucede lo contrario.

## 560 PORTO AZZURRO, ELBA, ITALIA

Porto Azzurro, es decir, Puerto Azul: no puede ser más que el título de un super-réxito o un invento de astutos estrategas del *marketing*. Y precisamente eso es. Porque el pintoresco puerto de Elba se conocía como Porto Longone hasta 1947. Pero resulta que ese nombre estaba indisolublemente asociado a la gigantesca cárcel del Forte San Giacomo, de 350 años, y decidieron ponerle otro más romántico. El plan funcionó: hoy Porto Azzurro es un lugar lisa y llanamente idílico. Desde Piazza Matteotti, junto a un *aperol spritz,* las oscilantes barcas de pescadores y los yates de lujo se dejan contar maravillosamente.

www.visitelba.co.uk/

# VEAMOS QUÉ FLORECE POR AHÍ…

EL SABIO VA A LOS JARDINES, DECÍA EL POETA TAGORE, PERO NO HACE FALTA SER NINGÚN FILÓSOFO PARA DEJARSE INSPIRAR POR LOS MUCHOS FLORIDOS OASIS QUE HAY DE PORTUGAL A ISLANDIA.

## 561 ISLA BELLA, ITALIA

Desde tierra firme es imposible intuir el tesoro natural que hay escondido en el lago Mayor. Apenas se desembarca, sin embargo, en la isla Bella, uno se pregunta dónde mirar primero. En esta isla, que no tiene más de 300 metros de largo, cada metro cuadrado parece tener su propia personalidad. En el frondoso jardín, que ofrece rosas, lirios, laureles y cipreses, se mezclan influencias inglesas e italianas. Y en este escenario alardean pavos reales blancos, como no podría ser de otra manera.

www.isoleborromee.it/en/

Con flores puede hacerse cualquier cosa: arte de la jardinería en Funchal.

## 562 VAUX-LE-VICOMTE, MAINCY, FRANCIA

Cuando se construye para reyes, han de apartarse incluso pueblos enteros. Tal fue el caso en 1656 con Maincy, cerca de París, cuando se hizo sitio para el palacio de Vaux-le-Vicomte y su jardín. Con sus dimensiones gigantescas, este coloso verde solo podía (y puede) mantenerse en condiciones con una legión de jardineros. Aquí el paisajista y diseñador de jardines francés André Le Nôtre hizo historia: no solo creó el primer jardín barroco de Francia, sino que marcó el arte europeo del jardín.

vaux-le-vicomte.com/es/traductions/informacion-practica/

## 563 KEUKENHOF, LISSE, PAÍSES BAJOS

 ¡Qué colores! ¡Qué aroma! Allá donde se mire, el abigarrado mar de tulipanes, azafranes y narcisos parece infinito cuando cada año, con la primavera, el jardín de Keukenhof, en los Países Bajos, se convierte en el mayor parque floral del mundo. Para estos campos de colores se plantan más de siete millones de tubérculos de varios cientos de tipos distintos de tulipanes.

keukenhof.nl/en/

## 564 CASTILLO DE SISSINGHURST, INGLATERRA, REINO UNIDO

La escritora Vita Sackville-West y su marido Harold Nicolson, dos locos maravillosos que compraron el castillo de Sissinghurst, se habían formado un polifacético y vivaz concepto de jardín cuando, en 1930, empezaron a acondicionar el terreno que rodeaba su histórica hacienda. Una rosaleda por aquí, un jardín con flores blancas por acá, luego el South Cottage Garden con flores primaverales y de otoño, un jardín de hierbas, el Nuttery con nogales y avellanos, un huerto de hortalizas… La filosofía era la variedad misma de la naturaleza. El jardín se ha hecho famoso y sigue oliendo, todavía hoy, a vida en flor.

castillode.com/sissinghurst/

## 566 JARDINES DE KEW, LONDRES, INGLATERRA, REINO UNIDO

Este Real Jardín Botánico es un oasis en el suroeste de Londres: un auténtico edén para aficionados a la botánica, y en realidad no tanto un jardín botánico como un extenso parque inglés. Incluye, por ejemplo, la Casa de la Palmera, que es el invernadero victoriano más antiguo que se conserva, o el palacio de Kew, construido en 1631. Pero ofrece muchas otras joyas, como la Temperate House o la Marianne North Gallery. Este jardín botánico se creó, en 1759, sobre el jardín de recreo de una princesa; hoy alberga la colección de plantas más grande y variada del mundo.

www.kew.org

## 565 JARDÍN BOTÁNICO DE MADEIRA, FUNCHAL, PORTUGAL

En el Jardín Botánico de Madeira, en lo alto de la ciudad de Funchal, espera una exuberante primavera que dura todo el año. Orquídeas, cactus, palmeras, magnolios, espléndidas flores y árboles exóticos, un parque de loros, un museo y, sobre todo, unas vistas magníficas al mar azul. Un paraíso en mitad del Atlántico, y no solo para amantes de las flores.

www.visitmadeira.pt/es-es

## 567 PARQUE DE CATALINA, PUSHKIN, RUSIA

Difícilmente puede existir un lugar más fastuoso que Tsárskoye Seló, en Pushkin, junto a San Petersburgo, donde los zares se hicieron construir su barroca residencia de verano. Los comienzos fueron en realidad modestos: en 1724, la zarina Catalina I erigió un pequeño pabellón de caza de dos plantas. Pero con Isabel I y Catalina II, la

Grande, el lugar y los jardines asumieron una grandeza verdaderamente imperial. Isabel dejó su huella con el pabellón del Hermitage, y Catalina completó los jardines añadiendo un parque inglés. Aquí el jardín francés de estricta simetría con paseos y estatuas, y allá el parque inglés abierto: una obra de arte total en forma de jardín.

www.rusalia.com/palacio-catalina-san-petersburgo

## 568 REINO DE LOS JARDINES DE DESSAU-WÖRLITZ, ALEMANIA

Para pasearse como antaño Goethe y el príncipe Leopoldo III, estos jardines patrimonio de la humanidad ofrecen espacio de sobra. Lo que no implica que descuiden el detalle: sobre pequeños canales se arquean elegantes puentes, y a los lados de los largos paseos se atisban principescos pabellones de piedra y estilizadas esculturas. En realidad, hay que contar con varios días, si además se quieren ver los numerosos museos y palacios: el de Oranienbaum, el de Georgium, el de Luisium o el de Mosigkau.

www.gartenreich.en

## 569 JARDINES DE MOUNT STEWART, IRLANDA DEL NORTE, REINO UNIDO

«Los jardines tienen que vivirse y disfrutarse, y yo espero que estos sean motivo de regocijo para quien los visite». Este era el credo de lady

Pues no, Islandia no solo tiene hielo, nieve y volcanes: el parque de Akureyri.

Edith, esposa del séptimo marqués de Londonderry; ella se encargó de diseñar estos jardines que rodean su casa de Mount Stewart. El resultado fue una zona verde con 17 ámbitos botánicos distintos, por ejemplo, un jardín español y otro italiano, o uno inspirado en la mitología irlandesa.

www.nationaltrust.org.uk/
mountstewart/mount-stewart-gardens

## 570 BOTANICACTUS, MALLORCA, ESPAÑA

Un paraíso para los amantes de los cactus, pero no solo. Y es que en este amplio recinto de la isla de Mallorca hay más de 10 000 especies de cactus de todo el mundo, pero también tiene su merecido lugar la flora insular típica. Enmarcados en cipreses, pinos y eucaliptos, los cactus cobran todavía mayor realce.

www.botanicactus.com

## 571 JARDINES DE ANNEVOIE, BÉLGICA

A quien le guste el agua, van a encantarle estos jardines de Annevoie. En numerosas fuentes y estanques, los juegos de agua y los surtidores le dan su relajante murmullo de fondo a una estupenda incursión en lo verde. Estos jardines acuáticos tienen a sus espaldas 250 años, pero siguen funcionando sin necesidad de bombas: les basta con la gravedad. En torno a los estanques, toda una serie de paseos invitan a recorrerlos y ofrecen sombra.

valoniabelgicaturismo.es/

## 573 JARDÍN BOTÁNICO DE INVEREWE, POOLEWE, ESCOCIA, REINO UNIDO

¿En Escocia solo crecen cardos y hierba? Ni mucho menos. Gracias a la corriente del Golfo, este es uno de los jardines botánicos más septentrionales del mundo, con un océano de plantas en flor. En una superficie equivalente a 40 campos de fútbol, crecen árboles y plantas de todo el globo. En algunas zonas están representados continentes enteros; por ejemplo, en la sección dedicada a Asia, con diferentes tipos de bambús y rododendros. El jardín debe su existencia a un escocés interesado por la naturaleza que, hace 150 años, adquirió un árido terreno para convertirlo en su personal edén.

www.nts.org.uk/visit/places/inverewe

## 574 JARDINES FLORALES DE KROMĚŘÍŽ, CHEQUIA

El palacio de estilo barroco tardío de la ciudad checa de Kroměříž es, en sí mismo, una maravilla; pero en los meses de verano queda relegado a telón de fondo de un espectáculo botánico. Ante los blancos arcos de medio punto de los pórticos, este refinado jardín floral se convierte en un paraíso aromático: los abigarrados parterres parece que estuvieran pintados al óleo. La zona floral la complementa, con su laberinto de verdes paredes, el jardín del palacio.

www.czechtourism.com/de/c/
kromerizunesco-gardens

## 572 AKUREYRI, ISLANDIA

A la altura del círculo polar ártico, uno puede imaginarse muchas cosas; desde luego, no un jardín botánico. Y, sin embargo, en el parque de Akureyri los islandeses han sido capaces de cultivar con continuidad varios miles de especies vegetales. Inicialmente este recinto era, más que nada, un campo de pruebas botánico: la idea era averiguar qué plantas y árboles podían mantener el tipo ante la naturaleza casi ártica. Y es evidente que la empresa fue un éxito, pues hoy es un jardín botánico con gran variedad de flores, arbustos y árboles de Islandia. Además, es un parque público y se accede libremente.

www.visitakureyri.is/en/things-to-do/attractions/the-botanical-garden

## VEAMOS QUÉ FLORECE POR AHÍ...

## 575 JARDINES DE MOUNT USHER, ASHFORD, IRLANDA

El río Vartry serpentea sin prisa por estos románticos jardines, arquetipo del estilo Robinson (por el jardinero William Robinson, que apostaba por una jardinería natural). Y es que de entrada uno podría realmente pensar que aquí las flores, los arbustos y los árboles fueron buscándose su espacio ellos mismos; hasta tal punto es armónica la interacción de los millares de especies vegetales de Europa, Asia y Suramérica. Esta variedad hace que prácticamente en cada momento del año pase algo: desde la floración de los rododendros en primavera hasta, tras los multicolores fuegos de artificio veraniegos, las melancólicas tonalidades otoñales.

www.mountushergardens.ie

## 576 PALACIO DE DROTTNINGHOLM, SUECIA

El palacio de Drottingholm se considera el Versalles sueco, y en esta percepción tienen que ver también bastante sus amplios jardines barrocos. Los susurrantes juegos acuáticos, las esculturas de piedra y los largos paseos flanqueados de tilos dan a entender que se trata del jardín de la familia real de Suecia. Al fin y al cabo, esta noble parentela usa el palacio de Drottningholm como residencia oficial. A pesar de ello, aquí reina una atmósfera distendida, típicamente escandinava, sin guardaespaldas ni vallas.

www.kungligaslotten.se/english.html

A vista de pájaro es como mejor se aprecian estos setos laberínticos de Gardone Riviera.

## 577 JARDINES DE MONET, GIVERNY, FRANCIA

La del puente japonés es una de las pinturas más famosas del artista francés Claude Monet. Casi nadie sabe, sin embargo, que fue el propio Monet quien construyó aquel puente en los jardines de su domicilio particular de Giverny, en Normandía. Cuando diseñó este paraíso botánico, el pintor dispuso las flores conforme a sus tonalidades. Y en lo que se refiere al jardín acuático, las influencias que se aprecian son claramente japonesas. Si se presta suficiente atención, por todas partes se descubrirán motivos que resultan familiares de las obras de Monet.

giverny.org/gardens/fcm/visitgb.htm

## 578 JARDINES DEL TAROT, CAPALBIO, ITALIA

Aquí alguien le ha dado verdadera rienda suelta a su fantasía… Fue, en efecto, la artista Niki de Saint Phalle, quien invirtió casi dos décadas de su vida en estos jardines del Tarot: sobre la exuberante fronda del parque se yerguen sus abigarradas y voluptuosas esculturas que alcanzan hasta los 15 metros de alto. Las 22 piezas, ornadas con coloridos azulejos o con espejos, representan las cartas del tarot y permiten incluso, en ocasiones, introducirse en ellas.

ilgiardinodeitarocchi.it/en

## 579 JARDÍN JAPONÉS, KAISERSLAUTERN, ALEMANIA

Se trata simplemente de relajarse, de dejarse llevar y disfrutar de esta obra de arte total. En este jardín japonés de Kaiserslautern, a los centenarios árboles originarios –hayas rojas y tejos– les añadieron, hace unas dos décadas, un conjunto de plantas japonesas. Una y otra vez vuelve a aparecer por todo el jardín, en sus más diversas formas, el *leitmotiv* del agua: aquí una susurrante cascada, allí un pacífico estanque o un arroyo de serena corriente… Naturalmente, no podían faltar el jardín zen ni la casa de té japonesa.

www.japanischergarten.de/index.php?id=2&L=1

## 580 GARDONE RIVIERA, ITALIA

Un edén de 10 000 metros cuadrados, una vuelta al mundo botánica. Y es que esta ciudad-jardín que es Gardone Riviera tiene un clima mediterráneo envidiable. Frente al panorama azul del lago de Garda, se va pasando por diversas regiones del mundo, por ejemplo, por un paisaje alpino de los Dolomitas, o por estanques cubiertos de flores de loto en los que serpentean carpas *koi*. Y, de repente, aparecen esculturas de famosos artistas como Keith Haring o Roy Lichtenstein.

borghipiubelliditalia.it/en/borgo/gardone-riviera

# EUROPA EN PEQUEÑO FORMATO

A VECES SON COMO UN CONTINENTE EN MINIATURA; OTRAS, AUTÉNTICAS JOYAS DEL MAR FRENTE A LA COSTA. LAS ISLAS EUROPEAS POSEEN UNA MAGIA SUMAMENTE PARTICULAR.

## 581 MONTE ISOLA, ITALIA

¿La mayor isla de agua dulce del sur de Europa? Exacto: la imponente Monte Isola supera los 400 metros sobre el lago de Iseo. (En el 2016, los *Floating Piers* del artista Christo la conectaron con el continente.) En esta isla sin coches se celebra cada cinco años la fiesta de la Santa Croce, en la que los habitantes de la localidad de Carzano cubren los caminos y las calles con cientos de miles de coloridas flores de papel.

visitlakeiseo.info/en

## 582 ASTIPÁLEA, GRECIA

*Petaluda*, que significa «mariposa», es como llaman los griegos a esta isla. Y es que, vista desde arriba, Astipálea tiene la forma de una mariposa con las alas abiertas. Esta isla del Egeo griego se mantiene a salvo, por ahora, de las grandes masas de turistas. El puerto principal es Jora, con sus casas blancas que van subiendo por la ladera hasta la cresta del monte. Aquí la plaza del pueblo ofrece terrazas a la sombra y unas vistas magníficas.

www.visitastypalea.com/

## 583 PRÓCIDA, ITALIA

Isquia y Capri forman el dúo insular más famoso del Mediterráneo. Luego está Prócida. La hermana pequeña de esas dos celebridades dista solo 3 kilómetros del continente, en el golfo de Nápoles. Fuera del pequeño puerto de Corricella, con sus coloridas casas pegadas a la ladera cual panales, y de la catedral de San Miguel Arcángel, en Prócida no hay mucho más. Afortunadamente, porque, quien busque la paz en el golfo, ha llegado al lugar perfecto.

www.visitprocida.com/en

## 584 SCHIERMONNIKOOG, PAÍSES BAJOS

Schiermonnikoog es un refugio tanto para quien necesita desconectar, como para animales marismeños. Y es que son más de 300 las especies de pájaros que acuden cada año para reproducirse, mientras que en ciertos tramos de la costa se ven focas. (Los turistas no pueden entrar con coche.) La acumulación de arena ha hecho crecer tanto a esta isla hacia el este, que, de no ser porque desplazaron la frontera administrativa, habría invadido el territorio de la provincia aledaña.

www.vvvschiermonnikoog.en

## 585 PARQUE NACIONAL DE KORNATI, CROACIA

Hay paisajes tan raros o hermosos, que hacen falta leyendas para explicar su origen. De este archipiélago situado frente a la costa croata se cuenta que Dios, tras crear el mundo, tiró al mar algunas piedrecitas blancas que le sobraron… y así fue como surgieron estas sequísimas y peladas islas, islotes y arrecifes de piedra caliza, unas 150. Precisamente esta aridez es lo que las hace tan atractivas para excursionistas, navegantes y buceadores. Importante llevar agua potable.

www.vodice.hr/en

A más glaciales, más bonitas: tranquilas horas de invierno en las Lofoten.

# 586 ISLAS LOFOTEN, NORUEGA

Es como si en cualquier momento fuese a aparecer un elfo o un trol. No cabe duda de que el archipiélago de las Lofoten tiene el poderío de los paisajes legendarios: verdes montañas que se yerguen sobre el mar formando islas, altiplanos con oscuros y misteriosos lagos que no hace falta ser muy fantasioso para comparar con ojos de gigantes, y solitarias playas de arena entre escarpadas rocas. Las rojas casas de pescadores, hoy en su mayoría ocupadas por veraneantes, son motas de color en las exiguas franjas costeras de estas islas e islotes, en total 80.

www.visitnorway.es/que-ver-en-noruega/norte-de-noruega/islas-lofoten/

## 587 GUERNSEY, INGLATERRA, REINO UNIDO

¿Ambiente británico, pero ni lluvia ni temperaturas frescas en verano? Para eso hay que ir a Guernsey, la segunda isla más grande del canal de la Mancha después de Jersey. Estas islas deben su clima benigno y una vegetación mediterránea de palmeras, bananeros y cipreses a su situación de cobijo y a la corriente del Golfo. En Guernsey los amantes de la naturaleza encuentran una espléndida red de caminos y muchas playas preciosas.

www.visitguernsey.com

## 588 HIDDENSEE, ALEMANIA

Quien necesite su coche para sus vacaciones, se encuentra en el lugar equivocado. Y es que, si algo está prohibido en Hiddensee, es precisamente ir en coche. Esta isla, visitadísima en verano, quiere que se la explore a pie, en bicicleta o en coche de caballos. Quedan garantizados, por tanto, el relax y el sano aire del mar Báltico entre playas de arena fina, marismas, brezales y bosques.

www.germany.travel/es/ocio-relax/islas-alemanas/islas-del-mar-baltico/isla-de-hiddensee.html

## 589 GOZO, MALTA

Quien conoce Malta sabe que, cuando en la isla grande hay demasiado jaleo, toca retirarse a Gozo, esa hermana pequeña vecina a la que llegas rápido con el ferri. También a los buceadores les encanta esta isla, aunque no tanto por la paz en la superficie como por la diversidad que hay bajo el agua.

www.visitmalta.com/es

A babor, la isla de Guernsey: a toda vela por el canal de la Mancha.

# 590 ISLA DE PORQUEROLLES, FRANCIA

Esta isla de la visitadísima Costa Azul, a la que tampoco se permite acceder con coche, no solo es la mayor del archipiélago de Hyères: también es un magnífico espectáculo natural que, aun sin carecer por completo de turismo, sigue a la espera de ser descubierto. Cerca de Porquerolles, hacia la mitad de esta isla con forma de arco, están las mejores playas; las escarpadas costas del sur ofrecen unas vistas fantásticas. El vehículo ideal para explorar es la bicicleta.

www.hyeres-tourisme.com

# 591 SKELLIG MICHAEL, IRLANDA

Durante la travesía a este abrupto peñasco en mitad del mar de Irlanda, a veces deseas que la fuerza te acompañe. Y es que, cuando las olas arrecian, le vendría bien a uno tener poderes especiales tipo Luke Skywalker. ¿Pero qué tendrá que ver Skellig Michael con *Star Wars*? Pues que, en los episodios *El despertar de la Fuerza* y *Los últimos Jedi*, esta es la isla del planeta acuático de Ahch-To. Pero no solo a los fans de *Star Wars* les compensa el mareo: Skellig Michael es un escenario increíble, un peñón desnudo donde, en el siglo VII, unos monjes erigieron el que probablemente sea el monasterio más solitario de Irlanda.

www.ireland.com/es-es/articulos/sdp-skelligs/

# 592 ISLOTES DE ESTOCOLMO, SUECIA

El singular jardín de islotes de Estocolmo no dista más que 80 kilómetros del centro de la capital. Los suecos aman este cúmulo de millares y millares de islitas, y realmente se diría que han construido una colorida casita veraniega prácticamente en cada una. También los turistas sucumbieron hace mucho al encanto de estos islotes. Optar por el kayak es una idea magnífica, aunque naturalmente también lo es dar paseos, pescar con caña o bañarse.

visitsweden.com/

**EUROPA EN PEQUEÑO FORMATO**

## 593 ISLAS SORLINGAS, INGLATERRA, REINO UNIDO

A unos 40 kilómetros de la costa de Cornualles hay, en medio del océano Atlántico, un paraíso casi subtropical. En las islas Sorlingas, mimadas por la corriente del Golfo, los veranos son cálidos y los inviernos, suaves, lo que da lugar a exuberantes jardines como los de la abadía de Tresco. Tresco es una de las cinco islas habitadas del archipiélago, que tiene 140. La más grande, de 6,3 kilómetros cuadrados, es la de St Mary. Ofrece tiendas, *pubs* y frescor estivo además de playas y una linda naturaleza.

www.visitislesofscilly.com

## 594 ISLAS ESTONIAS, ESTONIA

Quien se ponga a contar todas las islas de Estonia, va a tardar un buen rato. Y es que son más de 2000 las que hay frente a la costa occidental del país. Apenas 19 están habitadas, pero quien las visite encuentra a gente abierta y amable. Desde Tallin es posible llegar con coche y ferri hasta Hiiumaa, Saaremaa y Muhu. Allí aguardan a que alguien las descubra, entre pinares y enebros, playas desiertas y lugares cargados de historia.

www.visitestonia.com/en

## 595 PORTO SANTO, PORTUGAL

Aunque se trata de un pedazo de tierra diminuto en mitad del Atlántico, apenas 11 kilómetros

214

¿Se llevaría Napoleón el bañador? La playa de Sansón en Elba, la isla del exilio de Bonaparte.

# 596 ELBA, ITALIA

Elba va, de alguna forma, siempre un poco como a la zaga de sus vecinas mayores, Córcega y Cerdeña. Y eso que sigue siendo la mayor. La mayor isla del archipiélago Toscano, se entiende. A él pertenecen también Giglio –frente a cuyas costas encalló en 2012 el crucero *Costa Concordia*–, Capraia, la deshabitada Montecristo, Pianosa, Giannutri y la isla-presidio Gorgona, que solo puede visitarse con un permiso específico. Lo especial de todas estas islas es su fascinante naturaleza, protegida gracias al Parque Nacional del Archipiélago Toscano.

www.italia.it/es/ideas-de-viaje/mar/las-islas-del-archipielago-toscano.html

# 599 ISLA DE ARRAN, ESCOCIA, REINO UNIDO

A Arran la llaman la Escocia en miniatura, ya que el paisaje de esta isla va cambiando drásticamente de norte a sur a lo largo de sus 32 kilómetros. En el norte, rocoso y lleno de pantanos, apenas hay carreteras. De ahí que a los senderistas les encante. Les ofrece, con sus elevaciones de hasta 800 metros, una palestra ideal. Muy distinta es la cosa en la parte sur: gracias a la corriente del Golfo, reina en ella un clima casi mediterráneo. ¿Es Arran el místico Ávalon de la leyenda artúrica? Desde luego cabría imaginárselo…

www.visitarran.com

de largo por 6 de ancho, la isla de Porto Santo no está sola: a escasos 40 kilómetros está su gran vecina, Madeira, más famosa. Son hermanas desiguales: mientras que Madeira luce un frondoso verdor, Porto Santo es tan árida como fascinante, y menos turística. Un sitio especial es la playa de Campo de Baixo, de 9 kilómetros y arenas curativas. Por lo demás, Cristóbal Colón vivió aquí algunos años y un museo lo recuerda.

www.visitmadeira.pt/es-es

# 597 BELLE-ÎLE-EN-MER, FRANCIA

El percebe es, además de una calle de cómic, un crustáceo. No abunda, de ahí que los *gourmets* lleguen tras él hasta esta «bella isla». Y como la misma hace honor a su nombre, también surcan los 14 kilómetros que hay desde Quiberon hasta la mayor de las islas de Bretaña todos aquellos que buscan coloridas casitas, antiguos callejones, acogedores cafés de puerto y playas tranquilas, así como picudos acantilados, nubes blanquísimas y vientos salvajes sobre el mar espumoso.

www.belleileenmer.co.uk/

# 598 ISLAS FEROE, DINAMARCA

Feroe significa «de los corderos». Y es que, en estas 18 islas del Atlántico Norte, a medio camino entre Noruega e Islandia, habría el doble de corderos que de personas. Todos comparten, en cualquier caso, un escarpado y salvaje hábitat lleno de abruptos acantilados, fiordos e incontables cascadas que caen directamente en el océano. Por eso vienen aquí cada vez más amantes del campo que exploran la patria de los 150 000 feroeses a pie, en bicicleta de montaña o en traje de buzo frente a la costa.

www.faroeislands.fo

# 600 TABARCA, ESPAÑA

Los dueños de esta isla fueron los romanos, los griegos y hasta los piratas. Hoy son los turistas. Y es que la isla habitada más pequeña de España apenas tiene 2 kilómetros de largo y en temporada alta, con cientos de visitantes diarios, está abarrotada. Lo mejor es reservar una de las pocas habitaciones disponibles y quedarse por la noche. O acercarse en temporada baja y observar la vida de los en torno a 60 residentes. Es una atmósfera insular mediterránea de postal.

www.spain.info/es/que-quieres/destinos-playa/playas/alicante/tabarca.html

# EUROPA EN PEQUEÑO FORMATO

# EN LAS ENTRAÑAS DE LA TIERRA

## EUROPA ESTÁ LLENA DE AGUJEROS COMO UN QUESO SUIZO. TAMBIÉN TENDREMOS QUE EXPLORAR LAS CUEVAS…

### 601 GRUTA AZUL, BIŠEVO, CROACIA

Esta gruta Azul de la costa occidental de la isla croata de Biševo no es que sea grande. Sin embargo, quien la visita antes del mediodía se encuentra con un juego de colores simplemente inigualable. Iluminada por el sol a través de un segundo acceso sumergido, el agua del mar resplandece aquí con magníficos colores que van de un azul oscuro a un luminoso turquesa y envuelven el interior de la cueva en una luz irreal.

croatia.hr/es-ES

### 602 SIMA DE LAICHINGEN, JURA DE SUABIA, ALEMANIA

Un mundo encantado en el inframundo. Quien desciende a la sima de Laichingen siente que está en otro planeta… pero a 55 metros bajo la superficie terrestre. En esta larga sima, de nada menos que 1400 metros y la única accesible de Alemania, se pasa por profundos pozos, altos vestíbulos y estrechos pasadizos. Aquí abajo se puede ver parcialmente un proceso de karstificación que ya dura cinco millones de años, y aprender sobre la historia geológica de la región.

Y al subir, espera un delicioso bizcocho, un café y un museo espeleológico.

www.tiefenhoehle.de

### 603 CATEDRAL DE ROCA, SANNA, NORUEGA

De los hallazgos arqueológicos se desprende que esta llamada «catedral de roca», en la isla de Sanna, debió de ser un lugar señalado de la vida social hace nada menos que 10 000 años. Y, esencialmente todo sigue igual, porque esta gruta de 30 metros de alto que los noruegos llaman Kirkehelleren no solo es un popular destino turístico, sino, gracias a su especial acústica, también la principal atracción del festival de música anual Trænafestivalen. En este festival de *rock,* el más septentrional del mundo según los organizadores, actúan en julio bandas noruegas e internacionales en diversos escenarios y ante varios

### 604 CUEVAS DE ŠKOCJAN, ESLOVENIA

La gota constante horada la piedra. A lo largo de cientos de miles de años la lluvia fue disolviendo la piedra caliza y creando un espectacular sistema de grutas. Estalactitas hay pocas, pero el tamaño de las cuevas es tremendo: los vestíbulos subterráneos tienen una longitud de hasta 300 metros. También merecen la pena los alrededores, en cuyos valles, en forma de embudo, viven numerosas especies animales protegidas. Por algo declaró la Unesco Patrimonio de la Humanidad estas cuevas.

www.park-skocjanske-jame.si/en

miles de espectadores. Toda una proeza organizativa, pues el pequeño municipio de Træna apenas llega a los 500 habitantes.

nordnorge.com/

### 605 JAVOŘÍČKO, CHEQUIA

Cueva encantada, pabellón de las 1000 espigas, catedral de los titanes: es normal que a los descubridores de las cuevas de Javoříčko se les ocurrieran tan pintorescos nombres a la vista de estas abigarradas pagodas de tremendas estalagmitas y estalactitas que parecen desafiar la fuerza de la gravedad, de estas cascadas subterráneas o de la altura del techo (hasta 20 metros). Bajo la gruta, accesible a los turistas, hay un laberinto de pasadizos y gargantas del que solo se ha explorado una pequeña parte.

www.czechtourism.com/sp/home/

### 606 CUEVA DE MELISANI, CEFALONIA, GRECIA

En realidad, habría que dar gracias al terremoto por haber hecho que se derrumbara una parte del techo de esta cueva. Y es que desde entonces los rayos del sol se abren paso hasta la cueva de estalactitas de Melisani y hacen que, a mediodía, el lago que ocupa su centro resplandezca en una mágica luz azul. Este lago subterráneo puede atravesarse en bote de remos mientras la superficie del agua hace que bailen por las paredes centelleantes

Una emoción muy profunda: en las impresionantes cuevas de Škocjan.

Donde el agua y el hielo se ponen creativos: esculturas naturales en el Mundo de los Gigantes de Hielo.

# 607 MUNDO DE LOS GIGANTES DE HIELO, ESTADO DE SALZBURGO, AUSTRIA

Relucientes paredes de un azul glacial, enormes esculturas naturales de hielo y estilizados carámbanos: bienvenidos al Mundo de los Gigantes de Hielo. En las profundidades de los montes Tennen aguarda, congelada siempre, una cueva verdaderamente única. Le gusta hacerse de rogar: aunque hay un funicular, hasta la entrada de la gruta luego hay que subir 1400 peldaños. Antes de adentrarse en este gélido mundo de gigantes de hielo, cada visitante recibe su lámpara de carburo.

www.eisriesenwelt.at/en/

de música clásica con el que se evidencia la acústica especial de estas cuevas.

www.cuevasdeldrach.com

## 610 CUEVA DE BARADLA, AGGTELEK, HUNGRÍA

El sistema de galerías de la cueva de Baradla, de 25 kilómetros, llega hasta Eslovaquia y está entre las atracciones naturales más famosas de Hungría. Algunas zonas se caracterizan por sus estilizadas estalactitas, mientras que otras las atraviesan ríos y lagos subterráneos. No habría que dejar de ir a alguno de los conciertos de música clásica: en esta cueva se ha montado una auténtica sala, con un escenario de paredes de estalactitas maravillosamente iluminadas.

www.anp.hu/en

reflejos del sol. La cueva de Melisani sigue, a pesar de su belleza, a salvo del turismo de masas, de momento.

kefaloniaisland.org

mente en otro sitio. El resultado es, aunque sea una copia, un testimonio sin par de la historia paleolítica.

www.spain.info/es/que-quieres/arte/monumentos/cantabria/cuevas_de_altamira.html

## 608 ALTAMIRA, CANTABRIA ESPAÑA

Desaparece un perro… ¡y aparece una cueva! A mediados del siglo XIX, un cazador hizo un descubrimiento extraordinario mientras buscaba a su podenco perdido. Las pinturas rupestres paleolíticas de la cueva de Altamira, en Santillana del Mar, son las primeras que se descubrieron en el mundo. Quien quiera ver las impresionantes obras de arte de nuestros ancestros, deberá conformarse con una réplica. Al constatarse que la humedad de la respiración de los visitantes dañaba las pinturas, la zona central de la cueva se restringió y se reprodujo fiel-

## 609 CUEVAS DEL DRACH, MALLORCA, ESPAÑA

Verano, sol, Mallorca: todo un tópico. Pero a unos metros bajo los pies de los turistas aguarda un imponente tesoro natural: las cuevas del Drach. En este reino de estalactitas y estalagmitas perfectamente iluminado, a 25 metros de profundidad, hace una agradable temperatura de 20 grados. Tienes, además, uno de los mayores lagos subterráneos del mundo y se puede explorar en barca. El clímax de la visita, que dura 1 hora, es un concierto

## 611 CUEVA OPTIMISTA, KOROLIVKA, UCRANIA

Los pasadizos y abismos de esta cueva Optimista, como la llaman en Ucrania, se van ramificando en todas direcciones como en un laberinto subterráneo. Este sistema de túneles, de aproximadamente 200 kilómetros de largo, ocupa una superficie de apenas 2 kilómetros cuadrados. Pero es precisamente

# EN LAS ENTRAÑAS DE LA TIERRA

# 612 CUEVA HÖLLOCH, MUOTATHAL, SUIZA

Con una longitud hasta ahora explorada de más de 200 kilómetros, el de Hölloch es uno de los sistemas de cuevas más largos del mundo. Las fuerzas naturales han creado en las entrañas del monte gargantas subterráneas, extraños constructos rocosos y estalactitas de distintos tamaños y formas. A quien le guste la aventura, puede explorar estas grutas en visitas de medio día o de un día entero, o en excursiones de varios días pernoctando bajo tierra. También pueden reservarse para eventos como cumpleaños o fiestas de empresa.

stoos-muotatal.ch/en/hoelloch-cave-experience/

este angosto dédalo, sumado a los cristales de selenita que adornan las paredes, lo que hace tan especial esta gruta. Como no está abierta al turismo, únicamente pueden organizarse visitas guiadas con la autorización de los responsables del parque nacional.

traveltoukraine.org

## 613 CUEVA DE POSTOJNA, ESLOVENIA

He aquí a la «reina del mundo de las cavernas». Y lo de «mundo» conviene tomarlo al pie de la letra, porque esta cueva de Postojna, al suroeste de Eslovenia, es todo un sistema de cuevas de 24 kilómetros. Los cinco que se pueden visitar, resultan espectaculares: estalactitas de todos los tamaños, vestíbulos tremendos… un escenario surreallista. La segunda cueva de estalactitas más grande del mundo abierta al turismo, cuenta con un pequeño tramo de tren y con una atracción especial: «el brillante», una estalactita especialmente hermosa. Y aunque parezca mentira, aquí viven animales. El *Proteus anguinus* es un superhéroe de la supervivencia: puede aguantar sin comer hasta 12 años, y puede llegar a los 100.

www.postojnska-jama.eu/es/

## 614 JAMEOS DEL AGUA, LANZAROTE, ESPAÑA

A este campo de lava del norte de Lanzarote, prácticamente nadie le prestaba atención hasta que el artista español César Manrique lo convirtió, con mucho empeño, en un auténtico imán turístico. Dedicó todas sus energías a acondicionar el complejo subterráneo de tubos volcánicos, cuevas y grutas, preparándolo para recibir visitas y albergar eventos; una de las mayores atracciones de estos Jameos del Agua es un lago subterráneo que, al recibir la luz del sol, da lugar a una atmósfera mágica. Hay que consultar por adelantado el calendario de eventos: en la sala que se montó en una gruta volcánica, se organizan regularmente unos conciertos incomparables.

turismolanzarote.com/que-visitar/cact-lanzarote/jameos-del-agua/

También puede tener su punto chic una excursión a una gruta: cena a la luz de unos candelabros en la cueva Hölloch.

## 615 INSIDE THE VOLCANO, REYKJANESSKAGI, ISLANDIA

¿Sigue activo? Buena pregunta, porque nos disponemos a acceder a la cámara magmática del volcán de Thrihnukagigur, en Islandia, muy cerca de la capital, Reikiavik. Pero tranquilos: hace 4000 años que no ha entrado en erupción. Aquí se ofrece la oportunidad única de bajar, primero, 120 metros en dirección al centro de la Tierra en un ascensor para, después, alcanzar –debidamente pertrechado– el cráter. Las extrañas formas del interior del volcán, que centellea en colores muy diversos por antiguas erupciones, hacen que parezca una catedral de roca.

es.visiticeland.com

# EN LAS ENTRAÑAS DE LA TIERRA

La naturaleza sigue siendo el arquitecto más espectacular: en la cueva de Benagil.

## 16 CUEVA DE BENAGIL, GARVE, PORTUGAL

ueva de la playa de Benagil se
a hacia el cielo a modo de cú-
gigantesca. Una ancha colum-
le luz solar penetra en el inte-
a través de una abertura del
o y confiere a las paredes un
o anaranjado. A esta maravilla
ral es posible llegar tanto na-
do desde el mar como cami-
do desde la playa. También se
de subir hasta el techo escalan-
eso sí, por los abruptos acanti-
s. Una vez arriba, se goza de
s vistas fantásticas del Atlántico
l paisaje costero en torno
nagil.

.visitportugal.com/es

## 617 CUEVAS DE FRASASSI, GENGA, ITALIA

No solo vale la pena ver las numerosas estalactitas y estalagmitas de
las cuevas de Frasassi, sino también
los efectos de iluminación que tan
hábilmente les dan lustre. Esta cueva de estalactitas es una de las mayores de Europa: a ratos parece una
catedral subterránea. Quien busque emociones fuertes, puede reservar para una ardua expedición de
varias horas más allá de la zona
de turistas. En estas excursiones
se pasa por escarpadas simas o se
gatea por bajas galerías en las profundidades de esta gruta.

www.frasassi.com/Home.aspx?L=ES

## 618 CUEVA DE ROUFFIGNAC, FRANCIA

Cara a cara con mamuts y rinocerontes lanudos. La cueva de Rouf-
fignac debió de ser muy reputada
entre los grafiteros prehistóricos: en
este sistema de cuevas de 8 kilómetros, se han conservado más de
250 representaciones de bisontes,
rinocerontes lanudos y mamuts. Es
decir, que llevan ahí 15 000 años.
La cueva se conoce desde hace 500;
de ahí que en sus paredes también
luzcan signos y caracteres de tiempos más cercanos. Buena parte de
la visita subterránea se realiza a
bordo de un pequeño tren.

www.grottederouffignac.fr/index.php/en/

## 619 MINAS DE SAL, WIELICZKA, POLONIA

Desde que en 1251 se descubriera
sal, aquí excavaron para extraer el
oro blanco generaciones y generaciones de mineros, hasta que en
1996 la actividad cesó. Ya desde
1964 hay un sanatorio subterráneo,
y desde 1997 llevan asombrando
a los turistas esta ciudad de las profundidades, el extraño mundo de
grutas de cristal y relucientes muros, y la capilla de Santa Cunegun-
da, que los mineros tallaron con
brillantes cristales de sal –incluidas
las lámparas de araña– a lo largo
de 70 años.

www.laminadesalwieliczka.es/

## 620 CUEVA DE ISPINIGOLI, CERDEÑA, ITALIA

Eternidad petrificada: desde el suelo hasta el techo de esta gruta de
40 metros de alto llega su famosa
columna estalagmítica, una de las
más altas de Europa. Aquí los investigadores también han encontrado anillos, símbolos solares y
adornos. Acaso se tratara de un
pozo sacrificial fenicio. Al final de
la visita guiada a esta cueva de estalactitas que reluce en todos los
colores, uno se asoma al impactante «Abismo de las Vírgenes».

www.sardegnaturismo.it/es

# EN LAS ENTRAÑAS DE LA TIERRA

# IDEAS GENIALES

LA INVENTIVA HUMANA NO CONOCE LÍMITES.
EN EUROPA HAN SURGIDO COSAS TAN DIVERSAS
COMO EL *WHISKY*, EL TEATRO, LOS LEGO
Y LA CONSTATACIÓN DE QUE LA TIERRA
GIRA ALREDEDOR DEL SOL.

## 621 UNIÓN EUROPEA, BRUSELAS, BÉLGICA

La Unión Europea se 'inventó' en Bruselas. Bueno, en realidad eso es simplificar un poco… Pero del pacto bruselense de 1948 –una alianza militar de Gran Bretaña, Francia y el Benelux– salió en 1954 la Unión Europea Occidental. Y en 1993 esta UEO se convirtió en la UE. A Bruselas, como es sede de muchas instituciones de la Unión, se la considera la capital oficiosa de Europa. Y el Parlamento no es su única atracción…

www.europarl.europa.eu/visiting/es

## 622 GENIO UNIVERSAL, VINCI, ITALIA

En este capítulo no podía faltar el genio por antonomasia ni, con él, su lugar natal de Vinci y el Museo Leonardiano. En dos edificios contiguos se va ofreciendo, en incontables maquetas y paneles dedicados a la mecánica, a la anatomía, a la óptica y a aparatos bélicos, voladores y de locomoción, un panorama de la obra de Leonardo da Vinci (1452-1519).

www.museoleonardiano.it/eng

## 623 HELIOCENTRISMO, CRACOVIA, POLONIA

La Universidad Jaguelónica es una de las más antiguas. Cuando estudió en ella a finales del siglo XV, Nicolás Copérnico estaba sentando las bases de una idea revolucionaria: que la Tierra y los otros planetas giran en torno al Sol. La obra de Copérnico no salió del Índice de libros prohibidos hasta 1835. En el Collegium Maius, el edificio más antiguo de la universidad, se sigue la pista a Copérnico.

maius.uj.edu.pl/pl_PL/start

## 624 CHAMPÁN, PERNAY, FRANCIA

¿Fue el monje benedictino Dom Pérignon quien inventó el champán y, por tanto, el método *champenoise,* o fue el británico Christopher Merret, quien describía el mismo método en 1662, seis años antes que el religioso? Sea como sea, los productores de champán Moët & Chandon se aseguran como marca el nombre de Dom Pérignon. Quien se apunte a una visita guiada de sus bodegas, decidirá si el fraile tenía razón al exclamar: «¡Hermanos! ¡Venid! Estoy bebiendo estrellas…».

www.moet.com/es-es

Este artilugio de Gottlieb Daimler con silla de montar fue la primera motocicleta del mundo.

## 625 TEATRO, EPIDAURO, GRECIA

Cuándo exactamente subió alguien por primera vez a un escenario para meterse en un papel, no se sabe. Pero debió de ser en torno al siglo v a.C. cuando tuvo su origen el *théatron*. El gran teatro de Epidauro data del siglo iv a.C. y se considera uno de los mejor conservados de la Antigüedad. En sus gradas podían sentarse hasta 14 000 personas que, gracias a la extraordinaria acústica, oían el menor ruido del escenario. En verano se sigue utilizando como antiguamente.

greekfestival.gr/?lang=en

## 626 AUTOMÓVIL, STUTTGART, ALEMANIA

¿Qué hará Gottlieb Daimler encerrado siempre en el antiguo invernadero? El jardinero recela… y llama a la policía. Pero no era ilegal lo que, desde 1882, Daimler tramaba en el taller que se montó en el jardín de su casa: él aspiraba a crear, con un motor de gasolina pequeño y ligero, un vehículo con el que cada uno pudiera desplazarse libremente. El resto es historia, que se puede revivir en el mencionado invernadero, que se ha conservado tal cual y se dedica a la memoria de Daimler.

www.mercedes-benz.com/en/classic/community/gottlieb-daimlergedaechtnisstaette

# 627 RADIACTIVIDAD, VARSOVIA, POLONIA

Es un caso verdaderamente trágico: a la científica polaca más famosa la suelen tomar por francesa. Pero resulta que Marie Curie nació en Varsovia con el nombre de Maria Skłodowska. Como en aquel Zarato de Polonia no le permitían estudiar, en 1891 marchó a París. Tras estudiar en la Sorbona consiguió, en parte con la colaboración de su marido Pierre, lo que hasta ahora solo ha logrado una persona más: en 1903 y 1911 recibió el Premio Nobel en dos categorías distintas, la de Física y la de Química. Esta mujer acuñó el concepto de radiactividad, llamó polonio a un elemento que descubrió, y murió en 1934 de resultas de la radiación. Puede uno conocer a esta fascinante francesa-polaca en el pequeño museo de su casa natal.

www.mmsc.waw.pl

La francesa-polaca Maria Skłodowska entró en la historia del Premio Nobel como Marie Curie.

## 628 TEORÍA DE LA EVOLUCIÓN, LONDRES, INGLATERRA, REINO UNIDO

¡Mucho cuidado con las fauces gigantescas del tiranosaurio! El impresionante modelo animado de este famosísimo depredador es una de las principales atracciones del Natural History Museum, uno de los mayores y más espectaculares museos de historia natural. Pero también está el Darwin Centre, una colección de todas las especies del mundo puesta en marcha por el propio Charles Darwin. Con su libro sobre *El origen de las especies,* el fundador de la teoría de la evolución cambió nuestra visión del mundo.

www.nhm.ac.uk

## 629 DÖNER KEBAB, BERLÍN, ALEMANIA

Doscientos veinte millones: ese es el número de *döner* que, según las estadísticas, se comen cada año los alemanes. Sea exacta o no la cifra, en Alemania estas lonchas de carne en pan de *pita* son la comida rápida más popular. Su epicentro es Berlín: aquí habría inventado el *döner*, a comienzos de la década de 1970, Kadir Nurman. ¿O fue Mehmet Aygün? ¿O Nevzat Salim, de Reutlingen? Sea como sea, en Berlín hay más de 1000 locales de *döner*.

www.visitberlin.de/es/el-kebab-o-doner-berlines

## 630 GUINNESS, DUBLÍN, IRLANDA

Agua, cebada, lúpulo, levadura y malta, que es lo que hace de la Guinness una *stout*. (El color se lo da la cebada tostada.) Esta cerveza se hace desde 1759 en St James Gate, una cervecería para la que el fundador, Arthur Guinness, firmó un contrato de arrendamiento de 9000 años. En la Guinness Storehouse uno se entera de todo lo que hay que saber sobre esta cerveza de culto, además de degustarla, con vistas a la ciudad, en el acristalado Gravity Bar.

www.guinness-storehouse.com

## 631 PREMIO NOBEL, ESTOCOLMO, SUECIA

Cuando murió, Alfred Nobel había registrado nada menos que 355 patentes, una de las cuales era la dinamita. Parece que el hombre tendría tan mala conciencia por este y otros inventos igualmente útiles para la guerra, que instauró un premio para quienes «cada año presten el mayor servicio al género humano». El Museo del Premio Nobel está dedicado a la historia del premio.

nobelprizemuseum.se/en/languages/espanol/

## 632 ESQUÍ, TELEMARK, NORUEGA

En Mongolia ya se ceñían tablas bajo los pies hace 8000 años, pero la paternidad del esquí moderno se atribuye a Sondre Norheim (1825-1897), quien inventó un nuevo tipo de fijación y el estilo *telemark*. En Morgedal, su ciudad natal, hay un interesante museo del esquí y multitud de pistas. La provincia de Telemark es la zona de esquí más variada de Noruega.

www.visitnorway.es

## 633 PSICOANÁLISIS, VIENA, AUSTRIA

El ello, el yo y el superyó: los tres factores determinantes de la psique humana. Eso afirmó el médico Sigmund Freud en su libro de 1923, su segundo más famoso tras *La interpretación de los sueños* (1900). En la primavera del 2020 abre, tras una remodelación, el museo de los espacios privados y de consulta de la casa de Freud. También tiene un museo en Londres, ya que allí vivió exiliado hasta su muerte (1939).

www.freud-museum.at; www.freud.org.uk

## 634 'WHISKY', ISLAY, ESCOCIA, REINO UNIDO

En realidad, bastantes indicios apuntan a que el *uisge beatha* –«agua de vida» en gaélico– lo inventaron en Irlanda. Pero, ya se trate de *whiskey* irlandés o de *whisky* escocés, a quien le guste ahumado y fuerte estará encantado en Islay, en las Hébridas, Escocia, con sus casi 12 destilerías. *Sláinte!*

www.islaywhiskysociety.com

## 635 PARED NORTE DEL EIGER, SUIZA

Sigue siendo todo un reto escalar la pared norte –prácticamente vertical y de 1800 metros de altura– del monte Eiger, que tiene casi 4000. En 1938 se subió por vez primera, entre otras cosas porque acababan de inventarse los crampones de 12 dien-

# IDEAS GENIALES

# 636 JEREZ, JEREZ DE LA FRONTERA, ESPAÑA

Solo puede darse esta denominación de origen a vinos de la región de las ciudades andaluzas de Jerez de la Frontera, Sanlúcar de Barrameda y El Puerto de Santa María. Lo particular del jerez es que se trata de un vino fortificado, es decir, con mayor graduación alcohólica. Esto, al principio, se hacía para que los vinos blancos de la zona, de uva palomino y no demasiado elaborados, no se estropeasen mientras se transportaban, por ejemplo, hasta Inglaterra. Hoy lo variado del vino de jerez no se debe solamente a la fortificación, sino también a los diversos métodos de envejecimiento. Se pueden visitar las gigantescas bodegas de la zona e ir catando hasta encontrar el jerez favorito.

www.turismojerez.com/index.php/es/que-visitar/vino-brandy-jerez

En las bodegas Harveys, en Jerez de la Frontera, los barriles de vino aguardan el momento de su envío.

tes (antes tenían 10). Otra novedad era que, desde el telescopio del puerto alpino de Kleine Scheidegg, los espectadores podían seguir a los escaladores al milímetro. El primer espectáculo multimedia.

grindelwald.swiss/en/winter/

### 637 CORRIENTE ALTERNA, BELGRADO, SERBIA

Nuestro mundo funciona con corriente alterna, que se puede convertir en diferentes tensiones mediante un transformador mucho más fácilmente que la continua, cuyo inventor, Thomas Edison, es mucho más famoso que su competidor, Nikola Tesla, aunque este genio de un pueblecito croata haya tenido mucha más influencia con su corriente alterna. Murió empobrecido en Nueva York, pero en el Museo Nikola Tesla de Belgrado (Serbia) uno puede sumergirse en sus inventos.

nikolateslamuseum.org/en

### 638 DESCUBRIMIENTO DE AMÉRICA, REIKIAVIK, ISLANDIA

A Cristóbal Colón se lo celebra como descubridor del continente americano porque fue el primero que empezó a explorar esta masa de tierra, pero el primer europeo que pisó el Nuevo Mundo fue Leif Eriksson, 500 años antes. Hay una estatua del héroe nacional islandés, quien también habría llevado el cristianismo a su isla, delante de la imponente iglesia de Hallgrimur.

visitreykjavik.is

### 639 LEGO, WINDSOR, INGLATERRA, REINO UNIDO

Lego surgió en Dinamarca: la antigua carpintería de Ole Kirk Christiansen lanzó al mercado, después de haber creado en 1949 los primeros juguetes de plástico, las primeras «piezas que se enganchan automáticamente». Más tarde serían las propias piezas de Lego… y generaciones enteras de niños construirían con ellas fantásticos mundos de juego. En Windsor abrió, en 1996, el primer Legoland fuera de Dinamarca. El segundo está en Gunzburgo, Suabia (Alemania).

www.legoland.com

### 640 TARTA SACHER, VIENA, AUSTRIA

Afortunadamente, aquel día de 1832 el cocinero jefe estaba enfermo y Franz Sacher, aprendiz de 16 años, debió idear algún postre especial con que regalar a los huéspedes del príncipe de Metternich. Había nacido la tarta Sacher, a la que Eduard, hijo de Sacher, daría su forma actual en la lujosa pastelería Demel. (Con mermelada de albaricoque y baño de chocolate, se hizo mundialmente famosa.) Como siempre en estos casos, hay disputa sobre cuál es la auténtica. Se puede decidir al menos la que más gusta probando las dos, la del café Demel y la del hotel Sacher.

www.sacher.com; www.demel.com

# IDEAS GENIALES

# ¡YA BASTA DE CASITAS TÍPICAS!

CHAPA OXIDADA, IGLESIAS QUE PARECEN PLATAFORMAS DE LANZAMIENTO DE MISILES, Y UN EDIFICIO DEL CONSEJO EUROPEO QUE ES LA PESADILLA DE CUALQUIER LIMPIADOR DE VENTANAS: ASÍ DE ESTRIDENTE PUEDE SER LA ARQUITECTURA MODERNA.

La naturaleza reflejándose en una arquitectura futurista: el MMM Corones, en el sur del Tirol.

## 641 MMM CORONES, SUR DEL TIROL, ITALIA

¿Pero esto qué es? ¿Un ovni, dos, tres ovnis en la cima de un monte? No. Es algo mucho más inofensivo: se trata del Messner Mountain Museum Corones, que la arquitecta británica Zaha Hadid construyó en la cumbre del Plan de Corones (2275 metros). Las espectaculares vistas y esta arquitectura como mínimo igual de espectacular hacen que la exposición, dedicada a los comienzos del alpinismo, quede un poco en segundo plano.

www.messner-mountain-museum.it/en/

## 642 MERCADO KVILLE SALUHALL, GOTEMBURGO, SUECIA

Un edificio a base de chapa oxidada y cuya arquitectura interior recurre a botellas de vidrio viejas, ¿debemos llamar a esto arquitectura moderna? Por muy insólita y estrafalaria que resulte, esta sauna de Frihamnen es el símbolo de la transformación del antiguo puerto industrial de Gotemburgo en un barrio próspero y *cool*. Pero es que la segunda ciudad más grande de Suecia no se ha limitado al puerto en su salto a la modernidad: los arquitectos han podido hacer de las suyas sobre todo en el barrio de Hisingen, al norte de Gotemburgo. Ejemplo de lo cual sería el nuevo mercado Kville Saluhall.

www.goteborg.com

# 643 ESTACIÓN DE LIEJA GUILLEMINS, LIEJA, BÉLGICA

Quien en la ciudad belga de Lieja cruza la Place des Guillemins, está viajando varios siglos en el tiempo con unos pocos pasos. Hace un momento se veían adoquines y de repente se impone a la vista un desconcertante edificio de acero y cristal. Su cubierta se arquea, aparentemente ingrávida, más de 200 metros sobre los raíles. La nueva estación, de nueve vías, debe su reencarnación a los trenes de alta velocidad, para los que los antiguos andenes no bastaban. Con este edificio, Lieja debería estar preparada para nuevos medios de transporte que se inventen. Incluso para ovnis.

www.visitezliege.be/en

# 644 IGLESIA DE HALLGRIMUR, REIKIAVIK, ISLANDIA

Si las iglesias medievales era normal que tardaran décadas en completarse, hoy no suele concederse este «privilegio» sino a proyectos de infraestructuras viarias. En este sentido, la iglesia de Hallgrimur podría considerarse, si no un tren de levitación magnética, sí un exprés. Hasta que se inauguró pasaron 40 años (1945-1986). La cuestión es que hoy es el templo más grande y famoso de Islandia, lugar de peregrinaje para los amantes de la arquitectura moderna. Se dice que el arquitecto se inspiró en la forma de una cascada, pero a la mayoría de los visitantes les recuerda más

a un misil en su plataforma de lanzamiento.

http://en.hallgrimskirkja.is/

# 645 FILARMÓNICA DEL ELBA, HAMBURGO, ALEMANIA

Este palacio de cristal en forma de oleaje se alza sobre el antiguo almacén del puerto, de ladrillo, como una abigarrada mariposa que saliera de su capullo monocolor, un contraste que no puede sino aplaudirse. Desde que abrió sus puertas en la llamada HafenCity en el 2016, este auditorio de diseño vanguardista no ha dejado indiferentes ni a lugareños ni a visitantes. Y justamente de eso se trataba. Al fin y al cabo, la idea era enriquecer esta ciudad hanseática con un nuevo icono, un monumento cultural para todos.

www.elbphilharmonie.de/en

# 646 CAPILLA KAMPPI DEL SILENCIO, HELSINKI, FINLANDIA

Madera convertida en diseño: así podría explicarse en dos palabras esta pequeña obra maestra. Esta galardonada construcción oval no se antoja un edificio, sino más bien una gigantesca carcasa de madera que alguien hubiera colocado ahí por equivocación. Sus curvas paredes exteriores están totalmente forradas de madera de abeto, y en el interior recibe al visitante un espacio igualmente de madera sobre el que se derrama, cenital, una luz cálida y suave. Nada distrae del silencio que ca-

racteriza; la ciudad y sus ruidos quedan aquí tan lejos…

www.discoveringfinland.com/destination/the-kamppi-chapel-of-silence/

# 647 FILARMÓNICA, SZCZECIN, POLONIA

Superficies blancas, formas expresionistas… ¿Qué es eso que ha aterrizado en mitad de Szczecin? Los amantes de la música sonríen: solo un lego pregunta algo así. Desde el 2015, cuando empezaron a darse conciertos en esta Filarmónica –un prodigio de luz–, la vida musical de Szczecin ha recibido un gran impulso. El equipo hispano-italiano de arquitectos dotó a este edificio, con fachada y techo de cristal opalino, de miles de focos led que, cuando anochece, hacen que resplandezca.

filharmonia.szczecin.pl

# 648 MERCADO, RÓTERDAM, PAÍSES BAJOS

En los Países Bajos, la arquitectura fue siempre un punto más osada, innovadora e insólita que en otros sitios. ¿Dónde, si no, habría sido verosímil que se construyera este híbrido de bloque de pisos y mercado? Esta U gigantesca invertida, inaugurada en el 2014, ha traído un aire novísimo al barrio de Blaak, en Róterdam. Esta cornucopia rebosa de gigantescas verduras, habitantes del mar y fruta bajo una cubierta de 11 000 metros cuadrados que se arquea hasta una altura de 40 metros. Aquí despiertan el apetito con sus productos

Esta Biblioteca Nacional le parece un monte de cristal a su arquitecto y un castillo de luz a los habitantes de Riga. Ambas comparaciones son correctas.

## 649 BIBLIOTECA NACIONAL, RIGA, LETONIA

La arquitectura contemporánea suele ser controvertida. No cabe duda de que lo fue en el caso de la Biblioteca Nacional de Lituania, en Riga, cuya construcción vino acompañada de una serie de polémicas disputas políticas y de la crisis económica del país. Finalmente, tras 25 años de obras, abrió sus puertas en el 2014. Antes, durante tres días, miles de personas habían formado una cadena humana para transportar los libros desde la antigua Biblioteca Nacional a esta nueva sede. En opinión del arquitecto, la singular forma de este edificio se hace eco de un monte de cristal que desempeña un importante papel en un famoso poema letón, y que se considera una metáfora de la liberación y el crecimiento.

www.lnb.lv/en

Ha aterrizado el «pepino»: desde esta perspectiva, el Gherkin se diría que acaba de llegar a Londres desde el espacio.

100 puestos y tiendas de mercado y restaurantes.

en.rotterdam.info

## 650 EDIFICIO EUROPA, BRUSELAS, BÉLGICA

Para los limpiadores de ventanas, este edificio es una mina de oro… o una pesadilla. Nos referimos a la llamativa nueva sede del Consejo Europeo, inaugurada en Bruselas en el 2016. Este cubo está revestido de un vivaz mosaico de 3750 marcos de ventana de madera reciclados. En el interior del edificio Europa, que se apoya en la forma de L del antiguo Résidence Palace, el módulo elíptico de la zona de plenos presenta la forma de un gigantesco candil. Pero los 27 Estados miembros no solamente se reúnen aquí cuando hay cumbres: en las 13 plantas hay salas de reunión, un centro de prensa y dos restaurantes. El arquitecto, Philippe Samyn, quería diseñar un edificio alegre y simbólico. Se permiten visitas en grupos, pero han de solicitarse con antelación.

www.consilium.europa.eu/es/contact/address/

## 651 TEATRO MUSICAL Y SALA DE EXPOSICIONES, TIFLIS, GEORGIA

Estos dos módulos curvos ocupan el lugar más eminente del parque Rhike, justo a orillas del Kurá, cual lustrosos tubos de trompeta. Un revestimiento de acero inoxidable pulidísimo cubre los dos imponentes cañones, en cuyo interior el arte y la cultura enriquecen la vida de la ciudad desde el 2016. Un módulo alberga un auditorio; el otro es un espacio para exposiciones. A los arquitectos del estudio Fuksas, de Italia, también les parecieron importantes las vistas sobre el casco viejo de Tiflis: tradición y modernidad se dan aquí la mano maravillosamente.

georgiantravelguide.com/en/destinations/rike-park-tbilisi

## 652 ØRESTAD, COPENHAGUE

Seis kilómetros de largo y 500 metros de ancho medía el erial asilvestrado en el que, a comienzos de la década de 1990, los ediles de Copenhague se propusieron construir un paraíso de viviendas modernas. No tardó mucho en surgir, bajo la guía de famosos arquitectos, un barrio totalmente nuevo y con una densidad extraordinaria de edificios emblemáticos como, por ejemplo, un campus universitario y una sala de conciertos del francés Jean Nouvel. Una línea de metro elevado que recorre el barrio de norte a sur, conecta Ørestad con el centro de Copenhague.

www.visitcopenhagen.com/

## 653 THE GHERKIN, LONDRES, INGLATERRA, REINO UNIDO

Como una antorcha de cristal se yergue el rascacielos 30 St Mary Axe sobre el *skyline* londinense. Los elementos de cristal de esta torre de 180 metros están sujetos por un entramado de acero que va arrollándose alrededor del edificio, cuya forma es la de un puro. Pero no es únicamente cuestión de forma: también de función. Estos curvos soportes de acero son parte de un eficaz sistema de ahorro energético y ventilación. Su llamativo aspecto hace que los londinenses llamen a este constructo *gherkin,* es decir, «pepino». Desgraciadamente, no puede visitarse: es la sede de una compañía de seguros.

www.thegherkinlondon.com

## 654 CENTRO PAUL KLEE, BERNA, SUIZA

Desde fuera, este museo de arte se asemeja a una rampa de *skateboarding* para adictos a la adrenalina. La extraordinaria arquitectura

# ¡YA BASTA DE CASITAS TÍPICAS!

habría sido, sin duda, del gusto del polifacético pintor Paul Klee. Aquí se exponen 4000 de sus cuadros, acuarelas y dibujos. En su época fueron tachados de «arte degenerado» por los nazis, pero hoy son motivo de reflexión para los numerosos visitantes. Esta pinacoteca, diseñada por Renzo Piano, ofrece también conciertos, teatro y danza, además de albergar el popular museo infantil Creaviva.

www.myswitzerland.com/es-es/
descubrir-suiza/zentrum-paul-klee-1/

## 655 MARSELLA, FRANCIA

He aquí, bajo el cielo de Marsella, el edificio cúbico gris del Museo de las Civilizaciones. El rigor de su forma lo rompen los orgánicos motivos ornamentales de su revestimiento, que confieren al edificio una mezcla de solidez y transparencia. Justo al lado tenemos, medio enterrado en el suelo, el centro cultural Villa Méditerranée, cuya mitad visible es un amplio saledizo que se proyecta hacia delante. Ambos edificios son la nueva atracción del área portuaria de Marsella y marcan la pauta para una amplia modernización de la zona, ya que se prevé la construcción de más edificios futuristas.

www.marseille-tourisme.com/en

## 657 OLD MILL HOTEL, BELGRADO, SERBIA

¿Cómo conviertes en un moderno hotel un antiguo molino que es

## 656 METROPOL PARASOL, SEVILLA, ESPAÑA

Una de las construcciones de madera más grandes y vanguardistas del mundo en pleno casco antiguo de Sevilla. Esta especie de panales de madera cubiertos de poliuretano dan sombra a la plaza de la Encarnación cual parasoles de forma orgánica o cual setas. Donde solía haber un mercado decimonónico, ahora hay una moderna, animada y céntrica plaza con espacio para relajarse y con tiendas, restaurantes y mercado. En el subsuelo se encuentra el museo arqueológico Antiquarium.

setasdesevilla.com/

patrimonio cultural? La respuesta está en Belgrado, donde se transformó en un moderno hotel un edificio histórico. Merece la pena asomarse al vestíbulo, de dos plantas. Es interesantísima la forma en que aquí se relacionan un antiguo muro de ladrillo y una arquitectura de interiores puntera.

www.radissonhotels.com/en-us/hotels/
radisson-collection-old-mill-belgrade

## 658 MUSEO DE ARTE DE GRAZ, AUSTRIA

¿Ni idea de qué es la arquitectura de *blobs*? La mayoría de los habitantes de Graz, probablemente tampoco lo sepan. Y, sin embargo, deberían: desde el 2003, año en que la ciudad fue Capital Europea de la Cultura, en el casco viejo hay un nuevo museo de arte que, con su forma orgánica y sus tentáculos o trompas-tragaluz, se considera un ejemplo destacado del mencionado estilo arquitectónico. De

hecho, tras superar el primer *shock* y constatar que ahora de repente todo el mundo peregrinaba a su ciudad para ver este edificio entre raro y maravilloso, los lugareños se han reconciliado con él. Como espacio para exposiciones temporales de arte moderno proporciona un marco singular e inconfundible.

www.museum-joanneum.at/en/
kunsthaus-graz

## 659 MUSEO GUGGENHEIM, BILBAO, ESPAÑA

Tenían ante los ojos el declive económico de la ciudad y eso les hizo dar un paso riesgosísimo: a finales de la década de 1990, los ediles de Bilbao invirtieron, para espanto de sus ahorradores conciudadanos, 140 millones de euros en la construcción de un extraordinario museo al que Frank Gehry contribuiría con su diseño y la Fundación Guggenheim con

¿Qué es esto? ¿Una maqueta? En absoluto: todo es auténtico y a escala real.

su colección. El resultado fue una pieza emblemática del deconstructivismo: un coloso vestido de titanio y cristal, y que parece que no tiene sino aduncas formas y superficies torcidas. El coraje de la ciudad tuvo su ansiada recompensa: este fantástico museo recibe más de un millón de visitantes cada año y ha contribuido visiblemente al nuevo auge económico de Bilbao.

www.guggenheim-bilbao.eus

### 660 CIUDAD DE LAS ARTES Y LAS CIENCIAS, VALENCIA, ESPAÑA

«¿Qué pasa aquí?, ¿hemos viajado de repente al futuro o estamos todavía en el siglo XXI?», se pregunta uno cuando llega a esta Ciudad de las Artes y las Ciencias. La culpa la tiene Santiago Calatrava, el arquitecto español estrella, quien dio a este parque de ocio y de cultura su personal rúbrica. Aquí los visitantes no solo encuentran una arquitectura vanguardista, sino también todo tipo de ocio cultural en el museo de las ciencias y en el acuario, y también en el cine-planetario.

www.visitvalencia.com

## ¡YA BASTA DE CASITAS TÍPICAS!

# ANIMALES EN LIBERTAD

A PESAR DE ESTAR DENSAMENTE POBLADA, POR EUROPA TAMBIÉN CORRETEAN ALEGREMENTE HABITANTES CON PELAJE, PEZUÑAS O ALETAS. LOS HAY FÁCILES DE VER Y OTROS QUE REQUIEREN DE PACIENCIA. SON ENCUENTROS, EN CUALQUIER CASO, QUE PERDURAN EN LA MEMORIA.

Reunión de orcas en las aguas europeas del océano Ártico.

## 661 ORCAS, NORUEGA

Si los turistas viajan a los fiordos noruegos porque les gusta la aurora boreal, las orcas lo hacen porque les gustan los arenques (que, de hecho, también han descubierto no pocos turistas). Las orcas noruegas, antaño llamadas «ballenas asesinas» por su agresividad, se pasean todo el año por los fiordos al norte de Tromsø. La mejor época para fotografiarlas desde el barco es entre octubre y enero, el período en que la aurora boreal hace resplandecer toda la noche el firmamento salpicado de estrellas.

www.orcanorway.info

## 662 CABRAS MONTESES DE LOS ALPES, SUIZA

No hay ser vivo capaz de ir saltando con más aplomo por el abrupto paisaje de los Alpes: esta cabra montés sube sin titubeo hasta los 3500 metros. Por lo demás, la gente antes la consideraba una farmacia con patas: su cornamenta, su sangre y hasta sus excrementos eran medicinas tan apreciadas que, a mediados del siglo XVII, en Suiza este animal se extinguió. Pasaron 150 años hasta que se introdujeron, con éxito, ejemplares de otras zonas. Hoy son muchos los pujantes rebaños sobre todo en el cantón de los Grisones.

www.graubuenden.ch/en

## 663 GRULLAS, COSTA DEL BÁLTICO, ALEMANIA

¡Ya vienen las grullas! No darse cuenta es imposible, pues no viajan solas. Tampoco cabe no oírlas, ya que estos pájaros de cuello largo son unos entusiastas y enérgicos cantores. Es un acontecimiento cuando, en primavera u otoño, unas 60 000 aves pasan por el Parque Nacional de la Laguna de Pomerania Occidental, en la península de Darß-Zingst, por la isla de Rügen o por los alrededores de Stralsund. (Las grullas hacen su parada sobre todo en Pramort.) Cada vez acude más gente a apuntar con sus cámaras a estos huéspedes voladores.

www.ostsee.de/baltic-sea-germany/

## 664 LINCES IBÉRICOS, ESPAÑA

El lince ibérico parece que fuera una mezcla de gatito y leopardo; en latín se lo conoce, de hecho, como *Lynx pardinus*. Puede que su suave pelaje moteado, sus simpáticas barbas y sus ojillos sinceros le den un aire como de criatura achuchable. Lo cierto es que se trata de un auténtico depredador que se aproxima con sigilo a sus presas para lanzarse a su garganta con un salto fulminante. Esta especie, cuyo hábitat se limita a España y Portugal, está en peligro de extinción. Quien quiera ver linces ibéricos, que pruebe suerte al anochecer por los bosques andaluces.

www.wwf.es/nuestro_trabajo_/
especies_y_habitats/lince__la_joya_
iberica_/

## 665 LOBOS, CÁRPATOS, ESLOVAQUIA

Linces, osos pardos y lobos: estos son los «tres grandes» de los Cárpatos eslovacos. Los últimos estuvieron varias veces al borde de la extinción, pero los cazadores hubieron de parar al presentarse dos guerras mundiales y diversos conflictos políticos. Hoy son tantas las manadas, que incluso ha vuelto a permitirse cazar lobos. Las posibilidades de encontrar uno son mayores en invierno, ya que entonces es posible seguir sus pisadas en la nieve. Hay que llevar, por supuesto, buenas botas y un guía curtido en el asunto.

https://slovakia.travel/en

## 666 ESTORNINOS, PARQUE NACIONAL DEL MAR DE FRISIA, DINAMARCA

 Quien ha visto bailar juntos en el cielo a millares de estorninos, no va a olvidar tan grandioso espectáculo de la naturaleza nunca. «Sol negro» llaman los daneses al milagro de que, en primavera y otoño, las aves se den cita sobre el Parque Nacional del Mar de Frisia, al sur de Jutlandia, para ejecutar su vertiginoso *ballet* aéreo. Las bandadas, que cada segundo adquieren nuevas formas, a veces son de 200 000 estorninos o más. Están haciendo una pausa de varias semanas de camino a sus zonas de crianza o a latitudes más cálidas, pero siempre hay tiempo para un bailecito.

www.visitribeesbjerg.es/

## 667 VIUDA NEGRA EUROPEA, ITALIA

¿Dolor de cabeza? ¿Presión arterial alta? ¿Calambres musculares? Vaya, igual nos hemos acercado más de lo debido a la viuda negra europea… Con las 13 manchas rojas de su joroba, este arácnido resulta inconfundible. Y parece ser que está a gusto especialmente en Cerdeña. ¿Que qué hacer si te pica? Pues mejor no te pongas nervioso y llama a un médico: muy rara vez es mortal la picadura. Distinta es la cosa para el macho de esta especie: tras la cópula, la hembra lo devora sin más ni más. Su estatus de viuda no es ningún golpe del destino.

www.sardegnatourismo.it/en

## 668 DELFINES, LA GOMERA Y TENERIFE, ESPAÑA

Los delfines gustan a todo el mundo: cazan como flechas por el agua, saltan, chapotean y son curiosos, inteligentes y sociales. También corretean por las aguas de Tenerife y La Gomera, una de las zonas con más ballenas y delfines del mundo. Hace tiempo que se corrió la voz. Pero esta práctica en auge del avistamiento de cetáceos, ¿será tan grata para los animales como para los fascinados humanos? Lo cierto es que hay iniciativas que plantean dirigir la observación turística de delfines y ballenas a lugares donde no se disturbe la vida de estos animales.

www.ocean-la-gomera.com

## 669 SALMONES, CASCADAS DE SHIN, ESCOCIA, REINO UNIDO

Las cascadas de Shin son una especie de pista de carreras de obstáculos para salmones: en lo alto de las Highlands de Escocia, cerca de Lairg, estos han de atravesar algunos rápidos en su camino a su lugar de desove. Y es que el que algo quiere, algo le cuesta… Esta odisea del salmón atrae a mucha gente; hay varios miradores y un centro de interpretación dedicado a este espectáculo. Además, aquí empiezan muchas bonitas rutas para senderismo y bicicleta.

www.visitscotland.com/es-es/
destinations-maps/highlands/

**ANIMALES
EN LIBERTAD**

Esos pinceles en las orejas son su rasgo característico. El lince ibérico vive en Andalucía.

## 670 FOCAS COMUNES, TEXEL, PAÍSES BAJOS

¿Verdad que son monísimas, con esos ojazos negros que tienen? Quien quiera pasarse el día observando los quehaceres de focas pequeñas y grandes, en la isla holandesa de Texel, en el mar del Norte, está en el sitio indicado. En un barco de pescadores te llevan a bancos de arena donde remolonean al sol grandes grupos de focas, y en el centro de interpretación Ecomare te enteras de cómo cuidan a cachorros y a animales enfermos y viejos y de cómo hacen por volver a soltarlos.

www.ecomare.nl/en

## 671 PONIS, PARQUE NACIONAL DE EXMOOR, INGLATERRA, REINO UNIDO

Ponis de Exmoor: así se llama a estos pequeños portentos marrones que disfrutan de la vida en los pantanos y altiplanos de la escarpada región costera situada al norte de los condados de Devon y Somerset. Quien quiera descubrir a través de cientos de kilómetros de magníficos senderos los intactos paisajes del Parque Nacional de Exmoor, probablemente tropiece con estos robustos caballitos.

www.exmoor-nationalpark.gov.uk

## 672 ÁGUILAS REALES, AUSTRIA

«La dicha de uno es la ruina de otro», parece que se estuviera diciendo el águila real cuando, en primavera, inspecciona el paisaje

## 673 MACACOS DE BERBERÍA, GIBRALTAR

¿Monos silvestres en Europa? Pues sí, existen; aunque solo sea en el peñón de Gibraltar, la diminuta colonia británica en la costa sur de España. Estos monos, que posan con desenvoltura ante las cámaras a cambio de algo comestible, se habrían extinguido en la II Guerra Mundial si Churchill no hubiera hecho traer más desde Marruecos. Se dice que Gibraltar solamente pertenecerá a la Corona británica mientras tenga macacos de Berbería…

www.visitgibraltar.gi/es

de los Alpes en busca de animales que, durante el invierno, temporada de aludes, hayan encontrado la «muerte blanca». Pero esto de sentarse a mesa puesta es un puro capricho: con su proverbial vista, el águila real puede atisbar presas a varios kilómetros de distancia. Estas eminentes aves abundan sobre todo en el Parque Natural del Karwendel, al norte de Innsbruck.

www.innsbruck.info/es/senderismo/zonas-de-senderismo/parque-natural-karwendel.html

## 674 OSOS PARDOS, SUECIA

Atención: si un oso tiene las orejas tiesas y la cabeza alzada es que siente curiosidad; si está erguido sobre las patas traseras, está orientándose; pero si resopla y echa espumarajos, baja las orejas y suelta bramidos, mejor apartarse. En Suecia se encuentran osos sobre todo en las zonas silvestres del norte de Jämtland, así como en Laponia. En general tienen poco interés por

el hombre y, cuando se lo encuentran, suelen optar por retirarse. Pero antes de aventurarse en el país de los osos conviene documentarse sobre todas las situaciones posibles.

https://visitsweden.com/what-to-do/nature-outdoors/nature/wildlife-sweden

## 675 ZORROS ÁRTICOS, ISLANDIA

En invierno el zorro ártico se pone su pelaje blanco, que le cubre hasta por encima de las patas y le permite soportar temperaturas de hasta -70 ºC. Cuando, en primavera, la nieve se derrite, este animal prefiere llevar su traje pardo, que no solo es mejor para el tiempo que ahora hace, sino que además camufla. El hombre, ávido de su pelaje invernal, cazó al zorro blanco casi hasta el exterminio. Hoy está protegido, y donde más probable es verlo es en los fiordos occidentales; aunque lo ideal es ir a la península deshabitada de Hornstrandir.

www.westfjords.is/en/town/index/hornstrandir-1

¿Cuánto tiempo llevará esperando a que llegue un taxi a la parada este ágil gibraltareño?

**ANIMALES
EN LIBERTAD**

## 676 OSOS POLARES, SPITSBERGEN, NORUEGA

En Longyearbyen, si se sale a primera hora de la mañana para ver, por ejemplo, qué tal tiempo hace, sería una idea estupenda, sobre todo en invierno, mirar primero para asegurarse de otro asunto. Y es que no es raro que, por las calles del mayor asentamiento de la isla de Spitsbergen, de noche vaguen osos polares. Quien quiera ver a este gigante animal de presa, de hasta 700 kilos, deberá hacerlo en visitas guiadas. Y cuidado con las salidas.

en.visitsvalbard.com

## 677 BUITRES NEGROS, PORTUGAL

Será por esa especie de capucha por lo que lo llaman *aegypius monachus*, «buitre monje»; aunque también tienen ese algo divino su grave mirada y su majestuoso flotar por los aires. El buitre negro es la segunda ave de presa más grande de Europa. A este pájaro gigante le encantan las cadenas montañosas con tupidos bosques y buenos vientos ascendentes, como en el Parque Natural del Tajo Internacional, entre Portugal y España.

www.visitportugal.com/es

## 678 ALCES, FINLANDIA

En los bosques de Finlandia habrá unos 100 000 alces, pero igual es tan sencillo llegar a tener uno ante

la cámara (aparte del de las señales rojas y amarillas de la carretera). Estos reyes del bosque son muy huraños. Si los fineses aprecian la carne de alce, lo de los turistas es fascinación. Hoy hay también alces en algunos zoológicos: se les puede acariciar y dar de comer en Moose Manor, cerca de Jämsa, donde unos cuantos animales protegidos viven en una zona de bosque vallada.

visitcentralfinland.com

## 679 FRAILECILLO COMÚN, ESCOCIA, REINO UNIDO

Quien ante este pájaro tan cuco y de pico tan rojo se diga «Madre mía, qué monada…», habrá intuido de qué va el asunto. Y es que los frailecillos se emperejilan de esta forma para llamar la atención de una pareja adecuada durante la época de celo. Solo entonces relucen sus picos como si llevaran un pintalabios rojo intenso, y solo entonces lanzan seductores su reclamo machos y hembras. La mayor parte del año estas aves la pasan en mar abierto; en la costa solo se acomodan entre abril y agosto para aparearse y criar. Donde mejor se los ve entonces es en las islas Shetland o en la isla de Noss.

owlcation.com/stem/Where-To-SeePuffins

Animales heráldicos con plumaje rosa: los flamencos son típicos de la Camarga.

# 680 CABALLOS Y FLAMENCOS, CAMARGA, FRANCIA

Esta llanura de aluvión de la Provenza se puede visitar cómodamente en barco o a lomos de un caballo blanco de la Camarga. Este modo de viajar ya se le antojó lo más al mismísimo general y estadista romano Julio César, quien hizo que se abrieran dos criaderos para esta raza equina, que solo se encuentra en esta zona. Estos solípedos aún siguen campando en libertad por la Camarga, junto a las reses bravas autóctonas y a una enorme variedad de especies de aves. En las tarjetas postales aparecen sobre todo, con sus largas patas rosas, los envarados flamencos.

//es.france.fr/es

# ANIMALES EN LIBERTAD

# MORADAS DE GRANDES SEÑORES

GRUESOS MUROS, ALTIVAS TORRES Y UN BUEN MONTÓN DE HISTORIAS. PALACIOS Y CASTILLOS ATESTIGUAN, POR DOQUIER EN EUROPA, CUÁNTO DURA YA LA HISTORIA DEL CONTINENTE.

## 681 CASTILLO DE WINDSOR, INGLATERRA, REINO UNIDO

Castillos hay muchos, ¿pero en cuántos sigue viviendo un auténtico monarca? El castillo de Windsor es la residencia oficial de la reina británica y el castillo más grande del mundo que sigue habitado. Sus orígenes se remontan al siglo XI, cuando el rey Guillermo I erigió aquí un fuerte de madera que se mantuvo 250 años, hasta que fue sustituido por unos cimientos más estables, que aún se conservan. Actualmente tiene 150 habitantes permanentes, entre ellos la reina Isabel II. Se permiten visitas, aunque no a los aposentos privados de su alteza.

www.rct.uk/visit/windsor-castle

## 682 PALACIO DE EGESKOV, DINAMARCA

*Egeskov* significa «robledo», pues todo un robledo se habría talado solo para los cimientos de este castillo, emplazado en mitad de un lago. Pero esa no es sino la premisa de los delirios de grandeza de este palacio, que tiene, en su pintoresca isla de 1150 hectáreas, 66 estancias, 200 ventanas, un laberinto de setos, praderas y mil plantas considerado el jardín más bonito de Europa y unos imponentes museos. Aquí casi siempre organizan algo, desde festivales a mercados navideños; pero la visita merece todo el día, aunque no haya eventos previstos.

www.egeskov.dk/en

## 683 PALACIO PETERHOF, RUSIA

No muchos soberanos pueden decir que arrimaron el hombro personalmente en la construcción de sus majestuosas residencias. Pedro I el Grande, sin embargo, habría contribuido de manera muy activa a las obras de Peterhof, que suele calificarse como el Versalles ruso. Aunque él se centró, más que en el boato —que corrió a cargo de Catalina II la Grande un siglo más tarde—, en la solidez. Este suntuoso palacio, 30 kilómetros al oeste de San Petersburgo, básicamente es una reconstrucción del original, que fue destruido y expoliado durante la II Guerra Mundial.

www.visit-petersburg.ru/es_sanpetersburgo/

## 684 PALACIO DUCAL, URBINO, ITALIA

El palacio del duque Federico da Montefeltro, uno de los más exitosos *condottieri* del Renacimiento italiano, es un microcosmos en toda regla. Entre los cientos de estancias, salas de audiencia, salones, capillas, galerías y aposentos privados se encuentran algunos espacios exclusivamente dedicados a los estudios humanísticos de Federico. Entre estos espacios destaca su *studiolo,* que alberga objetos cargados de simbolismo como guitarras o instrumentos científicos, pero también armas y armaduras.

www.palazzoducaleurbino.it

Un milagro en Normandía: la abadía fortificada del monte Saint-Michel.

### 686 PALACIO NACIONAL DA PENA, SINTRA, PORTUGAL

Lo que el rey Luis II es para los bávaros, sería para los portugueses el anómalo «rey artista» Fernando II. Como un castillo de Neuschwanstein del sur de Europa se yergue, sobre unas colinas boscosas situadas a las puertas de Sintra, su romántico palacio de ensueño, con su fachada amarilla y rosa.

www.visitportugal.com/es/content/palacio-nacional-da-pena

### 687 CASTILLO DE HLUBOKÁ, CHEQUIA

El castillo de Hluboká, en el sur de Chequia, es toda una cima del Romanticismo. Tiene 11 torres y 140 estancias, en su mayoría provistas de ostentosas colecciones de cuadros, cornamentas de ciervo, paredes revestidas, elegantes muebles y finas alfombras. Hasta hace poco solo podía visitarse en verano, pero hace algunos años empezaron a calentar en invierno estos extravagantes espacios.

www.zamek-hluboka.en

### 685 MONTE SAINT-MICHEL, FRANCIA

El encargo de construir esta abadía vino de muy alto: en el año 708, al obispo Auberto de Avranches se le apareció un arcángel y le ordenó erigir una capilla en un peñón granítico situado frente a la costa de Normandía. Incluso el obispo encontró todo aquello un poco insólito, pero, como el ángel insistió, el hombre decidió cumplir su encargo. La abadía de este imponente cerro, que durante la Guerra de los Cien Años (1337-1453) se convirtió en fortaleza, hoy es uno de los lugares más visitados de Francia.

www.bienvenueaumontsaintmichel.com

### 688 CIUDADELA DE CARCASONA, FRANCIA

Ante la puerta y las torres de esta antigua ciudad fortificada, casi se espera ver aparecer a Astérix y Obélix, este último quizás con el menhir a la espalda. Y es que la ciudadela de Carcasona vivió su

# 689 ALHAMBRA, GRANADA, ESPAÑA

Para visitar el palacio más famoso de España, es necesario planearlo bien o, mejor dicho, reservar: algunos días se apiñan hasta 6000 visitantes por los palacios andalusíes y por los jardines del Generalife. La principal atracción son los palacios nazaríes, sede del gobierno de los soberanos andalusíes entre los siglos XIII y XV. Tampoco hay que dejar de ver, naturalmente, el patio de los Leones, con su celebérrima fuente. Pero lo más bonito son esos jardines realmente infinitos desde los que se alcanza a ver las cimas blancas de Sierra Nevada.

www.alhambradegranada.org

A los soberanos andalusíes les gustaban las cosas a lo grande y con unas vistas superlativas: la Alhambra.

apogeo en el Medievo, pero sus orígenes galorromanos saltan a la vista. Esta gigantesca fortificación, situada a orillas del Aude, en el sur de Francia, llegó a contar con 4000 habitantes en la Edad Media. Hoy, en días buenos, los turistas probablemente sean otros tantos.

www.turismocarcassonne.es/

troeuropa. El hecho de que, con sus nobles fachadas exteriores y sus incontables tesoros, este nuevo palacio acabara por contribuir a la bancarrota del imperio, hoy nos parece, a la vista de este prodigio opulento, un precio razonable.

www.millisaraylar.gov.tr/saraylar/dolmabahce-sarayi

### 690 CASTILLO DE VIANDEN, LUXEMBURGO

No debe de haber muchos castillos tan bien conservados como esta sólida fortificación, cuyos orígenes se remontan nada menos que al siglo XI. En 1871, el escritor francés Victor Hugo fue el primero en reparar en su arrebatadora belleza y en la del paisaje que lo enmarca. Hizo un dibujo de lo que entonces eran todavía sus ruinas sin restaurar, y le auguró que lo visitaría toda Europa. Los millones de turistas de todo el mundo que hoy acuden ni Hugo los hubiera imaginado.

www.castle-vianden.lu/english/index.html

### 692 MICENAS, GRECIA

La que acaso sea la atracción turística más conocida de Grecia, Acrópolis aparte, surgió hace unos 3000 años; era una importante capital y la cuna de la civilización micénica. Aquí habrían visto la luz del mundo Agamenón, Menelao, Perseo y Atreo. Con la *Ilíada* y la *Odisea*, Homero hizo famosísima en la Antigüedad a esta poderosa urbe. Durante mucho tiempo se pensaba que sus relatos eran puras invenciones, hasta que dos arqueólogos aficionados dieron con las ruinas en el siglo XIX.

www.visitgreece.gr/en/culture/archaeological_sites/mycenae_and_tiryns

### 691 PALACIO DE DOLMABAHÇE, ESTAMBUL, TURQUÍA

El encargo del sultán Abdülmecid I a sus arquitectos no dejaba lugar a dudas: se trataba de erigir junto al Bósforo un palacio que dejara sin aliento a toda Europa y, de hecho, al mundo en general. El antiguo palacio de Topkapı, que hasta entonces había sido la sede del Gobierno y la residencia de los sultanes, resultaba incompatible con la nueva orientación del Imperio otomano, que ahora miraba a Cen-

### 693 FORTALEZA DE KLIS, CROACIA

Esta antigua fortaleza de las colinas del norte de Split ha presenciado, en su historia centenaria, algún que otro baño de sangre. El último fue ficticio: cuando, en la cuarta temporada de *Juego de tronos*, crucifican a 163 ni-

## MORADAS DE GRANDES SEÑORES

ños esclavos y a continuación hallan la muerte sus amos. Las vistas sobre las verdes colinas hasta el Adriático son esencialmente pacíficas.

croatia.hr/es-ES

## 694 FORTALEZA DE BENDER, TRANSNISTRIA, MOLDAVIA

Los muros de la ciudad de Bender, a orillas del Dniéster, todavía albergan balas de la guerra civil de la década de 1990. Hoy, sin embargo, esta pequeña ciudad se engalana pensando en los turistas. Junto al impresionante monasterio de cúpulas bulbosas se encuentra la fortaleza medieval, que hasta el 2010 seguía alojando a tropas rusas. Hoy está abierta a los visitantes, a quienes aguarda un museo y la legendaria bola de cañón del barón Münchhausen.

www.bendery-fortress.com/en

## 695 CASTILLO DE PEYREPERTUSE, FRANCIA

Ojalá los pobres albañiles que en el siglo XI erigieron sobre un peñón esta imponente fortaleza no tuviesen vértigo. Y es que la cara exterior de los muros hace haz con la pared vertical del cerro: 800 metros hasta el valle del Verdouble. Lo mejor es visitarlo a comienzos de agosto, cuando las antiguas armaduras de caballeros se exponen en un festival medieval de dos días.

www.peyrepertuse.com

## 696 CASTILLO DE GRIPSHOLM, SUECIA

En su libro *El castillo de Gripsholm*, publicado en 1931, el escritor alemán de origen judío Kurt Tucholsky describía un triángulo amoroso; cosa osadísima en su tiempo, y un chollo absoluto para la industria turística sueca. A raíz de la exitosa adaptación cinematográfica de la novela, los visitantes acuden a raudales para echar un vistazo al escenario del pecaminoso *affaire*. El castillo, que se encuentra en una idílica isla del lago Mälar, actualmente alberga una considerable pinacoteca con más de 2000 retratos.

www.kungligaslotten.se/english.html

## 697 CASTILLO DE BRAN, RUMANÍA

¡Imprescindibles el ajo y el crucifijo! Este siniestro castillo transilvano habría sido la inspiración del escritor Bram Stoker para la morada de su Drácula. Lo cierto es que hoy se considera que aquí jamás estuvieron ni el autor irlandés ni el modelo histórico de su personaje, el príncipe Vlad III Drăculea. Estos viejos muros lúgubres ponen, pese a todo, la piel de gallina.

www.bran-castle.com

## 698 CASTILLO LACUSTRE DE TRAKAI, LITUANIA

Desde su construcción, en la segunda mitad del siglo XI, este castillo como de cuento de hadas ha presenciado incontables conflictos; hoy, sin embargo, en Trakai se

lucha básicamente por las plazas de aparcamiento. Los habitantes de esta pequeña ciudad han tomado nota y ofrecen aparcar junto a sus puertas por un módico precio. Un puente peatonal cruza el lago Galvé hasta la fortaleza lacustre, donde un museo explica la historia de la misma y es posible asomarse a algunas de las antiguas estancias.

trakaimuziejus.lt/en

## 700 SAN LORENZO DE EL ESCORIAL, ESPAÑA

En el interior de este gigantesco palacio-monasterio podrían insta-

Palacete de recreo en las Highlands escocesas: el pintoresco castillo de Eilean Donan.

# 699 CASTILLO DE EILEAN DONAN, ESCOCIA, REINO UNIDO

No hay castillo sin historias oscuras, y sobre este de Eilean Donan se dice que fue erigido en memoria de Donnan de Escocia, quien en abril de 617 encontró la muerte intentando convertir al cristianismo a los pictos. Sin embargo, no hay pruebas de ello y el castillo de esta isla empezó a construirse en el siglo XIII. Hoy sigue sufriendo ataques: de hordas de turistas que disparan contra él sus cámaras. Quien quiera, puede celebrar una boda de ensueño en el castillo más visitado de Escocia.

www.eileandonancastle.com

larse cómodamente seis campos de fútbol… pero no sería muy buena idea, pues el edificio cuenta con más de 2600 ventanas. La mayor construcción renacentista del mundo se debe al rey Felipe II, quien consideró que su victoria sobre Francia en el año 1557, en la batalla de San Quintín, bien merecía un gran monumento. Y tras tanto boato, también se puede visitar algún bar de tapas del pueblecito.

www.patrimonionacional.es/real-sitio/real-sitio-de-san-lorenzo-de-el-escorial

# CARRETERAS QUE DA GUSTO RECORRER

A VECES SE TRATA DE DEJARSE LLEVAR Y MIRAR; OTRAS, DE CONCENTRARSE Y TOMAR CURVAS. EUROPA TIENE UNAS CARRETERAS IGUAL DE DIVERSAS QUE SU TOPOGRAFÍA. ALGUNAS DISCURREN JUNTO AL MAR, Y OTRAS, ENTRE LAS NUBES, POR MONTAÑAS Y CURVAS QUE NUNCA TERMINAN.

## 701 PUERTO DE FURKA, SUIZA

Todo el mundo conoce esta carretera. ¿O es que hay alguien que no recuerde a Sean Connery, en *James Bond contra Goldfinger*, a toda velocidad en su Aston Martin plateado por el puerto de Furka? Desde entonces (1964), este trayecto de 40 kilómetros entre los cantones de Uri y del Valais se ha ensanchado y se ha hecho tremendamente popular para excursiones de fin de semana, ciclistas profesionales o motoristas. Como alcanza los 2429 metros, hay que esperar un poco hasta que se levantan las barreras con el verano; entonces puede circularse libremente por una de las carreteras panorámicas más famosas de Europa. Las vistas del glaciar del Ródano desde el Hotel Belvedere son inolvidables.

www.myswitzerland.com/es-es/descubrir-suiza/furka-pass

Curva en U magistralmente tomada: el hotel-restaurante Belvedere, en el puerto de Furka.

Una cinta de asfalto de ensueño… para conductores de descapotables y motos: la carretera alpina del Grossglockner.

## 702 GRANDE CORNICHE, FRANCIA

Otra carretera inmortalizada en el cine: Grace Kelly, con el pelo al viento, conduciendo su descapotable por la carretera panorámica de la Grande Corniche, la vía costera más bonita de la Costa Azul, en *Atrapa a un ladrón*, filme de Alfred Hitchcock. Este trayecto entre Menton y Niza es impresionante: curvas cerradísimas, vistas espectaculares del mar, una suave brisa y la típica vegetación mediterránea de naranjos y limoneros. Solo que hoy esta Grande Corniche no es tan solitaria como en los tiempos de Grace Kelly: está abarrotada de excursionistas, sobre todo en los meses de verano.

www.la-provenza.es/ruta-de-las-corniches

## 703 RUTA DEL PLAN DELTA, PAÍSES BAJOS

Los holandeses construían muy cerca del agua, y esta a veces se les echaba literalmente encima; de modo que se afanaron en poner coto a las pleamares. En el suroeste del país lo hicieron con el Plan Delta, el mayor sistema de contención de mareas vivas del mundo; de hecho, lleva trazas de pasar a la historia como una de las maravillas modernas. Esta gigantesca instalación consta de 13 módulos con diques y esclusas, y por todos pasa la ruta del Plan Delta, de 457 kilómetros. El dique de Oosterschelde, de 3 kilómetros, reposa en 65 enormes pilares de hormigón.

www.holland.com/es/turista/destinos/provincias/zelanda/plan-delta.htm

## 704 BEALACH NA BÀ, ESCOCIA, REINO UNIDO

Bealach na Bà es gaélico y significa «paso del ganado», pero este apacible nombre no debe confundir: es una carretera peligrosa. ¿Y qué hace tan aventurado este trayecto entre la península de Applecross y

## 706 CARRETERA ALPINA DEL GROSSGLOCKNER, AUSTRIA

A diferencia de los primeros exploradores que cruzaban los Alpes, en la década de 1930 los constructores de la carretera alpina del Grossglockner no se enfrentaban al desafío de abrir nuevas rutas comerciales, sino de hacer accesibles para los turistas motorizados los parajes de esta cordillera. Gracias a ellos, hoy se puede viajar cómodamente hasta el mirador del alto del Emperador Francisco José, a 2369 metros, que ofrece unas vistas indescriptibles del Grossglockner y del Pasterze, el monte más alto y el glaciar más largo de Austria, respectivamente.

www.grossglockner.at/gg/es/index

---

Lochcarron? Pendientes de hasta el 20%, cerradísimas curvas en U y un solo carril. Nada aconsejable para conductores noveles o tipos nerviosos. Estos es mejor que vayan de copiloto y disfruten en sus 16 kilómetros, del vasto paisaje hirsuto de las Highlands y del resplandeciente mar a lo lejos.

www.visitscotland.com/es-es/
destinations-maps/highlands/

## 705 CARRETERA ALTA DE LA SELVA NEGRA, ALEMANIA

Esta carretera, la B500 –una de las primeras rutas turísticas de Alemania–, serpentea entre las locali-

dades de Baden-Baden y Freudenstadt por colinas, valles y tupidos bosques. Cuando la época del año lo permite, puede uno inspirar por las ventanillas abiertas del coche el fresco aroma de los pinos y los abetos. Hay que planear, eso sí, algún que otro alto en el camino; por ejemplo, en el mirador de Bühlerhöhe, en el precioso lago Mummel o en las imponentes ruinas de la abadía de Todos los Santos.

www.germany.travel/es/ocio-relax/
rutas-turisticas/ruta-panoramica-de-la-
selva-negra.html

## 707 CARRETERA CIRCULAR, ISLANDIA

Puede que California tenga la Highway 1, pero Islandia tiene la carretera nacional 1. Esta *hringvegur* («carretera circular») discurre a lo largo de 1341 kilómetros alrededor de esta isla del Atlántico Norte. Pasa por casi todas las ciudades islandesas de entidad y, mejor, por incontables cascadas, fiordos y fuentes termales. Quien quiera dar

# CARRETERAS QUE DA GUSTO RECORRER

la vuelta completa a Islandia, ten-
dra que tomarse como mínimo
10 días. Lo ideal es contar con
paradas adicionales y ulteriores
desvíos.

es.visiticeland.com

# 708 DEL PIREO A SUNIÓN, GRECIA

El trayecto desde el puerto mediterráneo del Pireo hasta el cabo de
Sunión podría calificarse de gozosa
odisea por la mitología griega. El
golfo Sarónico, por ejemplo, desde
donde esta carretera costera de
unos 70 kilómetros ofrece unas
vistas grandiosas, debe su nombre
al rey Sarón, quien se ahogó cuando perseguía a una cierva hasta
bien dentro del mar. Meta y cénit
de esta ruta es el cabo de Sunión,
con las ruinas del templo de Posei-
dón que coronan, altivas, el acantilado. Desde él se arrojó el rey Egeo
cuando supo la (falsa) noticia de la
muerte de su hijo. Y es que hasta
los antiguos griegos tenían ya que
luchar con *fake news*…

www.guiadegrecia.com/excursiones/
cabosunion.html

# 709 AMALFITANA, ITALIA

Es casi demasiado hermosa para
ser verdad… Hablamos de la costa
Amalfitana, la quintaesencia de la
tierra de los limoneros en flor.
Quien circule por la legendaria
carretera costera Amalfitana, de
unos 50 kilómetros, desde Meta
hasta Vietri sul Mare, deberá tener

Es como si condujeras por el agua: la carretera del Atlántico, en Noruega.

cuidado para no distraerse con las vistas de ensueño del golfo de Salerno, con la vegetación mediterránea, con las coloridas casitas encaramadas a las peñas y con el fantástico escenario. Y es que aquí hay que centrarse en dominar unas curvas cerradísimas junto a despeñaderos de vértigo y unos pasos muy estrechos.

www.amalficoast.com

## 710 DE VIENA A MELK POR EL VALLE DE WACHAU, AUSTRIA

También el valle de Wachau ha sido escenario de muchas películas. Es verdad que podría sospecharse que aquí no hay más que jubilados ociosos, pero qué va. Unos 80 kilómetros al oeste de Viena, el Danubio serpentea entre Krems y Melk pasando por viñedos salpicados de palacios y castillos. Hay viticultores que ofrecen catas de vinos, en las

que es mejor que solamente participe quien vaya en bici por la ruta ciclista del Danubio. Se termina el trayecto un pelín achispado, feliz ante la imponente abadía benedictina de Melk.

www.donau.com/en/the-danube-in-lower-austria/

## 711 CARRETERA REAL, FINLANDIA

Por esta calzada, que desde el siglo XIV recorrían campesinos, reyes, comerciantes y peregrinos –temerosos todos de que los asaltaran– hoy se puede transitar tranquilamente. Esta histórica vía axial llevaba antaño de Bergen a San Petersburgo pasando por Oslo, Estocolmo, las islas Åland y Turku. Durante la Edad Media fue una de las rutas más importantes de Finlandia, y a su vera fueron alineándose edificios señoriales, palacios, castillos o iglesias. Una forma estupen-

da de descubrir el bellísimo sur de Finlandia.

www.visitfinland.com/es/articulo/recorrer-finlandia-en-coche/

## 712 WILD ATLANTIC WAY, IRLANDA

Aquí da gusto conducir. Paisajes ora exuberantemente verdes, ora ásperamente abruptos y un Atlántico ya azul, ya gris-acero junto al asfalto: así pintan los 2500 grandiosos kilómetros de carreteras de esta ruta costera del Atlántico, en el oeste de Irlanda. Se dice que es la carretera costera más larga del mundo: va serpenteando entre colinas de norte a sur –o viceversa– junto al litoral occidental irlandés con el incesante murmullo del océano.

www.ireland.com/es-es/articulos/wild-atlantic-way

## 713 CARRETERA DEL ATLÁNTICO, NORUEGA

¿Ir saltando de isla en isla por la costa atlántica noruega? No hay cosa más sencilla. Y es que esta «carretera del Mar», de apenas 8 kilómetros, describe sus meandros entre las localidades de Vevang al oeste y Kårvåg al este, pasando por incontables islotes. Aquí y allá cruzas tramos de mar por puentes de osada curvatura, tras lo que vuelves a serpentear sobre tierra firme. Este prodigio viario, inaugurado en 1989, fue declarado por los noruegos obra pública del siglo.

www.fjordnorway.com/

## 715 DE LISBOA A SINTRA, PORTUGAL

De Lisboa a Sintra el trayecto apenas dura media hora… salvo que se vaya por la carretera de la costa. No hay que dejar de asomarse, al sur de Sintra, al Castelo dos Mouros, una fortaleza del siglo VIII emplazada a una altura de vértigo.

# CARRETERAS QUE DA GUSTO RECORRER

# 714 CARRETERA DE TRANSFĂGĂRĂȘAN, RUMANÍA

Esta apabullante carretera alpina, en la que cada curva muestra el paisaje desde otra imponente perspectiva convirtiendo el trayecto en una experiencia inolvidable, es perfecta para los amantes de los paisajes salvajes. La carretera de Transfăgărășan, en la Gran Valaquia, va enroscándose durante 100 kilómetros por los montes de Făgăraș, al sur de los Cárpatos, con un puerto de montaña a 2000 metros de altitud. A lo largo de la vía, que solo está abierta los cuatro meses en torno al verano, hay túneles y viaductos; se pasa incluso sobre una exigua presa. Los conductores noveles es mejor que se resignen, para tranquilidad de sus acompañantes, al asiento del copiloto.

www.larumania.es/carretera-transfagarasan.html

La carretera de Transfăgărășan no siempre hace justicia a su sobrenombre de «carretera hacia las nubes».

Quien llegue al Cabo da Roca, el punto más occidental del continente europeo, se habrá pasado un poco. Pero, bien mirado, ¿qué más da?

www.visitportugal.com/es

## 716 SLEA HEAD DRIVE, IRLANDA

Son solo 30 kilómetros, pero tremendos. Esta carretera del Slea Head, en la península irlandesa de Dingle, al oeste del país, es el sueño de quien conduce por placer (coche o moto). La península de Dingle ofrece todo lo que caracteriza a la Irlanda salvaje: abruptas peñas, acantilados, solitarias playas de arena e idílicas vistas al mar. Este trayecto lleno de curvas es toda una experiencia.

www.ireland.com/es-es/

## 717 TIMMELSJOCH, AUSTRIA

Este puerto alpino de frontera, en italiano *passo* del Rombo, antaño era lugar de contrabandistas; hoy lo es sobre todo de turismos y motos. Conecta el Tirol austríaco con el sur del Tirol, ya en Italia, trazando incontables curvas por el apabullante mundo helado de los Alpes de Ötztal. Junto al puesto de peaje de Hochgurgl está el museo motociclista más alto de Europa, con ejemplares de más de 100 fabricantes. En cualquier caso, este puerto solo está abierto los meses de verano, y está prohibido circular entre las 20 y las 7 horas.

www.timmelsjoch.com/en//

## 718 LA CALOBRA, MALLORCA, ESPAÑA

Si el nombre de Calobra recuerda a «culebra», por algo es. A esta famosa cala se accede por una carretera que no tiene otra cosa que curvas. Su trazado extremadamente agreste, se debe al ingeniero italiano responsable de su construcción, que no quería alterar la naturaleza sino lo mínimo posible; de ahí que se dejara guiar por la orografía preexistente. Un punto maestro de esta obra de ingeniería es el llamado Nudo de la Corbata, una curva de 270 grados en que la carretera pasa por debajo de sí misma.

www.traveler.es/naturaleza/articulos/sa-calobra-mallorca-ruta-coche/12752/

## 719 CAT AND FIDDLE ROAD, INGLATERRA, REINO UNIDO

¿Una carretera que se llama como un *pub*? Solo podría pasar en Inglaterra. Y justamente eso ocurre con la carretera Cat and Fiddle, entre Macclesfield (Cheshire) y Buxton (Derbyshire): el *pub* Cat and Fiddle se encuentra junto a ella. Se trata de la carretera más famosa de Peak District, un parque nacional del centro de Inglaterra que atrae a los turistas con sus paisajes pelados y amplios y con sus humedales. Esta sinuosa calzada ofrece unas vistas fantásticas, y también es muy popular entre los motoristas. Afortunadamente hay límite de velocidad,

www.drivingforpleasure.co.uk/roads-and-tours/uk-road.php?s=2011-08-24-cat-and-fiddle

## 720 CARRETERA ADRIÁTICA, CROACIA Y MONTENEGRO

¿La carretera más bonita de Europa? Esta famosísima Jadranska Magistrale, o Vía Maestra Adriática, sin duda tiene todas las perspectivas –en el sentido literal de la palabra– para hacerse con semejante título. Conecta la ciudad italiana de Trieste con la localidad montenegrina de Ulcinj; más de 1000 kilómetros de impresionante paisaje costero croata, con breves tramos de Eslovenia y un salto momentáneo a Bosnia-Herzegovina. Las soberbias vistas del mar hacen de este trayecto toda una experiencia, aunque parece que también es conocido por la conducción temeraria de algunos…

croatia.hr/es-ES; www.visit-montenegro.com

# CARRETERAS QUE DA GUSTO RECORRER

# HOLA, ¿HAY ALGUIEN AHÍ?

ESPACIOS VACÍOS POR LOS QUE NO PASA SINO EL VIENTO: ESTOS LUGARES PERDIDOS DE EUROPA FASCINAN CON SUS HISTORIAS DE ADIOSES Y DESESPERACIÓN.

## 721 COLONIA VACACIONAL LES DOLIMARTS, BÉLGICA

Este lugar de recreo para 1000 alegres turistas que pasaban la época más bonita del año en 55 lindas casitas de las Ardenas belgas, bulló de vida durante 30 años, pero un día tuvo que echar el cierre por motivo, como siempre, del vil metal. Desde hace 20 años, por aquí no rondan sino los fantasmas del pasado. También la naturaleza contribuye a convertir en un sitio apartado del mundo lo que antaño fuera un entorno vivísimo.

valoniabelgicaturismo.es/es

## 723 CRACO, ITALIA

Durante 20 años, los habitantes de Craco resistieron a las fuerzas de la naturaleza; tras varios corrimientos de tierra entre 1959 y 1972 y un terremoto en 1980, optaron por construir un nuevo asentamiento en el valle. En las décadas siguientes, las inclemencias fueron ajando los edificios abandonados, hasta que en el 2010 el World Monuments Fund incluyó a Craco en su lista de monumentos culturales amenazados, y sus callejones volvieron a llenarse de vida. El lugar se ha convertido, con su especial encanto de soledad y pasado, en destino de numerosos turistas.

www.italia.it/en/discover-italy/basilicata/matera.html

## 722 DVIGRAD, CROACIA

A veces uno no tiene suerte o directamente le persigue el mal fario. Unas 200 casas en ruinas es lo único que queda del importante emporio que fue Dvigrad. Y es que el destino fue despiadado con esta ciudad de Istria: en el siglo XV fue destruida dos veces por sendas guerras, y luego la asolaron la peste y el cólera. En el siglo XVII la malaria se llevó por delante a prácticamente el 90% de la población, y los supervivientes se trasladaron a las ciudades de los alrededores. La herencia son unos muros invadidos de hiedra y una historia dramática.

www.rovinj-tourism.com/en

Los vanos de las ventanas de las pintorescas casas de Craco miran fijamente a las colinas de la región de Basilicata.

# 724 GEAMĂNA, RUMANÍA

La mitad de las cruces sepulcrales de Geamă-na están sumergidas en un caldo marrón verdoso, mientras que de la iglesia solo asoma del pantano la punta. De esta localidad rumana no han quedado sino los restos situados más alto; lo demás fue engullido por la ciénaga. La inundación de este valle con fango procedente de una mina de cobre se inició en 1978 por orden del dictador rumano Nicolae Ceaușescu. Hoy ya no vive nadie en Geamăna. Quien aguce el oído escuchará, sin embargo, a la vista de tan siniestro espectáculo un quedo grito que conmina a relacionarnos con la naturaleza de forma responsable.

www.larumania.es/

## 725 CIRCO NACIONAL, CHISINÁU, MOLDAVIA

Que antes todo era mejor puede decirse, sin duda, sobre el Circo Nacional de la capital moldava. Se decía incluso que aquí estaba el mejor circo de la URSS. Pero este edificio en forma de enorme cesta, que antaño recibía orgulloso a los espectadores, hoy está abandonado y lleva tiempo desmoronándose. Incluso las reparaciones imprescindibles se suspendieron por falta de dinero. Este notable edificio de estilo modernista soviético se descompone y no es solo con el crepúsculo cuando exhala algo inquietante.

moldova.travel/en/

## 726 ORADOUR-SUR-GLANE, FRANCIA

Ruinas de casas y paredones son el testigo mudo de una masacre indescriptible. En 1944, las temibles Waffen-SS alemanas mataron a casi todos los habitantes de este pueblo francés, tras lo que incendiaron las casas reduciéndolas a escombros. Este lugar completamente destrozado se mantiene intacto desde entonces, y hoy es un lugar de advertencia y de memoria. Un centro de interpretación cercano informa sobre la historia de Oradour-sur-Glane.

www.oradour.info

## 727 CASINO, CONSTANZA, RUMANÍA

Desde fuera, este casino del bulevar Regina Elisabeta, junto al mar Negro, da la impresión de recibir constantemente limusinas y estar abarrotado por la alta sociedad. Pero este maravilloso edificio modernista, que en la II Guerra Mundial también sirvió de hospital de campaña, lleva vacío desde 1990. A quien entra en él, se le antoja que aún resuenan, bajo las lámparas de araña que quedan, el tintinear de vasos, las conversaciones y las risas.

www.larumania.es/

## 728 TYNEHAM, INGLATERRA, REINO UNIDO

«Algún día volveremos y les daremos las gracias por habernos cuidado tan bien nuestro pueblo». La esperanza de una habitante eva-

Huellas de un crimen contra el hombre y la naturaleza: la torre de la iglesia de Geamăna en mitad de un lodo ponzoñoso.

cuada de Tyneham no se cumplió. Y es que el ejército británico tampoco dejó el lugar cuando acabó la guerra. En 1943 lo había considerado un sitio ideal para maniobras, por lo que sus 250 habitantes tuvieron que abandonarlo. Hoy, en fines de semana y días festivos, los lugareños y los turistas pueden visitar Tyneham, donde, en diciembre de 1943, el reloj se detuvo para siempre.

www.visit-dorset.com

cercano al centro de Helsinki es un lugar abandonado. Aquel esplendor solo puede intuirse, ya que las garras del tiempo han hecho estragos en los edificios de madera deshabitados. Algunos ya han colapsado, otros fueron incendiados deliberadamente. Los proyectos de volver a construir en Kruunuvuori se estrellaron contra la burocracia finlandesa.

www.myhelsinki.fi/en

1920, aviones civiles y militares a todo el mundo. (O al menos a Estocolmo, Helsinki o Berlín.) Tras tanto vuelo, vino la caída: el nuevo aeropuerto de Riga volvió insignificante a este de Riga-Spilve, el exterior de cuyo vestíbulo de la era Kruschev, modelo de la arquitectura neoclásica soviética, aún sigue en pie.

www.liveriga.com/en

## 729 KRUUNUVUORI, FINLANDIA

En estas nobles casas de madera se alojó un día la élite finlandesa; hoy este pedazo de bosque mixto

## 730 AEROPUERTO RIGA-SPILVE, LETONIA

Abandonado, desahuciado, cerrado… De este antiguo aeropuerto de Riga salían, desde la década de

# HOLA, ¿HAY ALGUIEN AHÍ?

La memoria de los partisanos croatas de la II Guerra Mundial ha sufrido mucho.

# 731 MONUMENTO A LOS PARTISANOS, PETROVA GORA, CROACIA

En la sierra de Petrova Gora, en mitad de Croacia, se yergue desde 1982 un enorme monumento a los partisanos de la II Guerra Mundial. Hoy esta escultura metálica de 30 metros es una triste advertencia. Y es que aquí relucían inicialmente lustrosos paneles de acero… pero hoy es solo un esqueleto lo que queda. ¿Estragos de la naturaleza? No: los chatarreros clandestinos, que ante nada sagrado se arredran y, si algo brilla, con ello arramblan.

croatia.hr/es-ES

# 732 MURO ATLÁNTICO, FRANCIA

Fantasmagóricos bloques enormes de hormigón que yacen en la playa: un recuerdo de los siniestros días de la II Guerra Mundial. Formaban parte del Muro Atlántico que los invasores alemanes construyeron a lo largo de la costa atlántica, del canal de la Mancha y del mar del Norte: el «fortín de Europa» (2685 kilómetros en total). Por suerte no sirvió de nada, pero todavía pueden visitarse los restos de bases, búnkeres y muros acorazados.

es.normandie-tourisme.fr/turismo-de-normandia-1-5.html

## 733 GAIRO VECCHIO, CERDEÑA, ITALIA

En 1951, tras unas fuertes lluvias, una avalancha de lodo anegó la mitad de Gairo Vecchio; los habitantes se marcharon y quedó una ciudad fantasma. Las casas de Gairo Vecchio, cuyas fachadas antaño abigarradas están hoy agrietadas, descoloridas y sucias, no pueden visitarse por motivos de seguridad. Por grandes agujeros de las cubiertas de teja, se yerguen hacia la luz árboles de hoja caduca. Asomarse a los vanos de las ventanas le espolea a uno la fantasía.

www.sardegnaturismo.es

## 734 CEMENTERIO DE COCHES DE KYRKÖ MOSSE, RYD, SUECIA

Este Saab abollado ya no va a ninguna parte: donde estuvo el motor, hay un agujero por el que se abre paso un arbolito. Cuántos coches de desguace yacen en este bosque cercano a Ryd, no se sabe exactamente; pero son montones y de todas las épocas posibles. En la chatarrería Åke Danielssons reina una atmósfera contemplativa, como si no quisieran perturbar el descanso postrero de estos fósiles automovilísticos. Para el 2050 los habrán retirado todos, dicen.

www.visitsmaland.es

## HOLA, ¿HAY ALGUIEN AHÍ?

## 735 CUARTEL, HAJMÁSKÉR, HUNGRÍA

«Mejor por nuestra cuenta», pensaron en junio dc 1991 los húngaros, y abandonaron el Pacto de Varsovia. Esto implicaba que se fueran las tropas soviéticas que, desde 1945, estaban acuarteladas en Hungría. También en la base de Hajmáskér hicieron el petate a toda prisa para salir del país. No solo muchos húngaros perdieron sus trabajos, sino que cuarteles como este se convirtieron, de un día al otro, en ciudades fantasma.

hellohungary.com/es

## 736 BUZLUDJA, BULGARIA

¿Un platillo volante? Este gigantesco edificio futurista que ha 'aterrizado' en plena cumbre del monte Hadjí Dimitar, perfectamente podría serlo. Se trata, por supuesto, de algo mucho menos exótico: un monumento erigido en 1981 por el 1300 aniversario de la nación búlgara. Hoy la montaña sigue recibiendo visitantes como entonces, pero el monumento sufre: se desmorona… y de hecho está volviéndose una especie de ovni.

www.buzludzha-monument.com

## 737 MALO GRABLJE, HVAR, CROACIA

Se llega a este pueblo abandonado y se tiene la impresión de que sus habitantes solo hubieran salido un momento a comprar algo. Tiene un aire romántico: las casas son las típicas de la isla de Hvar. El hecho es que las 23 familias que aquí vivían se marcharon en la década de 1960. Se habla de un oscuro secreto… pero tuvo la culpa un parásito: la filoxera acabó con los viñedos. Hoy por estos solitarios callejones solo vagan los turistas.

visithvar.hr

## 739 CÁRCEL MILITAR DE PATAREI, TALLIN, ESTONIA

La cárcel militar de Patarei, construida como fortín costero en 1840, fue un lugar de horror y la prisión más siniestra de Estonia: quien entraba preso, hacía bien preocupándose. Aunque por fin dejó de funcionar en el 2002, todavía sigue recibiendo a personas, solo que ahora acuden voluntariamente: turistas que vagan estremecidos por entre las galerías y celdas. Para recuperarse, fuera aguarda una cafetería con dulces y vistas al mar.

www.visittallinn.ee/eng

## 738 VILLA OLÍMPICA, SARAJEVO, BOSNIA-HERZEGOVINA

En 1984, el mundo celebraba en Sarajevo una gran fiesta del entendimiento entre los pueblos. Tres décadas y una implacable guerra después, la imagen de esta antigua Villa Olímpica resulta realmente inquietante: la pista de *bobsleigh* está invadida por el musgo y se desmorona, el trampolín en que Matti Nykänen obtuvo el oro en salto de esquí se pudre, y es posible que los bosques circundantes sigan ocultando minas. Hay esperanza, con todo, para este lugar perdido: planes de reconstrucción. Solo que aún no está claro para cuándo.

visitsarajevo.ba/?lang=en

## 740 GRAN HOTEL WALDLUST, FREUDENSTADT, ALEMANIA

Un hotel de lujo abandonado en medio de la Selva Negra: este complejo hotelero, que en la década de 1930 hospedaba aún a reyes y príncipes, hoy hace un efecto tan sombrío como las historias que lo envuelven. Los antiguos empleados hablan, en efecto, de gritos de niños en la noche, vasos que se tambaleaban y fantasmas. El Gran Hotel Waldlust tuvo su último (y dudoso) honor en el 2013 cuando en él rodaron la película de terror *Bela Kiss. Prologue*, sobre un asesino en serie.

denkmalfreunde.de

Donde la juventud del mundo se reunió para competir deportivamente, hoy reina la decadencia: la Villa Olímpica de Sarajevo.

# HOLA, ¿HAY ALGUIEN AHÍ?

# BARRANCOS

EL AGUA ES PACIENTE… PERO TENAZ.
Y SIN EMBARGO NO DEJA DE SORPRENDER
CON QUÉ FUERZA SE ABRE PASO POR LA ROCA
DE LOS MONTES PARA LABRAR FASCINANTES
DESFILADEROS.

## 741 PASADIZOS DEL PAIVA, PORTUGAL

La salvaje zona montañosa del norte de Portugal sería prácticamente inaccesible si no fuera por los Pasadizos del Paiva. Esta pasarela de madera, que en su trazado recuerda un poco a la Gran Muralla china, tiene 8 kilómetros de largo. Va siguiendo el curso del río Paiva bordeando montañas y salvando importantes desniveles. Para recorrer los Pasadizos del Paiva hay que contar con varias horas… y con cierta forma física, así como con suficiente agua.

www.passadicosdopaiva.pt/es

## 742 CAÑADA DE FINNICH, LAGO LOMOND, ESCOCIA, REINO UNIDO

Árboles de hoja caduca y arbustos se agarran desesperadamente a la escarpada roca. Si miras hacia arriba, entre los húmedos acantilados no ves más que una exigua franja de cielo azul. Y es que esta cañada de Finnich es un sitio mágico de una belleza sin parangón… especialmente en los lugares en que los rayos de sol iluminan la angosta quebrada inundando el brumoso valle de una impresionante luz.

www.lochlomond-trossachs.org

Escaleras que forman lazos: ir recorriendo montañas y valles por el Paiva es realmente espectacular.

## 743 GARGANTA DE RAPPENLOCH, AUSTRIA

Este desfiladero, uno de los más grandes de Europa, no queda muy lejos de Dornbirn. En el 2011 fue noticia cuando los puentes naturales que lo atravesaban se vinieron abajo sin previo aviso. Afortunadamente nadie resultó herido y dos años después, cuando se hubieron llevado a cabo las medidas de seguridad pertinentes, se construyó una nueva pasarela. Lo mejor es visitar esta garganta al caer la tarde, cuando la masa de turistas empieza a ralear.

www.rappenlochschlucht.at

## 744 DESFILADERO DE VIAMALA, SUIZA

Ya hace 2000 años se usaba este estrechísimo desfiladero de Viamala como acceso a los puertos de los Alpes, aunque se hacía siempre de muy, muy mala gana. El peligro de que le cayera a uno una roca encima o se produjera una violenta crecida de las aguas amenazaba constantemente esta vía, ya de suyo ardua. De ahí ese clarísimo «mala» del nombre retorrománico de esta garganta. Hoy este romántico desfiladero de Viamala ha dejado de dar miedo y ha pasado a ser un imán turístico. Entre las mayores atracciones está el cruce de un puente colgante de 56 metros de largo que salva todo el valle.

viamala.graubuenden.ch

269

### 745 QUEBRADA DEL BREITACH, ALEMANIA

En una noche glacial de invierno, cuando cuelgan de la piedra chupones como estalactitas, la visita al cañón rocoso más profundo de Europa resulta especialmente impactante: entonces la masa de visitantes desfila por esta garganta algoviana con antorchas prendidas. Por lo demás, el acceso a la garganta no es natural, sino que se excavó en la piedra a instancias de un clérigo. Y es que algunas veces hace falta un empujoncito humano para hacer accesibles los prodigios de nuestro planeta…

www.breitachklamm.com

### 746 GARGANTA DEL TARA, MONTENEGRO

En el Parque Nacional de Durmitor se encuentra el desfiladero más largo y profundo de Europa. Cómo pudo tallar en la roca tan tremendo hueco el río Tara, el más largo de Montenegro, lo entiende uno cuando baja como un rayo por los rápidos del río haciendo *rafting*. Una vista especialmente buena ofrece un puente de 150 metros que cruza el cañón.

www.visit-montenegro.com

### 747 VØRINGSFOSSEN, NORUEGA

Casi 200 metros cae por esta imponente cascada, con un estruendo enorme y una indómita fuerza, la

Aguas cristalinas y estrecheces claustrofóbicas: la garganta de Tolmin.

## 748 GARGANTA DE TOLMIN, ESLOVENIA

El acceso a la garganta de Tolmin es también la entrada al famoso Parque Nacional del Triglav, una zona estupenda para el senderismo. Si en este angosto desfiladero –cuyas paredes en algunos puntos no distan sino pocos metros– murmura el agua azul turquesa del Tolminka, en los abruptos acantilados medra un verde extraordinariamente frondoso e intenso. El punto culminante es un manantial de aguas termales que, con sus 22 ºC, invita al relax.

www.soca-valley.com

gélida agua alpina. Para llegar hasta ella, primero debe atravesarse el valle calizo de Måbødalen. Y eso no es ningún inconveniente, sino toda una experiencia: se baja por 1300 peldaños de piedra, por gravilla suelta y por un exiguo puente colgante de madera que cruza el arroyo.

www.fjordnorway.com/

## 749 BARRANCOS DE ARDÈCHE, FRANCIA

Lo más agradable es sin duda explorar estos impresionantes cañones en piragua o kayak. Se empieza en un espectacular arco de piedra natural; sigue un recorrido de 32 kilómetros por toda una serie de gargantas. Habría que contar con entre dos y tres días, y llevar todo lo necesario para acampar.

https://es.france.fr.es/actualidad/articulo/en-ardeche

## 750 RÍO DUNAJEC, POLONIA

En los montes Pieninos, el río Dunajec ha excavado una garganta de más de 300 metros de profundidad cuyas paredes de roca caen prácticamente verticales. Antaño este río se utilizaba para transportar en almadías hasta Gdańsk la codiciada madera de los montes Tatra, pero hoy los paseos en balsa son una atracción turística. Si el río fluye con calma en su tramo inicial, cuando llega a esta garganta la cosa se anima.

www.polen.travel/es

## 751 GARGANTAS DE TIPOVA, MOLDAVIA

El pueblecito de Tipova es el punto de partida de toda una serie de excursiones por los espectaculares desfiladeros de las montañas moldavas. En ellas se pasa por pequeñas cascadas y arroyos cubiertos de musgo, y bajo saledizos rocosos.

Cuando se abren los valles, la naturaleza muestra su cara más dulce, con verdes prados donde florecen amapolas púrpuras y blancas. Cerca de Tipova se encuentra también el monasterio rupestre más grande de Europa, excavado en la piedra en el siglo VI.

moldova.md/en

## 752 TORRENTE DE PAREIS, MALLORCA, ESPAÑA

Subir a este enorme barranco, que se encuentra en medio de los montes de la sierra de Tramontana, no es precisamente coser y cantar. Pero lo cierto es que este andar trepando por roquedos en ocasiones resbaladizos se ve recompensado cuando, con las piernas ya de mantequilla, por fin descubres ante ti la playa y aparece, entre las peñas gigantescas, el mar Mediterráneo. Mejor ir solo en verano, salvo que no importe tener que atravesar raudales y aguadas.

www.torrentdepareis.info

## 753 LA GRAVINA, MATERA, ITALIA

Se dice que Matera es uno de los asentamientos más antiguos del mundo. Y es muy posible, toda vez que esta garganta que llaman «la Gravina» alberga multitud de seguras cuevas, con unas vistas sensacionales. Hay indicios de que

# BARRANCOS

ya estaban habitadas hace 7000 años. Hoy, sobre la roca se yerguen lujosos alojamientos, pero las antiguas cuevas –las Sassi di Matera– siguen siendo un lugar abierto a todos.

www.italia.it/es

## 754 DESFILADERO DE VIKOS, GRECIA

El desfiladero de Vikos, en el macizo del Pindo, tiene unas paredes tan escarpadas que incluso ha entrado en el *Libro Guinness*. Y es que aquí la caída de la roca hacia el abismo es de al menos 600 metros. Las mejores vistas están en el mirador de Oxiá, al que es posible acceder cómodamente en coche. Quien quiera adentrarse más en este paraje, puede tomar alguno de los muchos senderos que salen del agradable pueblecito de Monodendri.

www.visitgreece.gr/en/nature/canyons/
vikos_gorge

## 755 BARRANCO DE MASCA, TENERIFE, ESPAÑA

A izquierda y derecha escarpadas laderas, y en mitad del camino un gigantesco coloso de piedra: en el barranco de Masca no siempre es evidente por dónde va el camino entre este laberíntico roquedo. Se trata de una de las rutas senderistas más famosas de Tenerife, pero no hay que subestimarla: mejor ir bien equipado y ver primero la previsión meteorológica. Una y otra vez tienen que ir a rescatar a caminan-

tes inadvertidos, por lo que a veces hasta cierran el acceso.

www.holaislascanarias.com/senderos/
tenerife/barranco-de-masca/

## 756 GARGANTA DEL LAMMER, AUSTRIA

Unos 40 kilómetros al sur de Salzburgo, las aguas procedentes de los glaciares han tallado una imponente garganta en la piedra. Se siente nítidamente la fuerza indómita de la naturaleza cuando, desde la pasarela, se baja al puente sobre la corriente atronadora. En la parte más angosta y oscura, ambas paredes de la quebrada no distan sino unos metros. Aquí hay, para colmo, unos efectos de iluminación increíbles.

www.tennengau.com/en

## 757 VALLE DE BRASA, LAGO DE GARDA, ITALIA

Para conductores noveles, es posible que la carretera del valle de Brasa no sea la opción más recomendable; para quien domine bien el coche resulta, en cambio, impresionante. El trayecto empieza unos 400 metros por encima del lago de Garda. Se va bajando el imponente valle de Brasa en incontables curvas cerradísimas, y a cada poco se ofrece a los ojos el lago azul.

www.italia.it/descubre-italia/trentino-
alto-adigio.html

## 758 DESFILADERO DE AVAKAS, CHIPRE, GRECIA

El paso entre las paredes verticales de esta garganta se va estrechando cada vez más. ¿Terminará convirtiéndose en un callejón sin salida? Afortunadamente, la meta de esta senda natural es el propio camino; y cada uno puede decidir cuándo se le hace demasiado estrecho. En los últimos 500 metros puede llegar a haber bastante agua, así que mejor llevar calzado impermeable o incluso ir descalzo.

news.acropolis.org/es/2019/visita-al-
desfiladero-de-avakas-chipre/

La estrella pop de los despeñaderos: en el cañón de Fjaðrárgljúfur rodó un videoclip Justin Bieber.

# 759 **GARGANTA DE PAKLENICA, CROACIA**

El nombre de esta imponente garganta, situada en el parque nacional homónimo –en la costa adriática croata–, significa «pequeño infierno». Pero resulta que aquí uno no encuentra purgatorios y diablos, sino una flora y una fauna exuberantes, y turistas de todo el mundo, por supuesto. Algo tendrá que ver el reclamo de la enorme cueva que llaman Manita Peć, la única abierta aquí al público. Los platos fuertes son la escalada, el rápel y el senderismo.

np-paklenica.hr/en

# 760 **CAÑÓN DE FJAÐRÁRGLJÚFUR, ISLANDIA**

Las rocosas paredes de este angosto desfiladero, repletas de hierba y musgo, tienen una caída de 100 metros hasta el abismo. Al fondo de este corre el río Fjaðrá, cuyas aguas se alimentan de los glaciares y de las cascadas que se precipitan al vacío. El camino va siguiendo el borde superior de la garganta y ofrece, prácticamente a cada paso, unas vistas increíbles de esta sima tremenda. Desde que en el 2015 Justin Bieber rodara aquí el videoclip para «I'll show you», el número de visitantes se ha disparado.

www.south.is/en/moya/toy/index/place/fjadrargljufur

# IMPOSIBLE DORMIRSE

¿DORMIR? HE AQUÍ HOTELES DEMASIADO LOCOS COMO PARA QUE ENTREN GANAS DE CERRAR LOS OJOS SI UNO SE ALOJA EN ELLOS.

## 761 CAPSULE HOTEL, LA HAYA, PAÍSES BAJOS

Más seguro que aquí, nunca se va a dormir: esos cacharros redondos con ojos de buey eran cápsulas de supervivencia de una plataforma petrolífera. Los claustrofóbicos, mejor que se queden fuera. Al resto se le ofrece una experiencia insólita. La versión básica, provista de un inodoro químico, por lo demás es realmente básica. La variante de lujo está en deuda con la peli de James Bond *La espía que me amó*: el *glamour* setentero, la bola de discoteca y el reproductor de DVD con varios títulos de 007 hacen de la noche un viaje en el tiempo.

www.capsulehotel.info

## 762 DORMIR EN BARRICAS, ALEMANIA

Dormir donde un día maduraran nobles caldos: estas barricas de 8000 litros aguardan a sus huéspedes en medio de laderas con viñe-dos y dominan el llano del Alto Rin. Acondicionadas con camas, salón e inodoro, ofrecen, en un espacio mínimo, todo lo necesario para una noche romántica en pareja, incluyendo unas vistas únicas del valle del Rin con los Vosgos al fondo. Los anteriores inquilinos (Riesling, Spätburgunder & Co.) se pueden catar en las tabernas cercanas.

www.schlafen-im-weinfass.de

## 763 DRAGSHOLM SLOT, HØRVE, DINAMARCA

 Así solo se hospedan familias reales, pero en este palacio de Dragsholm, que tiene 800 años y está en Ods-herred, un geoparque de la Unesco, también puede dejarse caer entre majestuosas sábanas la plebe. La estancia incluye, por supuesto, una guía por el palacio y unos princi-pescos paseos por el parque natural. Por no hablar de los regios manjares del celebérrimo restau-rante Slotskøkkenet…

en.dragsholm-slot.dk/

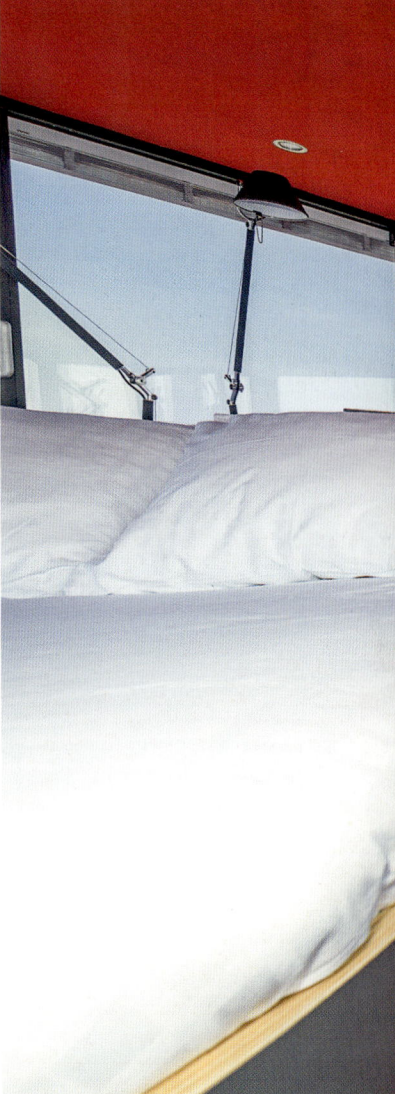

# 764 FARO DE HARLINGEN, PAÍSES BAJOS

En absoluto es mala idea viajar ligero de equipaje: para llegar al pequeño apartamento turístico que hay en lo alto del faro de Harlingen, primero hay que subir sus buenas escaleras. Pero da igual, porque luego las vistas de esta ciudad hanseática, del campo y del mar son simplemente bárbaras. Quisiera uno quedarse aquí arriba para siempre, en este finísimo alojamiento para dos personas en el que dormir supone una experiencia nueva. Atención al servicio especial: la farera sube el desayuno.

www.vuurtoren-harlingen.nl/en/

La escalera da acceso a la linterna: dormir en este faro es un negocio redondo.

Vaya, vaya... así que han venido a visitarnos los marcianos... Casa-árbol extraterrestre en Suecia.

## 765 ROMANTIC TRULLI, ALBEROBELLO, ITALIA

*Trulli,* así llaman en Apulia a esas casas de graciosos tejados cónicos de piedra que, en el siglo XVII, un conde construyó para los campesinos de la zona. (Suena noble, pero en verdad fue un trato bien injusto.) Estas casas redondas encaladas son perfectas, en cualquier caso, para el tórrido clima del sur de Italia: los gruesos muros de mampostería y las pequeñas ventanas mantienen el calor a raya. Cosa ideal para los actuales huéspedes, pues muchas de estas viviendas, antaño humildes, se han vuelto elegantes perlas. En la localidad de Alberobello, por ejemplo, las casas del Bed & Breakfast Romantic Trulli ofrecen sitio para entre dos y siete huéspedes. Están habilitadas de manera acogedora y con buen gusto, y el mobiliario es obra de artesanos de la región.

www.romantictrulli.it/en

## 766 'BROCHS', ESCOCIA, REINO UNIDO

Estas antiguas construcciones escocesas tienen ya sus buenos 2000 años a la espalda. Los llamados *brochs* –o *black houses*– originariamente se erigieron a modo de torres en lugares apartados. Hoy muchos no son más que ruinas, pero otros han sido restaurados a conciencia por arquitectos y se han convertido en modernos hospedajes con suelo radiante y con chimenea abierta. En resumen: confort a la última, pero con una antiquísima envoltura de auténtica piedra seca escocesa.

www.visitscotland.com/es-es

## 767 'LOFTS' RURALES SONNENTOR, SPRÖGNITZ, AUSTRIA

Un aire tranquilo y aromático, gorjeos de pájaros… Es meterse en la cama y quedarse uno frito de inmediato. En esta granja de Sonnentor, en la Baja Austria, los estresados urbanitas duermen como auténticos lirones. Y es que esta región del Waldviertel es un pequeño paraíso natural en el que todo es sostenible. Y en medio de este sueño hay dos módicos *lofts* rurales construidos, por supuesto, ambos con materiales del entorno. (Se trata de verdaderas *tiny houses* en las que pueden pernoctar hasta cinco personas.) De día hay seminarios sobre hierbas, cursos de cocina y de artesanía o estimulantes conferencias.

www.sonnentor.com

## 768 LA BALADE DES GNOMES, HEYD (DURBUY), BÉLGICA

Quien quiera pernoctar en este hotel como de cuento de hadas, mejor que tenga una fantasía desbordante: no queda más remedio que elegir entre 11 alojamientos asociados a sendas películas, cuentos o leyendas. ¿Qué tal, por ejemplo, la Casa del Trol, en la que se duerme entre raíces de árboles? ¿Y la Cápsula Lunar, desde cuyo vehículo-cama se ve un techo reluciente de estrellas? ¿Y un auténtico caballo de Troya? Esta «balada de los gnomos» está a 10 kilómetros de Durbuy, cuyo casco viejo medieval también puede espolear la imaginación.

www.labaladedesgnomes.be/en/Home

## 769 TREE HOTEL, HARADS, SUECIA

Hace falta un poco de pericia escaladora para subir a las casas-árbol de este Tree Hotel de Laponia. Ahora bien: quien lo consigue, descubre un panorama extraordinario: el de las copas de los árboles suecos. Pero estas casas-árbol no son exactamente casas-árbol: está el Dragonfly, el Bird's Nest, el Cube o el UFO. Y en el interior hay que contar con un diseño sueco de lo más fino: sobrio, moderno y elegante.

www.treehotel.se/en

## IMPOSIBLE DORMIRSE

## 770 OSTEL, BERLÍN, ALEMANIA

Estamos en 1978. El Muro es todavía inamovible, como el poder del jefe de Estado de la RDA, Erich Honecker. Un florido papel pintado adorna las habitaciones, provistas de *mufutis* –mesas multifunción– y teléfonos con dial. Este Ostel, en el barrio de Friedrichshain, arropa a los clientes con la nostalgia de la RDA. En realidad, se trata, de hecho, de un museo muy cuidadoso con el detalle, desde los jarrones hasta los aparatos de radio originales.

www.ostel.eu/es/

## 771 JUMBO STAY, ESTOCOLMO, SUECIA

El hotel Jumbo Stay, en el aeropuerto de Estocolmo, no es que esté completamente despegado del suelo… pero sí un poco elevado. Este Boeing 747 retirado del servicio y convertido en hotel tiene 33 habitaciones para entre una y tres personas, aparte de un dormitorio grande. Aunque no solo es posible dormir en el interior del *Jumbo*: ambas turbinas, a las que se accede por sendas escaleras, también han sido habilitadas para pernoctar.

www.jumbostay.com

## 772 FUNDACIÓN VERBEKE, KEMZEKE, BÉLGICA

Hay que reconocer que, si uno no es una lombriz o un tipo raro, la idea de dormir en el CasAnus puede echar para atrás. Y eso que esta habitación con forma de intestino grueso ofrece todo lo que una noche tranquila requiere: una cómoda cama, agua corriente y calefacción. El CasAnus es uno de los tres estrambotiquísimos alojamientos del jardín de este museo de arte contemporáneo: hay también un Huevo y un CampingFlat, o sea, un *camping* con varias plantas.

verbekefoundation.com

## 773 FINN LOUGH, ENNISKILLEN, IRLANDA DEL NORTE, REINO UNIDO

Bien resguardado y, sin embargo, a cielo abierto: así se duerme en estos *bubble domes* a orillas del lago Erne, en Irlanda del Norte. Se trata de burbujas de plástico transparente, de manera que de día se puede ver el verde bosque y, de noche, el magnífico cielo tachonado de estrellas. El elegante, pero sencillo, interior de las habitaciones incluye un práctico telescopio.

www.finnlough.com/en/accommodation/bubblehouse

## 774 PUIG DE MARIA, POLLENSA, MALLORCA, ESPAÑA

Aquí hace tiempo que ya no viven ni monjas ni frailes. Mal asunto para la Iglesia, pero tanto mejor para el reposo y la soledad de personas espirituales deseosas de pasar la noche en un monasterio. En el santuario de la Madre de Dios del Puig, en el monte mallorquín

## 775 SAFARI LODGE, FRANCIA

«Oye, perdóname… Dime una cosa: eso que nos saludaba desde la cristalera, ¿tú dirías que era un oso gris de carne y hueso?». Efectivamente: en este hotel del Zoo de la Flèche, los osos hambrientos, los lobos curiosos o los osos polares que se bañan son casi parte del mobiliario… y están directamente al otro lado de la ventana. Según cuál de los numerosos temas se escoja, se puede dormir junto a leones, guepardos, lémures o tigres… si es que se consigue conciliar el sueño.

www.safari-lodge.fr

de Pollensa, a 330 metros, no solamente hay unas vistas maravillosas, sino también un pequeño albergue que ofrece habitaciones sencillas a precios relativamente económicos. Pero esta experiencia única hay que ganársela: antes de llegar, hay un empedrado escarpadísimo.

www.pollensa.com/es/

¡Choca esa zarpa, colega oso polar! Visita animal en el Safari Lodge.

### 776 MANSHAUSEN, ISLAS LOFOTEN, NORUEGA

Es una suerte que aquí en verano casi no oscurezca: así se puede admirar este hechizante escenario isleño por las cristaleras panorámicas de las cabañas turísticas antes de irse a la cama. (La naturaleza al alcance de la mano.) La isla de Manshausen está en medio de los escollos del Vestfjord, y en ella ha plantado tres joyas arquitectónicas –para regocijo de amantes de la naturaleza y de urbanitas ávidos de paz– el aventurero y explorador noruego Børge Ousland. En la granja rehabilitada cercana se reúnen para comer los huéspedes y por el cielo vuelan en círculo las águilas de mar.

www.manshausen.no/

### 777 THE LAND OF LEGENDS KINGDOM HOTEL, BELEK, TURQUÍA

Lo contrario del reposo y la soledad son 41 toboganes de agua, piscinas de olas, desfiles de dragones y servicio de «todo incluido». En este hotel de la costa sur de Turquía, los huéspedes han de sentirse como reyes, y en tal cosa se afanan los empleados. Tampoco las habitaciones son aptas para puristas: aquí los colores celebran una fiesta, y ni siquiera faltan proyector

## IMPOSIBLE DORMIRSE

«También se come con los ojos», perogrullada que en Grotta Palazzese adquiere un nuevo sentido.

## 778 GROTTA PALAZZESE, POLIGNANO A MARE, ITALIA

*Grotta* significaba «cueva». Quien piense, sin embargo, por ejemplo, en un Tom Hanks enflaquecido y barbudo que se alimenta de pescado en espeto y que habla con una pelota de voleibol, obviamente no ha estado en Grotta Palazzese. En este fotografiadísimo restaurante de grandiosas vistas al mar, se disfruta de *fondues* de queso o de calamar fresco y se duerme en las súper modernas habitaciones –vistas desde fuera es cierto que poco fotogénicas– que hay encima de esta gruta abierta al acantilado y al Adriático. A la cual se vuelve, de hecho, para desayunar…

www.grottapalazzese.it

y pantalla para la PlayStation 4. ¿Dormir? Aquí no se trata de eso.

www.accorhotels.com

## 779 CAVA MASTINELL, BARCELONA, ESPAÑA

No, no se trata de tubos neumáticos amontonados: estamos en el hotel de las bodegas Mastinell, en Cataluña, al oeste de Barcelona. Aquí las habitaciones están unas sobre otras como en una estantería para vino y, en los techos ondulados, un mosaico de azulejos tipo Gaudí refleja la luz del sol. Tras las cristaleras redondas de este exclusivo hospedaje, se aloja y duerme uno como en ninguna otra parte. Porque ¿quién tiene en casa unos idílicos viñedos justo enfrente? Y los sibaritas pueden degustar el cava en las bodegas…

www.hotelmastinell.com

## 780 CARRUAJES CUBIERTOS, IRLANDA

Si siempre se quiso dormir en un hotel que se moviera por el campo con un caballo de potencia, hay que ir sin falta a la verde Irlanda, donde pacientes caballos van tirando de coloridos carruajes cubiertos para que los huéspedes disfruten de unas sosegadas vacaciones al paso. El contacto con los lugareños está garantizado, así como el romanticismo de la hoguera y de unas noches fantásticas en medio de una naturaleza increíble.

www.irland-reise.net/aktivurlaub-irland/planwagen-in-irland/

# IMPOSIBLE DORMIRSE

# LUGARES QUE VALEN UN PEREGRINAJE

PUEDE HABER MUCHOS MOTIVOS PARA EMPRENDER UN PEREGRINAJE: ENCONTRARSE CON UNO MISMO, ENCONTRAR A DIOS, ENCONTRAR EL ESPÍRITU DEL VINO, DEGUSTAR LA MÁS EXQUISITA VIANDA… O ESTAR CERCA DE LOS HÉROES FAVORITOS.

## 781 REGIÓN VINÍCOLA DE BAROLO, PIAMONTE, ITALIA

 El epicentro de la exquisitez en una región de ensueño: ¿acaso no es razón suficiente para peregrinar al noroeste de Italia? Y es que en torno al pequeño pueblo de Barolo se produce el célebre rey de los vinos homónimo. Aquí no es solamente que la uva madure en laderas inundadas de sol, sino que, además, puede catarse el vino que se hace con ella. El mejor plan para un viaje de peregrinación es deleitarse unos días con la belleza del Piamonte, informarse un poco sobre la viticultura en el museo del Castello di Barolo, solazar el paladar en catas, degustar especialidades piamontesas en alguna de las pequeñas *trattorie* y disfrutar, entretanto, del grato paisaje.

www.italia.it/en

## 782 MAUSOLEO DE LENIN, MOSCÚ, RUSIA

Todavía sigue recibiendo honores el camarada Lenin, quien se llamaba en realidad Vladímir Ilich Uliánov y llegó al poder con la Revolución de Octubre de 1917. Apenas siete años después de aquello, moría de resultas de una ardua enfermedad; pero su memoria habría de sobrevivirle. Ante su mausoleo, situado en la Plaza Roja de Moscú, se forman largas colas de personas para homenajear a este líder revolucionario embalsamado. Se pasa despacio ante su ataúd en el que hace ya sus buenos 95 años que Lenin reposa… hay que ver lo bien que se conserva.

discover.moscow

Un paraíso de colinas, pueblecitos… y naturalmente viñedos de uva nebbiolo, con la que se hace el barolo: el Piamonte.

## 783 PARQUE DEL MURO, BERLÍN, ALEMANIA

Ningún muro es eterno y, afortunadamente, tampoco duró para siempre el de Berlín. Donde, de 1961 a 1989, el alambre de espino y las mortíferas patrullas vigilaron la frontera entre Prenzlauer Berg y Gesundbrunnen, hoy se extiende una zona verde. A ella acuden turistas y lugareños a respirar aire fresco, a disfrutar del sol, a hacer fiestas o pícnics y, los fines de semana, a trastear por el mercado callejero o a darlo todo en el karaoke.

www.mauerpark.info/?lang=en

## 784 ASÍS, ITALIA

La pequeña ciudad de Asís se asienta con suavidad sobre el verde paisaje de colinas de la región de Umbría. Su fama como lugar de peregrinaje, se lo debe a su hijo más destacado: san Francisco de Asís. Nacido de padres ricos, renegó de cualquier posesión terrenal; fundó en Asís su propia orden, y desde entonces se dedicó a los pobres… y a los animales. Tan solo dos años tras su muerte fue canonizado y sepultado en la basílica que lleva su nombre, a la que siguen acudiendo incontables peregrinos.

www.umbriatourism.it

## 785 SISI, CRIPTA DE LOS CAPUCHINOS, VIENA, AUSTRIA

Era hermosa, era emperatriz, era… Sisi. Tras su muerte violenta –un anarquista le clavó su estilete junto al lago de Ginebra–, en 1898 la enterraron en Viena, en la cripta de los Capuchinos, aunque ella habría querido que fuera en su adorada isla de Corfú. Pero esto no impidió que se la venerase, como tampoco irían en detrimento del mito de Sisi las posteriores películas con Romy Schneider como protagonista.

www.kapuzinergruft.com/site/es/home

283

El Camino de Santiago ha llegado por fin a su término: peregrino en la catedral de Santiago de Compostela.

## 786 LOURDES, FRANCIA

Ya la mera palabra es sinónimo de peregrinaje. Al fin y al cabo, esta ciudad cercana a los Pirineos es famosa en todo el mundo por su santuario católico mariano. Pero resulta que no hay peregrinaje sin milagro, y este se produjo, cuenta la leyenda, en 1858, año en que la Virgen se le habría aparecido varias veces a una joven en esta cueva. El agua de la fuente que allí mana habría obrado el prodigio de curar a enfermos desahuciados, circunstancia que, por supuesto, no se ocultó. Y el recogimiento de antaño quedó atrás: hoy los alrededores de la fuente, así como las tres grandes iglesias, reciben anualmente a millones de peregrinos, muchos de los cuales esperan también un milagro.

www.lourdes-france.org/es

## 787 FALCO, CEMENTERIO CENTRAL, VIENA, AUSTRIA

Morir joven y de forma trágica, a menudo conlleva la inmortalidad. La superestrella austriaca Falco pertenece a un ilustre club de estrellas de la música. Cuando tenía 40 años, un accidente de tráfico segó su fulgurante vida en la República Dominicana; pero él ya había puesto del revés la década de 1980 con su humor socarrón vienés. ¿Quién no ha escuchado «Rock me Amadeus» o «Der Kommissar»? Hoy sus fans le rinden homenaje en el cementerio Central de Viena, pero el cantante sigue generando polémica: su tumba es más alta de lo permitido en este camposanto. Y es que en su día Falco fue simplemente el más grande.

www.wien.info/es/sightseeing/sights/from-s-to-z/central-cemetery

## 789 FÁTIMA, PORTUGAL

Si de repente se aparece una señora vestida de blanco y no solo lamenta los terribles acontecimientos en curso –eran los años de I Guerra Mundial– sino que, además, predice otros tres, se trata, en efecto, de un milagro. Pues bien: eso vivieron tres pastorcillas el 13 de mayo de 1917 en Fátima, una pequeña aldea al oeste de Portugal. Y poco después, miles de personas vieron en el cielo el prodigio solar anunciado. Desde entonces, Fátima se ha convertido en uno de los sitios de peregrinaje católicos más famosos. Aquí creen en los milagros: bastante escéptico es el presente…

www.visitportugal.com/es/node/73771

## 790 TAIZÉ, FRANCIA

Hallar la paz, asomarse dentro de uno mismo, buscar diálogo con otros o con Dios… En Taizé, un pueblecito unos 100 kilómetros al norte de Lyon, la comunidad monástica cristiana ecuménica local invita a jóvenes peregrinos de todas partes del mundo para que reflexionen, en encuentros juveniles, sobre la vida cristiana. A veces la perspectiva se amplía ulteriormente, por ejemplo, durante el fin de semana dedicado a la amistad islámico-cristiana.

www.taize.fr/es

## 788 CAMINO DE SANTIAGO, SANTIAGO DE COMPOSTELA, ESPAÑA

El Camino de Santiago es el clásico de los clásicos del peregrinaje. Ya hace más de 1000 años que personas que buscan la inspiración acuden a la supuesta tumba del apóstol Santiago, cuyos huesos se encontrarían bajo la catedral de la ciudad española de Santiago de Compostela. En prueba de que consiguieron soportar las fatigas y renuncias del largo trayecto, al llegar los peregrinos compraban una concha de vieira; de ahí que hoy esta sea la señal que, pintada en amarillo sobre azul, va indicando el Camino. La ruta habitual es la del norte de España, pero hay muchos ramales, aunque todos llevan a Compostela.

www.caminodesantiago.gal/es/inicio

# LUGARES QUE VALEN UN PEREGRINAJE

## 791 U2, DUBLÍN, IRLANDA

Dublín y U2: esta banda irlandesa de *rock,* fundada en Dublín en 1976, es indisociable de su ciudad. Y es que U2 no sería lo mismo sin Dublín, donde este grupo está por todas partes: los estudios Windmill Lane, el Hotel Clarence –que pertenece al vocalista Bono y al guitarrista The Edge–, el Little Museum of Dublin con la exposición *U2 Made in Dublin,* y un largo etcétera. Menudo peregrinaje *rockero…*

www.ireland.com/es-es/temas-sobre-irlanda/gente-y-cultura/articulos/u2-dublin/

## 792 VIRGEN NEGRA, CZĘSTOCHOWA, POLONIA

Para los católicos polacos, la Virgen Negra de Częstochowa es la reliquia más importante del país; un símbolo nacional, por así decir. Cada año, millones de fieles van a visitar a esta famosa imagen de María. Muchos lo hacen recorriendo alguno de los más de 50 caminos de peregrinaje distintos que llevan a Częstochowa desde todos los rincones del territorio polaco; la mayoría va, sin embargo, en autocares. También es impresionante el santuario de Jasna Góra, donde se guarda la imagen de la Virgen. La torre se yergue más de 100 metros hacia el cielo, indicando el camino a los peregrinos ya desde lejos.

jasnagora.pl/es

## 793 SANTUARIO DE SANTA MARÍA DE LLUC, MALLORCA, ESPAÑA

Y aquí tenemos a otra Virgen negra. Según la leyenda, esta oscura imagen de María la habría encontrado entre las rocas de un arroyo, en el siglo XIII, un joven pastor llamado Lluc. La llevaron a la iglesia del lugar, pero hete aquí que a la mañana siguiente la Virgen ya no estaba… sino que volvió a aparecer en el lugar en que se halló. El asunto se repitió, de modo que el sacerdote dispuso que se construyera junto al arroyo el santuario de Santa María de Lluc. Hoy es un imponente monasterio, corazón espiritual de Mallorca.

www.lluc.net/es

## 794 PÈRE LACHAISE, PARÍS, FRANCIA

A veces no hacen falta milagros para que un lugar atraiga peregrinos, y así ocurre con el famosísimo cementerio parisino del Père Lachaise. Aquí no solo parece que el tiempo se hubiera detenido, sino que además acuden incontables fans y adoradores de personas que ya fueron leyendas en vida: Honoré de Balzac, Oscar Wilde, Edith Piaf, María Callas, Frédéric Chopin o Marcel Proust, por mencionar solo a unos pocos. Jim Morrison, el mítico vocalista de los Doors, tenía un afán de cercanía especialmente grande… y las juergas nocturnas han dejado notables huellas en su sepultura.

pere-lachaise.com/en/

## 795 SECTOR 16, SYLT, ALEMANIA

El sector 16 es la franja de playa con chiringuito más mítica de la isla de Sylt, a lo que contribuyeron mucho los ilustres visitantes de la década de 1960: Gunter Sachs, Brigitte Bardot o Romy Schneider. Oculto por una duna, aquí puedes pasarlo de maravilla en cueros: unas fiestas salvajes siguen dando lugar a rumores más salvajes todavía… Quien vaya por los viejos tiempos, constatará que hoy todo es menos excéntrico y glamuroso. También en el chiringuito reina el sosiego nórdico, al que asimismo se ajustan las tumbonas … Sea como sea, uno puede seguir bañándose y correteando por la playa desnudo.

www.beach-inspector.com/es/b/buhne-16

## 796 MEDJUGORJE, BOSNIA-HERZEGOVINA

Todo era siempre muy tranquilo en la pequeña ciudad de Medjugorje, hasta que se hizo famosa de la noche a la mañana. Y es que en 1981 seis jóvenes afirmaron que la Madre de Dios se les aparecía regularmente. Las celestiales visitas de María no cesaron, y eso hizo que mucha gente acudiera al lugar sagrado de esta ciudad, situada a unos 25 kilómetros de Mostar. Hoy son hasta tres millones los fieles de muchos países que han experimentado aquí la ayuda de la Virgen.

www.medjugorje.org

Muchas manos en un plato no hacen mucho garabato: el Noma es uno de los mejores restaurantes del mundo.

## 797 RESTAURANTE NOMA, COPENHAGUE, DINAMARCA

De *nordisk* y *mad* sale el Noma, lugar de peregrinaje por antonomasia para los paladares exquisitos. Este restaurante, reabierto hace poco, no solo sigue siendo el no va más en lo gastronómico, sino que el local tiene, igual que antes, un sobrio y distinguido diseño escandinavo. Que el Noma es uno de los paraísos culinarios de este mundo, se desprende de una encuesta entre los 650 mejores cocineros: la mayoría lo consideraba su restaurante favorito. Ahora está en la Ciudad Libre de Christiania (Copenhague), y aquí el chef René Redzepi y su equipo no solo cocinan, también plantan y cosechan. (Su credo es: «De la región, de temporada y fresco».) Para conseguir mesa, no queda otra que reservar con mucha antelación.

noma.dk

## 798 BEATLES, LIVERPOOL, INGLATERRA, REINO UNIDO

Todavía 50 años tras su disolución, la mayor banda musical de todos los tiempos sigue presente en cada rincón de Liverpool: montones de fans peregrinan a la ciudad de sus héroes, que, por su parte, se empeña en dar realce el estatus sagrado de los *fab four*. Tenemos la exposición *The Beatles Story*, festivales periódicos, hoteles temáticos, el Magical Mystery Tour o el legendario Cavern Club. En Liverpool todo gira alrededor de estos cuatro individuos que aquí nacieron y aquí dieron inicio a su inigualable trayectoria musical.

www.visitliverpool.com/things-to-do/the-beatles

## 799 BUSFEST, MALVERN, INGLATERRA, REINO UNIDO

Antes hubieron de bregar como vehículos de transporte o debieron hacer de ambulancia, de coche de bomberos, de camioneta de reparto… o bien fueron, ya entonces, furgonetas *camper* con las que recorrer el mundo. Fuese cual fuese su papel, la Volkswagen *combi* era siempre un miembro de la familia. O parte del equipo. Y así sigue siendo hoy: son decenas de miles los fans que acuden cada año al mayor evento europeo dedicado a estos vehículos –en el Three Counties Showground– para admirar *combis* perfectamente cuidadas, compartir información y comprar o intercambiar piezas.

www.busfest.org

## 800 WIMBLEDON, INGLATERRA, REINO UNIDO

¿Fresas con nata? Son tan indisociables de esta Meca del tenis como el 'sagrado' césped verde o el atuendo blanco de los tenistas. Pues Wimbledon es peculiar: digamos que *very British*. Sea como sea, el campeonato de Wimbledon, celebrado por vez primera en 1877, no solo es el torneo de tenis más antiguo, sino que además se ha convertido en el más famoso. En la cancha central, con espacio para 15 000 espectadores, los mejores tenistas del mundo libran cada verano ardientes duelos durante las dos semanas de los Lawn Tennis Championships. Aquí se ha escrito la historia del tenis y han vivido sus mejores momentos deportistas legendarios como Serena Williams y Roger Federer.

www.wimbledon.com

# LUGARES QUE VALEN UN PEREGRINAJE

Unos héroes musicales de tamaño sobrenatural… y de 1'2 toneladas de peso: la estatua de los Beatles en el paseo marítimo de Liverpool.

# PROHIBIDO ENTRAR CON PADRES

POPEYE VIVE EN MALTA; LOS PIRATAS, EN LOS PAÍSES BAJOS Y PIPI CALZASLARGAS, COMO ES LÓGICO, EN SUECIA. EUROPA TIENE UN GRAN, PERO GRAN CORAZÓN PARA LOS NIÑOS.

## 801 EUROPA-PARK, RUST, ALEMANIA

El parque temático más popular de Alemania y, a decir del periódico estadounidense *Amusement Today*, el mejor parque de ocio del mundo, es como Europa en pequeño. Tras un refresco típico en el antiguo castillo alemán de Balthasar, se pasa por Italia, Francia y Suiza hasta llegar a Rusia, donde uno se va enroscando por varias torres-espejo en una montaña rusa de alta velocidad. Quien tras esto pueda caminar más o menos derecho, se pasea por Luxemburgo, los Países Bajos y Escandinavia hasta Islandia, donde, entre bosques de cuento y borboritantes manantiales lodosos, aguarda otra montaña rusa. Europa puede ser cosa de vértigo…

www.europapark.de/en

## 802 PUY DU FOU, LES EPESSES, FRANCIA

Tener delante ni más ni menos que la antigua Roma, o una ciudad medieval con sus torneos y todo, o una batalla histórica: gladiadores romanos, las hordas de Atila o vikingos de mirada aviesa serán quienes te acompañen en Puy du Fou, uno de los parques de ocio más populares de Francia. Aquí se acerca la historia a los pequeños en elaboradas recreaciones de vistosos efectos especiales. Por la tarde se celebra el mayor espectáculo, con miles de actores y caballos y un gran despliegue de fuegos de artificio.

www.puydufou.com/es?language_content_entity=es

## 803 BORNHOLM, DINAMARCA

¿Qué niño no se habrá imaginado en algún momento el siguiente escenario: llegar como náufrago a una isla, portarse como un bravo y salir adelante sin ayuda? La cosa no pinta, por supuesto, así de cruda cuando la isla está en el mar Báltico: a unos 40 kilómetros de la costa sur de Dinamarca. Y además resulta que hay un chocolate buenísimo, así como las chuches más ricas que hayas visto nunca, y helados. Es decir, que el asunto dura solamente un rato: hasta que llega el barco salvador (mamá y papá). Las exquisiteces dulces se venden prácticamente en cada lugar de esta pequeña isla de recreo. Lo mejor es empezar las vacaciones con un helado enorme de Svaneke Is para toda la familia.

bornholm.info/en

¿En Legoland las olas también están hechas con las míticas piezas de Lego? Pequeñas surfistas en Billund.

## 804 LEGOLAND, BILLUND, DINAMARCA

¿A quién le cuesta más irse, al final del día, de este sueño de infancia vuelto realidad: a los niños o a los padres? El Legoland original no está lejos de la fábrica de Lego, en Billund, y cada año recibe la friolera de casi dos millones de visitantes (grandes y pequeños). Lo suyo es dedicarle todo el día. Hay algunas atracciones cargadas de adrenalina, como montañas rusas o de aguas bravas, pero el meollo está, sin lugar a dudas, en Miniland, donde con 20 millones de piezas de Lego se han reproducido ciudades enteras o monumentos emblemáticos como la Estatua de la Libertad.

www.legoland.dk

## 805 PUEBLO DE POPEYE, MELLIEHA, MALTA

«¿Queréis un bote de espinacas, que os da fuerza?» «¡Noooo!» ¿Y ver dónde vive Popeye?» «¡Síííí!» Aquí fue, en efecto, donde, en 1979, se construyeron los decorados con los que se rodó la película *Popeye*, en la que Robin Williams encarnaba al robusto marino. Y una vez acabado el rodaje, todo aquello se transformó en el parque temático Popeye Village Fun Park. En las casas se exhiben numerosos elementos utilizados en el filme, se ofrecen espectáculos y hasta es posible navegar por Anchor Bay. Un cine proyecta películas sobre la construcción de los decorados y sobre este rodaje de hace unos 40 años.

popeyemalta.com

### 806 HET ARSENAAL (PARQUE PIRATA), PAÍSES BAJOS

«¡La vida pirata es la vida mejor! Coooon la botella de...» Da igual: en el parque pirata Het Arsenaal, los pequeños marinos se hacen una idea de cómo sería la vida en tiempos de los piratas. Pueden adiestrarse en el arte de la piratería, vivir una batalla naval a bordo de un simulador... También hay un tremendo y abigarrado espectáculo pirata. El parque cuenta asimismo con un acuario con muchos peces tropicales y del mar del Norte. A algunos hasta se les puede acariciar.

arsenaal.com

### 807 MUSEO DE ARTE INFANTIL, OSLO, NORUEGA

Se trata de un museo dedicado a esas obras maestras del arte que normalmente se exhiben, en el mejor de los casos, brevemente en la puerta del frigorífico. No está lejos del centro de Oslo, y alberga cuadros y manualidades de niños de más de 180 países. La idea no tiene equivalente en el mundo y es garantía de inspiración para niños creativos. De manera que más vale dejar preparados en el hotel papel y

### 808 'TREKKING' CON BURRO, PIRINEOS

«Niños, decidme una cosa: este verano, ¿qué os parece si vamos a caminar por el monte?». A la mayoría de los críos, el *trekking* no es que les apasione; pero eso bien podría cambiar con el acompañante animal adecuado, por ejemplo, un bondadoso burrito en los Pirineos franceses y españoles. La excursión, de dos días, incluye también tiro con arco, construir una cabaña y visitar a un cabrero con su rebaño; y la noche se pasa en el acogedor albergue de un pueblecito alpino.

www.burrotrek.com/?lang=es

Mi mejor amigo es un burro... y en absoluto lo digo despectivamente: *trekking* con Grautier.

lápices de colores… o mejor todavía lienzo, pinceles y óleo. El programa del museo suele incluir también talleres de música y arte.

www.barnekunst.no/en

## 809 PARQUE TRIÁSICO, WAIDRING, AUSTRIA

En la linde de los estados del Tirol, Salzburgo y Baviera, este Parque Triásico arrastra a un trepidante viaje hasta una época en que aquí estaba el mar de Tetis. Quien quiera visitar este mundo primigenio, puede subir varios cientos de metros a pie o tomar el cómodo funicular. Una vez arriba, todo gira en torno al mundo de los dinosaurios. Un periplo temático lleva por lagartos gigantes animados, parques infantiles prehistóricos e instalaciones multi-aventura. Solo los valientes se asoman a un mirador que cuelga a unos 70 metros sobre el abismo.

www.triassicpark.at

## 810 PORT AVENTURA WORLD, TARRAGONA, ESPAÑA

¡Oh! ¡Barcelona! Miró, Gaudí, Picasso, Norman Foster… Ya. Pero a los dos días, los niños se suben por las paredes. ¡Qué roooollo! Angelitos… En fin, que es hora de ir a PortAventura, en Tarragona: a una hora en coche. En el parque temático más grande de España, pueden viajar en locomotora por el Salvaje Oeste o en barco hasta la antigua China. A los más creciditos les espera la torre de caída libre –100 metros– o la montaña rusa Dragon Kahn, con ocho *loops*. El

punto álgido son los grandes fuegos de artificio de cuando oscurece. Los niños contentos y dormidos durante el viaje de vuelta están garantizados.

www.portaventuraworld.com

## 811 GARDALAND RESORT, LAGO DE GARDA, ITALIA

En el extremo sur del lago de Garda se encuentra el parque recreativo más grande y visitado de Italia. Aquí aguardan a los pequeños más de 40 atracciones y cuatro pueblos temáticos. ¿Qué me decís, por ejemplo, de una visita a la Kung Fu Panda Academy? ¿Y de una excursión al mundo de Peter Pan? Los más osados se atreven con las montañas rusas Raptor u Oblivion… o se dejan sorprender por un terremoto en el cine 4D. Lo mejor es que los visitantes de menos de un metro no pagan entrada.

www.gardaland.it/en/

## 812 BAUMWIPFELPFAD SCHWARZWALD, BAD WILDBAD, ALEMANIA

Este camino entre copas de árboles ofrece unas vistas magníficas. Una pasarela de hasta 20 metros de alto pasa junto a copas de abetos, píceas y hayas. En instalaciones multi-aventura muy elevadas, puede uno escalar y hacer equilibrios. (Todo, naturalmente, sin riesgo.) El clímax está, sin embargo, en una torre de 40 metros a cuya plataforma se sube por un camino en espiral. Y quien no quiera volver a recorrerlo, puede optar por

el veloz descenso por un tobogántúnel de 55 metros.

www.bad-wildbad.eu/baumwipfelpfad

## 813 MUSEOS DE LA GARGANTA DE IRONBRIDGE, INGLATERRA, REINO UNIDO

La garganta de Ironbridge recibe su nombre del primer puente de hierro del mundo, que, construido en 1779 sobre el río Severn, se convirtió en un símbolo de la Revolución Industrial. En la década de 1960 terminó la era del carbón y el acero, pero los edificios en torno a este puente se mantuvieron como monumentos industriales. Aquí hay mucho por descubrir sobre todo para niños en edad escolar: junto a los impresionantes edificios históricos, varios museos informan sobre la vida a veces tan dura de los pasados siglos y sobre la historia de la garganta de Ironbridge.

www.ironbridge.org.uk

## 814 SUIZA EN MINIATURA, MELIDE, SUIZA

Es como estar en *Cariño, he encogido a los niños*. Solo que quien ha encogido no son los niños, sino todo el entorno; más exactamente, toda Suiza. Aquí se verá una idílica y detallada imagen de las principa-

# PROHIBIDO ENTRAR CON PADRES

les atracciones del país de los Alpes a escala 1:25. Por ciudades y pueblos suizos van pasando trenecitos sobre unos 3 kilómetros y medio de vías; los teleféricos flotan por verdes paisajes montañosos, y los motores de los barquitos suenan por lagos azul glacial.

www.swissminiatur.ch/en/

# 815 CASA DEL CLIMA, BREMERHAVEN, ALEMANIA

 Si en el norte de Alemania hace siempre demasiado frío durante demasiado tiempo, quizá sea buena idea moverse en dirección sur. ¿Qué tal, por ejemplo, hacia Níger, donde reinan unos estupendos 35 ºC? ¿Y hacia Samoa, donde uno puede sentarse ante el mar azul turquesa y admirar el arrecife de coral? A ambos destinos se puede llegar cómodamente caminando, al menos en la Casa del Clima de Bremerhaven, que lleva de viaje por diversas zonas climáticas del octavo meridiano. La expedición requiere por lo menos 3 o 4 horas. Conviene contar con buen calzado y abrigo.

www.klimahaus-bremerhaven.de/en. html?no_cache=1

# 816 JARDINES TIVOLI, COPENHAGUE, DINAMARCA

El segundo parque de atracciones más antiguo del mundo que sigue abierto es, en realidad, una imponente maniobra de distracción. En

294

Pipi se sale, como siempre, con la suya: el abigarrado mundo de Astrid Lindgren.

## 817 EL MUNDO DE ASTRID LINDGREN, VIMMERBY, SUECIA

Estar cara a cara con Pipi Calzaslargas, Karlsson del Tejado y Miguel el Travieso solamente es posible en este Mundo de Astrid Lindgren, en la ciudad sueca meridional de Vimmerby, el mayor teatro al aire libre del país. Aquí reviven diariamente, en diversos escenarios, las populares historias de Astrid Lindgren; y entre pase y pase, los actores gustan de alternar con los pequeños. Los principales decorados de los relatos de Lindgren están recreados con primor. ¿Quién no querría ver en la realidad el taller de carpintería de Miguel, la casa de Pipi o la fortaleza de Mattis, lugar natal de Ronja, la hija del bandolero?

www.astridlindgrensvarld.se

la década de 1840, un astuto oficial convenció al rey danés para que le cediera una enorme zona militar en la que construir este parque de ocio. La gente –le aseguraba– no piensa en la política si se divierte. Y efectivamente cuesta refutar este argumento mientras se está en las sillas locas a 80 metros del suelo o ascendiendo en la vieja montaña rusa. En verano aquí también se celebran conciertos, por no hablar de los tradicionales fuegos de artificio todos los sábados cuando oscurece.

www.tivoligardens.com

## 818 ZOOLÓGICO POLAR, BARDU, NORUEGA

Ningún parque zoológico del mundo concede a sus animales un espacio tan grande como este zoo polar de Noruega. Los cercados son tan amplios que apenas se alcanza a ver las vallas que separan de los bosques de los alrededores a las bestias. Aquí viven osos pardos, lobos, renos, alces y linces; animales, todos ellos, propios de regiones boreales… y que no son demasiado dados a ponerse delante de la cámara. Lo suyo es planear la visita para ver por lo menos una vez cómo les echan la comida.

polarpark.no/en

## 819 CASTILLOS DE EHRENBERG, REUTTE, AUSTRIA

En otro tiempo el complejo fortificado y punto aduanero de Ehrenberg controló una importante ruta comercial de los Alpes y dio cobijo a emperadores, reyes y príncipes. Hoy es un parque temático que consta de cuatro partes de sendas fortificaciones, y que cada año atrae con su fascinación a miles de visitantes. En verano se celebra un torneo medieval que es de los mayores del mundo en su género. Quien quiera poner a prueba su coraje, puede hacerlo en la llamada *highline*, un puente colgante de 400 metros de largo y 1,2 de ancho que cruza el valle de parte a parte a una altura de padre y muy señor mío.

www.ehrenberg.at/en/

## 820 DISNEYLAND, PARÍS, FRANCIA

La torre Eiffel y el Louvre saben, claro, cómo fascinar a los turistas de Europa. Pero ¿qué pasa con las emociones fuertes? Están 32 kilómetros al este del centro: en el parque de ocio más visitado del continente. Casi 10 millones de personas en busca de diversión chillan aquí cada año en la montaña rusa, se llevan sustos de muerte en trenes fantasma y se hacen fotos con un algodón dulce en la mano ante el famoso castillo de la bella durmiente. Ser pequeño o mayor, ante tamaño jolgorio termina dando igual.

www.disneylandparis.com

# PROHIBIDO ENTRAR CON PADRES

# DONDE EUROPA ES MÁS ANTIGUA

## LA UNIÓN EUROPEA ES UN MICROSEGUNDO DE LA HISTORIA. Y ES QUE ESTE CONTINENTE TIENE A SUS ESPALDAS MILENIOS.

### 821 CUEVA DE LASCAUX, FRANCIA

«Me temo que no hemos inventado nada», habría dicho Pablo Picasso con resignación al contemplar las pinturas rupestres de Lascaux. Y quien ve estas coloridas obras de arte pintadas hace miles de años, no puede llevarle la contraria. Sobre su antigüedad, sin embargo, los investigadores divergen: unos les atribuyen 17 000 años; otros dan la cifra inconcebible de 39 000. Por las paredes de los aproximadamente 250 metros de cueva pacen, saltan y luchan toros, renos, carneros, bisontes y caballos pintados con pigmentos naturales y gran fuerza expresiva. Para ayudar a apreciar el arte paleolítico se abrió, en el 2016, el Centro Internacional de Arte Parietal de Montignac-Lascaux, con una réplica completa de la gruta.

www.lascaux-dordogne.com/en/prehistory

### 822 FORO ROMANO, ROMA, ITALIA

Nadie iba sin toga por el Foro romano. Desde este lugar se gobernó, a lo largo de un milenio, el mundo entonces conocido: desde el norte de Inglaterra hasta Mesopotamia, en el apogeo del Imperio romano. Su territorio creció con césares como Augusto, Tiberio o Nerón, e igualmente fue haciéndolo el Foro: suelos blancos de travertino, templos y pórticos de mármol y, naturalmente, el Coliseo, el mayor anfiteatro del mundo. Un fascinante paisaje de ruinas, que muestra que no hay poder que dure eternamente.

www.il-colosseo.it/es/index.php?

### 823 CÍRCULO SOLAR DE GOSECK, ALEMANIA

En 1991, un arqueólogo aéreo sobrevoló una coloración anular del terreno y los investigadores se pusieron manos a la obra. El resultado fue sensacional: lo que allí había era una fosa circular de 6900 años que servía para observar el cielo. Este hallazgo sin par se correspondía, además, con el hermoso disco celeste de Nebra, encontrado a solo 30 kilómetros de allí. Este círculo de bronce con Sol, Luna y estrellas de oro, de unos 4000 años, es la representación del cielo más antigua que se conoce, y puede admirarse en el Museo de la Prehistoria de Halle, en Sajonia-Anhalt.

www.dw.com/es/goseck-observatorio-solar-prehist%C3%B3rico/a-943727

El centro de una potencia mundial única: el antiguo Foro, en la ciudad de Roma.

## 824 TÚMULO DE NEWGRANGE, DROGHEDA, IRLANDA

Hay lugares que no son de este mundo… y sin embargo pueden visitarse. Es el caso de los 35 túmulos de reyes del valle irlandés de Boyne, construidos a partir de 3150 a.C. Newgrange, Knowth y Dowth son algunas de las principales tumbas del complejo, que en irlandés se llama Brú na Bóinne y queda cerca de Drogheda. En el solsticio de invierno, el sol ilumina el interior a través de una exigua abertura que hay encima de la entrada… si le da por aparecer. Pero Newgrange también impresiona por fuera, con su diámetro de 80 metros, sus piedras ricamente ornadas y su cubierta de cuarcita blanca de Wicklow.

www.heritageireland.ie/en/midlands-eastcoast/brunaboinnevisitorcentre

## 825 EL BARRANCO PERDIDO, ENCISO, ESPAÑA

La tierra debía de temblar de lo lindo cuando, hace más de 120 millones de años, los dinosaurios campaban por aquí. Y los niños, que con estos gigantes tienen una relación muy especial, pueden acercarse a ellos muy especialmente en este parque del Barranco Perdido, donde tienen ocasión de investigar, escalar y chapotear. Hay un entretenido museo y una instalación multi-aventura, un cerro con fósiles y un laboratorio del tiempo. Repartidas por el recinto hay un total de 40 pisadas originales de estas criaturas.

www.barrancoperdido.com

Más antigua que las pirámides de Guiza (Egipto) y que Stonehenge (Reino Unido): la tumba de corredor de Newgrange.

## 826 CNOSOS, CRETA, GRECIA

Majestuoso, gigantesco e imponente resulta este palacio cretense de Cnosos, testimonio de qué importancia tuvieron en su día los minoicos, la primera alta cultura europea, que floreció entre 2600 y 1400 a.C. La minoica se nos presenta, a juzgar por sus vestigios, como una civilización de consumados constructores que erigieron muchos edificios magníficos; aunque la estrella es, sin duda, el palacio de Cnosos. Su construcción duró 300 años: sobre partes más antiguas fueron construyéndose otras de mayor boato aún. El resultado fue, en una superficie de unos 21 000 metros cuadrados, un gigantesco complejo palaciego con más de 3000 espacios.

historia.nationalgeographic.com.es/a/ creta-descubrimiento-cnosos_6466/4

## 827 VAL CAMONICA, ITALIA

¿Había astronautas en la Edad de Piedra? Viendo las incisiones rupestres del idílico Val Camonica, cualquier cosa parece de repente posible. Pero los 350 000 petroglifos hasta ahora descubiertos están a otro nivel también en otro sentido: quien quiera asomarse a estos hombres, animales y símbolos que hay grabados en roca, debe trepar hasta 1400 metros. A lo largo de 10 000 años, nuestros ancestros fueron practicando estas incisiones con cuñas de piedra, y legaron un archivo de la historia de Europa.

www.italia.it/es/ideas-de-viaje/lugares- unesco/valcamonica-el-arte-rupestre/ breve-historia-de-val-camonica. html?no_cache=1&h=val%2Ccamonica

## 828 CUEVA DE ALTAMIRA, SANTILLANA DEL MAR, ESPAÑA

¡Cómo puede equivocarse uno! Al prehistoriador francés Émile Cartailhac, las pinturas de la cueva de Altamira se le antojaron garabatos. (No reconsideró su postura hasta 1901: 23 años después.) Estos bisontes, venados y caballos de trazo virtuoso –son en torno a 260– se pintaron hace aproximadamente 14 000 años; sus autores paleolíticos usaron carbón y ocre. Solo se permiten cinco visitantes por semana… con careta de respiración y traje protector. En el centro de interpretación hay, sin embargo, una réplica completa de la cueva, pinturas incluidas.

http://www.culturaydeporte.gob.es/ mnaltamira/home.html

## 829 TEMPLOS MEGALÍTICOS, MALTA Y GOZO

Los numerosos templos megalíticos que hay tanto en Malta como en la pequeña isla vecina de Gozo son realmente fascinantes. Los isleños empezaron a construir estas enormes estructuras de sillares piedra caliza, y a pintarlas de ocre, alrededor de 3800 a.C. El color se ha perdido, pero en un templo de Gozo –el hipogeo de Ħal Saflieni– se conserva toda una serie de frescos de la Edad de Piedra y de la del Bronce. En su día estos templos los custodiaban esculturas como la Venus de Malta o la «diosa durmiente», que hoy pueden visitarse en el Museo Arqueológico de La Valeta.

www.visitmalta.com

## 830 SITIO FOSILÍFERO DE MESSEL, DARMSTADT, ALEMANIA

Hoy son fósiles, pero hace 48 millones de años aquí retozaban ardillas gigantes, simpáticos caballos prehistóricos o imponentes cocodrilos. Los arqueólogos han desenterrado más de 70 animales ancestrales. El Eoceno fue una época movida: los dinosaurios se habían extinguido y la fauna y la flora se reinventaron casi de nuevo. Aquí se había formado, tras una erupción, un lago volcánico en el que muchos animales se ahogaban en su huida… cayendo al fondo, petrificándose y conservándose de maravilla en la lutita bituminosa.

whc.unesco.org/es/list/720

## 831 BOSQUE DE PIEDRA, DEVNYA, BULGARIA

Aquí hay desperdigadas, por una superficie de 13 kilómetros cuadrados, unas 300 columnas de piedra de hasta 7 metros. Pero no son simples columnas de piedra: hacen el efecto de un bosque misterioso. Algunas parecen pájaros y animales, otras tienen forma humana… ¿Son restos de un mar que aquí hubo hace 50 millones de años? ¿Chimeneas por las que el metano salía del fondo marino? ¿Cualquier otra cosa totalmente distinta?

visit.varna.bg/en/index.html

# DONDE EUROPA ES MÁS ANTIGUA

## 832 MUSEO DE LA PREHISTORIA, BLAUBEUREN, ALEMANIA

En las cuevas del extremo sur del Jura de Suabia, los artistas de la Edad de Piedra fueron especialmente productivos hace aproximadamente… ¡40 000 años! Algunos de los hallazgos paleolíticos más importantes se hicieron aquí, por ejemplo, unas figuras animales y humanas de marfil de mamut, las obras de arte más antiguas conocidas. Las cuevas pueden visitarse, pero estas pequeñas obras maestras se han mudado al Museo de la Prehistoria de Blaubeuren, que alberga tesoros como la Venus de Hohle Fels o un pequeño hombre-león.

www.ice-age-europe.eu/visit-us/network-members/museum-of-prehistory-blaubeuren.html

## 833 PARQUE NACIONAL DE THINGVELLIR, ISLANDIA

Con el ojo interior vemos llegar de todas partes jinetes galopando sobre veloces ponis. ¡Es el día del Althing! Desde que, hacia el 930, unos vikingos noruegos se establecieran en la isla, todos los veranos celebraban durante dos semanas una asamblea en la explanada de Thingvellir. El Althing era tribunal y gobierno a la vez. Solo los daneses pusieron fin, en 1798, a uno de los parlamentos más antiguos del mundo. Pero Thingvellir vive y se sigue usando para grandes solemnidades.

adventures.is

## 834 NURAGAS, CERDEÑA, ITALIA

¿Un *nuraga*? ¿Y eso qué es? El origen de la palabra no se conoce; de hecho, existen varias grafías alternativas. Se trata, en cualquier caso, de torres protohistóricas de piedra erigidas en Cerdeña durante la cultura de Bonnanaro y la cultura nurágica, inmediatamente posterior (entre 2200 y 400 a.C.). ¿Eran tumbas? ¿Santuarios? ¿Viviendas fortificadas? Los habitantes de aquella antigua cultura eran pastores y campesinos. Construyeron en torno a 7000 de estas torres de piedra, que constituían los centros culturales de aquellos isleños. En Cagliari, el Museo Arqueológico Nacional informa sobre estas enigmáticas torres y sus moradores.

www.ciaosardinia.com/runTimePage.aspx?pageID=1&langID=3

## 835 PIEDRAS DE STENNESS, ISLAS ORCADAS, ESCOCIA, REINO UNIDO

Lascas de arista viva hincadas en la tierra diríanse las tres piedras de Stenness que se ven desde lejos. Se yerguen orgullosas 6 metros hacia el cielo en la isla de Mainland, del archipiélago de las Orcadas. La cuestión es, ¿cuánto llevan ahí? ¿Quién se tomó la molestia de clavarlas? ¿Y por qué? No se sabe a ciencia cierta. El círculo megalítico, que originariamente tenía 12 piezas, según algunos serviría para observar los astros. Solo el cuándo puede (de algún modo) responderse, hacia 3100 a.C. ¿Y el transporte? Sigue siendo un misterio.

www.orkneyjar.com

## 836 PEŞTERA CU OASE, BANATO, RUMANÍA

Peştera cu Oase significa «cueva con huesos», lo que ya da una pista. Y es que en este sistema de cuevas se encontraron los restos más antiguos de *Homo sapiens* de Europa, por ejemplo, el maxilar inferior de un adulto que vivió en esta zona hace aproximadamente 40 500 años. Uno de sus antepasados, probablemente fuera producto de una aventura entre un neandertal y un humano moderno: sus genes resultaron ser neandertales en un 8%. (Acaso perteneciera a los primeros hombres que poblaron Europa.) Y ya que hablamos de los neandertales: también nosotros, los actuales europeos, llevamos entre un 1 y un 4% de genes suyos.

romaniatourism.com/

A estas torres prehistóricas sardas las envuelve un misterio tan profundo, como idílico es su entorno.

# DONDE EUROPA ES MÁS ANTIGUA

## 837 STONEHENGE, INGLATERRA, REINO UNIDO

El antiquísimo círculo megalítico de Stonehenge, ¿era un observatorio para estudiosos del cielo paleolíticos? ¿O era quizás un templo en el que los druidas rezaban a los dioses? Estos círculos de piedras del Neolítico y de la Edad del Bronce siguen siendo un misterio, por más que los arqueólogos se empeñen en averiguar cómo se transportaron estos bloques de arenisca y *bluestone* de hasta 50 toneladas. Lo que está (más o menos) claro es que Stonehenge se armó en tres fases, y que todo empezó hacia el 3100 a.C. Hoy se ven dos círculos megalíticos concéntricos con un diámetro de unos 110 metros; algunas piedras se cayeron o se usaron para construir casas. Puede llegarse en autobuses exprés porque hace tiempo –por desgracia– que todo el mundo quiere ir a Stonehenge.

www.stonehenge.co.uk

Un lugar místico: las poderosas piedras de Stonehenge.

## 838 CRÓMLECH DE LOS ALMENDROS, ÉVORA, PORTUGAL

Otros megalitos que, de nuevo, plantean enigmas. Es probable que el crómlech de los Almendros lleve ahí desde la transición del Neolítico a la Edad de Bronce, hace entre 6000 y 7000 años. Ahora bien, ¿por qué? ¿Era un lugar espiritual donde rezar a los dioses? Estos 92 menhires con forma de tonel, dispuestos en un doble óvalo, callan estoicamente. Sobre la superficie de algunos de ellos se aprecian ojos, círculos, báculos o líneas dentadas; también el Sol y la Luna. Sea como sea, la actual disposición no es la original: cuando el sitio se descubrió, no pocas piedras estaban caídas.

www.visitevora.net/es/

## 839 MOMIA DE ÖTZI, BOLZANO, ITALIA

¿Quién no conoce a Ötzi, el hombre de hielo que hace mucho tiempo subió a los Alpes de Ötztal y allí se quedó nada menos que 5200 años hasta que, en 1991, lo descubrieron? ¿Cómo? ¿Qué pasó? Pues resulta que en su hombro había una punta de flecha y que un traumatismo craneoencefálico hizo el resto. Hoy el hombre yace en una cámara frigorífica del Museo Arqueológico de Bolzano, en el sur del Tirol, donde se le puede admirar junto a sus pertenencias (restauradas). Rara vez se habían encontrado antes, así de bien conservados, ropas y objetos de un pasado tan remoto y que tanto puedan contarnos de la vida de los hombres de entonces.

www.museums-southtyrol.it/en/default.asp

## 840 GOLFO DE MORBIHAN, BRETAÑA, FRANCIA

Donde hoy los turistas se toman su sidra bretona, hace en torno a 7000 años trabajaba una gente laboriosísima. Aquello era todo un foco cultural: por doquier surgían monumentos megalíticos como menhires, túmulos, crómlech o dólmenes. Solamente en Carnac, una pequeña ciudad atlántica, hay más de 3000 menhires agrupados en crómlech. La mala noticia es que se calcula que, del gran proyecto de los hombres de la Edad de Piedra, no se ha conservado sino a lo sumo un 20%. Las siguientes generaciones eran igual de diligentes, y usaban las piedras para sus construcciones, araban aquellos campos o edificaban ciudades encima.

www.morbihan-turismo.es/inicio/descubrir/morbihan/principales-destinos/golfo-de-morbihan

# DONDE EUROPA ES MÁS ANTIGUA

# ESTADIOS MÍTICOS

¿DÓNDE SE FORJAN ACTUALMENTE LAS LEYENDAS? EFECTIVAMENTE: EN EL FÚTBOL, EN EL ESQUÍ, EN EL CICLISMO… A ESTOS MODERNOS MITOS SE ASOCIAN SIEMPRE LOS LUGARES EN LOS QUE SURGIERON.

## 841 BERNABÉU, MADRID, ESPAÑA

Santiago Bernabéu, entonces presidente del club, estaba decidido a convertir al Real Madrid en el mejor equipo de fútbol del mundo. El mayor estadio traería más ingresos y, con ellos, a los mejores jugadores. Así que en Madrid se inauguró un estadio de fútbol que primero daba cabida a 75 000 espectadores y, en pocos años, llegó a los 125 000. Luego, la obligatoriedad de eliminar las gradas sin asientos redujo su aforo (81 044 personas). Hoy se planean reformas: se está techando y una reforma integral lo convertirá en uno de los más modernos del mundo.

www.realmadrid.com

En el hipódromo, ¿hay algo que ver más allá de sombreros extravagantes? Pues va a ser que sí: carreras de caballos…

## 842 HIPÓDROMO DE ASCOT, INGLATERRA, REINO UNIDO

Aquí, en realidad, la cuestión no es tanto cuál caballo llega el primero, como quién lleva el sombrero que más llama la atención. Y si además resulta que los tocados llevan flores y que se llevan zapatos de tacón alto, eso significa que por fin ha llegado la semana del Royal Meeting, que se viene celebrando desde el siglo XVIII y a cuya inauguración sigue acudiendo la reina. El *fine dining* es por supuesto obligado y, tras el día de fiebre hípica, esos cientos de libras… como que ya no te importan.

www.ascot.co.uk

## 843 TRAMPOLÍN DE PAUL AUSSER LEITNER, BISCHOFSHOFEN, AUSTRIA

Los saltadores de esquí llevan lanzándose por este trampolín desde la década de 1940. No solamente es el mayor del Torneo de los Cuatro Trampolines, que se celebra cada año, sino que, con 25 000 espectadores, también es una de las mayores instalaciones deportivas de Austria. Su nombre se lo debe al saltador Paul Ausserleitner, quien en 1952 falleció saltando aquí.

www.skiclub-bischofshofen.at/de/club/
schanzenstadion

## 844 CELTIC PARK, GLASGOW, ESCOCIA, REINO UNIDO

Ya solo subir por las escaleras verdiblancas hace que a la hinchada del Celtic se le dispare el pulso. Durante el partido, el Celtic Park, que tiene más de 100 años, es una verdadera marabunta. Sobre todo, durante el Old Firm, el encuentro con los Rangers, uno de los derbis más trepidantes del mundo.

www.celticfc.net/pages/tours

## 845 ALLIANZ ARENA, MÚNICH, ALEMANIA

La fachada, revestida con casi 3000 colchones de aire romboidales, puede verse relucir de lejos en un rojo intenso cuando el Bayern juega en casa; pero las aproximadamente 300 000 luces led también pueden generar hechizantes dibujos u olas de luz sobre la piel del estadio. En el interior, el Allianz Arena da cabida a 75 000 espectadores. Quien quiera sentarse en el banquillo, puede hacerlo tranquilamente en una visita guiada.

allianz-arena.com

## 846 ESTADIO ROLAND GARROS, PARÍS, FRANCIA

En esta tierra batida se celebra cada año uno de los cuatro torneos del Grand Slam: el Abierto de Francia. El estadio se construyó en la década de 1920, cuando cuatro *cracks* franceses –los «cuatro mosqueteros»– se hicieron seis veces seguidas con la Copa Davis. Roland Garros, por su parte, no fue un tenista, sino un pionero de la aviación. El Museo del Tenis que hay junto al estadio cuenta muchas más historias.

www.rolandgarros.com

## 847 ESTADIO GIUSEPPE MEAZZA, MILÁN, ITALIA

Las cuatro torres se antojan tornillos futuristas. Sobre ellas reposa una estructura de acero que soporta el techo de cristal del mayor templo del fútbol de Italia, que debe su nombre a un futbolista italiano todavía más grande. Aquí juegan los dos clubes de la ciudad: el Milan y el Inter, cuyos éxitos pueden admirarse en el museo de la casa. Tras casi 100 años, este estadio podría estar próximo a su fin: hay planes para demoler la vieja leyenda.

www.sansirostadium.com/

## 848 ANFIELD, LIVERPOOL, INGLATERRA, REINO UNIDO

Para los hinchas del Liverpool, el estadio de Anfield Road es algo así como una segunda catedral de su ciudad. También es donde inventan sus cánticos: cuando, en 1967, la niebla era tan densa que prácticamente no dejaba ver, la bancada de los rojos entonó: «¿Quién ha marcado el gol?». Y la bancada contraria respondió: «Tony Hateley».

www.liverpoolfc.com/fans/
fanexperience/visiting-anfield

## 849 OLD COURSE, ST ANDREWS, ESCOCIA, REINO UNIDO

El campo de golf de St Andrews podría decirse que es la madre de todos los campos de golf, por más que no quepa demostrar que este deporte verdaderamente se inventara aquí: mencionado por primera vez en un texto de 1552, se trata sin duda del campo de golf más antiguo de Escocia. De hecho, las reglas que aquí se establecieron son el estándar en todo el mundo.

www.standrews.com/Play/Courses/

## 850 ESTADIO OLÍMPICO, ROMA, ITALIA

Estadios enormes en los que se congregaba la ciudadanía al completo, Roma ya tuvo unos cuantos. Este gran Estadio Olímpico, que es donde juegan los dos equipos de la ciudad –la AS Roma y el Lazio–, tiene un aforo de 72 000 espectadores. Se construyó, eso sí, por razo-

nes más políticas que deportivas: Roma quería organizar los Juegos Olímpicos de Verano de 1940, pero tuvo que retirar su candidatura. En 1960 lo volvió a intentar… y este estadio fue por fin olímpico.

www.stadiumguide.com/olimpico

## 851 CAMP NOU, BARCELONA, ESPAÑA

He aquí el estadio del victorioso Barça, donde se desgañitan 99 354 espectadores y donde han hecho vibrar a las masas gigantes del *rock* como Bruce Springsteen o U2. Pero es que, además, el Camp Nou va a reformarse y, para la temporada 2021-2022, se espera que pueda acoger a 100 000 personas. Y eso que ya es el mayor estadio de fútbol de Europa y el mayor estadio de un club del mundo…

www.fcbarcelona.es/es/club/
instalaciones/camp-nou

## 852 ESTADIO DE WEMBLEY, LONDRES, INGLATERRA, REINO UNIDO

¿Wembley? A los hinchas del fútbol le suena a catedral… Desde el 2007 aquí hay un nuevo edificio sobre el que se extiende un espectacular arco de acero de 133 metros. (Hasta el gigantesco London Eye cabría bajo él.) La nueva versión de esta legendaria instalación deportiva costó más de 500 millones de euros y convirtió Wembley, con 90 000 asientos, en el segundo estadio más grande de Europa.

www.wembleystadium.com

Quien consigue llegar hasta aquí, puede respirar: ya cruzada la línea de meta, esta espantosa Streif deja de dar miedo.

# 853 ❄ PISTA STREIF, KITZBÜHEL, AUSTRIA

No en vano se la considera la pista de esquí más peligrosa y temida que existe. El descenso de esta Streif, que cada año forma parte del trofeo del Hahnenkamm, es el punto álgido de la Copa del Mundo, si no lo es de toda la temporada de esquí. (Ya desde la década de 1930 hay un gran ambiente entre los espectadores, que aguardan junto a la meta.) El primer envite llega justo con el pistoletazo de salida: una pendiente del 50%. Luego, en la funesta Trampa de Ratón, se saltan hasta 80 metros. Y cuando los músculos están en las últimas, viene la meta, que los esquiadores pueden llegar a cruzar a 150 kilómetros por hora. El récord lo tiene el austríaco Fritz Strobl, quien en 1997 recorrió esta pista de 3312 metros en 1:51,58 minutos.

www.nevasport.com/gatos/art/48108/Pistas-miticas-Streif-Kitzbuhel/

# 854 ESTADIO DE LETZIGRUND, ZÚRICH, SUIZA

¿Que a quién se le ocurrió una cosa así? Pues a los suizos, cómo no. Para que el estadio de Letzigrund no quedara como un armatoste, lo hundieron en el suelo. Por el llamativo diseño de los focos, a este estadio lo conocen también como «la tarta de cumpleaños». Otra singularidad arquitectónica que tiene es su cubierta oval, que hace el efecto de estar suspendida sobre las gradas. Todos los años, los aficionados al atletismo están deseando que llegue la Weltklasse Zürich, que se celebra aquí. A los hinchas del Zúrich y del Grasshopper no les hace tanta gracia, ya que deben compartir su estadio.

www.stadionletzigrund.ch

Gradas desiertas, hasta que la presencia de héroes del fútbol y del atletismo –o de leyendas del *rock*– las llenan de algazara.

## 855 ESTADIO MUNICIPAL DE BRAGA, PORTUGAL

No es el estadio de fútbol más antiguo, más grande o más caro; pero sin duda es uno de los más curiosos. Gradas hay solo en los laterales: el marcador está sobre una cantera que cierra uno de los fondos, y las cubiertas de ambos graderíos están unidas por cables de acero que las sostienen sobre estos.

scbraga.pt/estadio

## 856 PISTA LAUBERHORN, WENGEN, SUIZA

La pista Lauberhorn es uno de los grandes clásicos del esquí alpino: hasta 40 000 aficionados peregrinan cada año a Wengen, en el Oberland bernés. Ya en 1930 se lanzaron por primera vez unos intrépidos esquiadores por este recorrido de 4,5 kilómetros, a veces escarpadísimo. Los momentos cruciales –la «cabeza de perro», el «rincón canadiense», «la meta en S»– ponen realmente la carne de gallina a los aficionados.

www.lauberhorn.ch

## 857 ANTIGUA OLIMPIA, GRECIA

Al principio, en el 776 a.C., la cosa era modesta en los Juegos de la antigua Olimpia, cuyos vestigios es posible admirar todavía. Eran muy populares el pugilato y las carreras de caballos y carros, así como los pentatlones con salto de longitud, carrera, lucha y lanzamiento de disco y jabalina. Los vencedores obtenían fama, honor, y a veces hasta exenciones fiscales.

www.visitgreece.gr/en/culture/world_heritage_sites/olympia_archaeological_site

## 858 ESTADIO OLÍMPICO, MÚNICH, ALEMANIA

Ningún estadio había tenido una cubierta tan ligera, transparente y juguetona. Una cosa estaba clara: en los Juegos Olímpicos de 1972, Alemania quería mostrar su cara alegre, abierta y tolerante. Por desgracia, una trágica toma de rehenes arruinó el ambiente pacífico. Pero casi 50 años después, la cubierta de este estadio conserva intacta su genial ligereza originaria.

www.olympiapark.de/en/olympiapark-munich/

## 859 CIRCUITO DE FÓRMULA 1, GRAN PREMIO DE MÓNACO, MÓNACO

He aquí un auténtico espectáculo: cuando, por las serpenteantes calles de Mónaco, motores de 800 caballos hacen que todo vibre, es que ha llegado la fecha del Gran Premio de Mónaco, que se celebra cada año. Es la carrera automovilística más difícil y sensacional que ofrece el mundo de la Fórmula 1… y la más opaca.

gpticketshop.com/es/f1/gran-premio-f1-de-monaco/tiquetes.html

## 860 TOUR DE FLANDES, BÉLGICA

En Flandes la gente ama el ciclismo o, más aún, lo adora. Y otro tanto podría decirse del Tour de Flandes, que tiene para ellos un estatus sagrado. Cada primavera, los flamencos aguardan impacientes esta fiesta tan querida: la Ronde van Vlaanderen, que tiene 270 kilómetros, desde Amberes hasta Oudenaarde.

www.visitflanders.com/es/que--hacer/eventos/top/tour-de-flandes.jsp

# ESTADIOS MÍTICOS

# ARTE A LA VISTA DE TODOS

**EL ARTE URBANO TIENE FUERZA: SE SUSTRAE A LOS CONTROLES DE ESTE MUNDO REGULADO QUE TENEMOS.**

## 861 CALLE DE LOS GRAFITIS, GANTE, BÉLGICA

Utopías pintadas con 1000 colores, paredes rotas que ofrecen perspectivas de otros mundos, excavadoras bidimensionales que arañan la pared, caballos al galope tendido, liebres de Durero… La calle peatonal de Werregarenstraatje es una galería de arte *sui generis:* no hay muro en ella que no se ofrezca al espray. (Aquí resulta que el grafiti no está permitido, pero se tolera.) Y, como los artistas saben bien, cambia constantemente. Si vas a Gante, mantén los ojos bien abiertos: el arte urbano está por todas partes.

visit.gent.be/es/ver-y-hacer/la-calle-de-los-grafitis-de-gante

## 862 OPORTO, PORTUGAL

El barrio de Ribeira, casco viejo de Oporto y Patrimonio de la Huma-nidad, tuvo siempre unas fachadas coloridísimas por sus famosos azulejos. Pero últimamente se han añadido muchas, muchas otras manchas de color… obra de los muy creativos artistas urbanos de la ciudad. Aquello es un hervidero de estilos diversísimos: destacan los abigarrados trabajos, que recuerdan a la caligrafía árabe, de Hazul Luzah, nacido en Oporto.

Muy distinta es la obra de su colega Vhils, quien con cincel y fresadora graba motivos desconcertantes sobre enlucidos.

visitporto.travel/es-ES/home#/

## 864 BELFAST, IRLANDA DEL NORTE, REINO UNIDO

Hiperrealismo o surrealismo, los grafiteros de Belfast son una especie única. Y es que, en la capital de Irlanda del Norte, el arte urbano o grafiti tiene una tradición política: durante los aproximadamente 30 años que duró el conflicto norirlandés, los murales de Belfast se hacían eco de la rabia y la esperanza. Los fantásticos grafitis que hoy pueden verse ante todo en el Cathedral Quarter datan, sin embargo, de los años de paz posteriores.

www.belfast-murals.co.uk; visitbelfast.com

## 863 GLASGOW, ESCOCIA, REINO UNIDO

Como ocurre en otras ciudades con gran tradición grafitera, también Glasgow ofrece un *mural trail* que va llevando por obras de arte urbano impresionantes. Valgan de ejemplo los trabajos del australiano Smug, fascinantes por su hiperrealismo: ese individuo alto como una casa con gorro de lana que hay en High Street, sería Mungo –el santo patrón de Glasgow– salvándole la vida a un polluelo. En internet hay un plano que ayuda a descubrir más obras de este mismo artista y de muchos otros.

www.citycentremuraltrail.co.uk

Y a quien ande inadvertido… ¡lo cogen como a un ratón! El mural *Cariño, he encogido a los niños.*

## 865 SHOREDITCH, LONDRES, INGLATERRA, REINO UNIDO

Expresivo, anárquico, brillante: así es el arte urbano de Shoreditch, en el barrio de Hackney, en el East End de Londres. Donde hoy todo es tan moderno –con clubes, bares, galerías y los correspondientes artistas–, en el siglo XX lo que primaba era la miseria; pero, a pesar del aburguesamiento, la zona conserva ese encanto rudo del East End. El arte urbano forma parte del lugar: en Rivington Street hay, por ejemplo, una obra del misterioso Banksy; y también en torno a Brick han dejado su huella estrellas del *street art,* así como en Shoreditch High Street o en Hackney Road. Lo mejor es vagar sin rumbo y descubrir…

www.visitlondon.com

## 866 TESALÓNICA, GRECIA

Lleva un rato encontrar el muy *cool* arte urbano de esta ciudad portuaria. Pero da igual, porque, gracias a 80 000 estudiantes, en Tesalónica bulle la vida. Es decir, que nadie se aburre. Se puede empezar por el barrio de Ladádika: en la calle Tsimiskí reluce el gigantesco mural de una chica con un ave fantástica, surgido, como tantos otros enormes grafitis emblemáticos de la ciudad, en el 2011, cuando se celebró una bienal de arte joven. La mejor forma de descubrir el arte urbano de Tesalónica es darse una vuelta con los ojos bien abiertos.

thessaloniki.travel/es/

«Te miro a los ojos»: en Reikiavik se encuentran este y otros retratos gigantescos del artista australiano Guido van Helten.

## 867 REIKIAVIK, ISLANDIA

Se diría que los artistas urbanos de la capital islandesa tuvieran que enfrentarse al largo y oscuro invierno con algo de color. Aunque aquí el «algo» induce a equívoco, porque a esta isla remota esta forma de arte no llegó hasta la década de 1990, pero desde entonces Reikiavik se ha cubierto de *street art*. Aquí a los dueños de las casas tampoco les encanta la idea de que pinten sus muros sin su permiso con rótulos y murales; da la impresión, sin embargo, de que la gente se relaciona con el arte y los artistas de una manera más abierta que en otros sitios. Para no perderse las piezas más bonitas, es mejor apuntarse a una visita guiada.

visitreykjavik.is/street-art-reykjavikincluding-map

## 868 BRÍSTOL, INGLATERRA, REINO UNIDO

Quien diga Brístol y arte urbano, dice Banksy. Esta enigmática estrella del mundillo, cuya identidad sigue sin aclararse, estuvo ya en primera línea cuando, en la década de 1980, esta ciudad portuaria situada a orillas del Avon recibió un raudal de arte urbano; así que en sus muros se encuentran muchas de las obras tempranas de este hijo de la ciudad. (Es imposible sustraerse a la fascinación del original de ese osito de peluche que amenaza a tres *bobbies* con un cóctel molotov, *The Mild Mild West*.) A Banksy y al resto del arte urbano de Brístol se les dedican visitas guiadas, y hay aplicaciones que sugieren rutas.

visitbristol.co.uk/things-to-do/street-art

**ARTE
A LA VISTA
DE TODOS**

## 869 PRAGA, VARSOVIA, POLONIA

Donde antes reinaba el gris, en los últimos años lo hace el color y la vida, gracias al arte urbano de Varsovia. Y como este es un gremio internacional, las imágenes de los muros de estas calles –por ejemplo, las del barrio de Praga, en la margen derecha del Vístula– son obra de genios del espray tanto nacionales como extranjeros. Y ahí siguen también esas pequeñas esculturas azules de ángeles del artista polaco Marek Sułek, que transmiten buen humor con su desconcertante sonrisa.

warsawtour.pl/es/pagina-principal-2

## 870 COLONIA, ALEMANIA

Si hablamos de arte urbano en Alemania, pensamos en Berlín; pero también lo hay en Colonia, de hecho, toda una meca. Aquí se encuentra cualquier cosa que pueda llenar una pared: murales, estarcidos, *paste ups*… Destaca especialmente el barrio de Ehrenfeld: aquí dejaron y siguen dejando sus trabajos –ya estén hechos con pincel, espray o elementos pegados– maestros como Herakut, M-City o Rakaposhii. Quien busque piezas más pequeñas, debe buscar por Heliosstrasse o Lichtstrasse.

www.koeln.de

## 871 BRUSELAS, BÉLGICA

«¡Mil millones de millares de mil demonios!», el capitán Haddock, el lobo de mar de los tebeos de *Las aventuras de Tintín*, se quedaría verdaderamente estupefacto si hiciera la ruta de los cómics de la capital belga, y se encontrara a sí mismo bajando por una escalera de incendios junto al intrépido reportero y al perrito blanco de este. Y es que en Bruselas domina un tipo de arte urbano distinto: los pitufos, Astérix y Obélix, Lucky Luke, Spirou, Fantasio y el Marsupilami pueden admirarse pintados enormes en las paredes. En un paseo susceptible de adaptarse para 2 o 3 horas, se pueden descubrir hasta 50 escenas. Y luego está el Museo del Cómic o cualquiera de las incontables librerías especializadas.

visit.brussels/es/profile/tira-comica

## 872 LINZ, AUSTRIA

¿Arte urbano en Linz? Pues sí, porque resulta que Linz tiene un puerto al que, en el 2012, las autoridades municipales quisieron dar una imagen más moderna, a cuyo efecto invitaron a artistas urbanos internacionales. La mejor forma de admirar los cientos de murales y grafitis de artistas de más de 30 países es desde el Danubio, en un barco. Además, cada mes se celebran talleres donde se forma la cantera de artistas locales.

www.linztourismus.at/es/

## 873 LODZ, POLONIA

Lodz, en mitad de Polonia, hacia 1850 pasó de ser un pueblito a convertirse, en pocos años, en un centro de la industria textil. Fábricas, chimeneas, industria por doquier… ¿Y la ciudad? Gris, laboriosa, diligente. Pero a finales de la década de 1980 se torció todo, y desde el 2009 vuelve a reinar el color. Y de qué modo. A las viejas fábricas de ladrillo se las está insuflando nueva vida, y la fundación Urban Forms invitó, con un primer festival, a artistas urbanos nacionales e internacionales. Hoy son más de 80 los fantásticos murales, que hacen de Lodz una meca para los aficionados.

lodz.travel/en/tourism/what-to-see

## 874 MILÁN, ITALIA

A veces el arte urbano se pisotea: en Via Monte Napoleone de Milán, con sus *boutiques* de lujo, artistas urbanos internacionales decoraron 20 tapas de alcan-

El detective Ric Hochet inmerso en una trepidante aventura en la Rue des Bons Secours.

Al doblar una esquina en las calles de Marsella puede aparecer cualquier personaje inesperado.

tarilla. Pero eso es solo una pequeña muestra del arte urbano de la capital italiana de la moda: en barrios como Bovisa, Porta Romana o Porta Ticinese hay murales maravillosos, y la zona en torno al Centro Sociale Leoncavallo es un auténtico sueño para los aficionados al grafiti.

www.turismo.milano.it

un toque estrambótico. Joyas especiales se encuentran en las paredes del colegio de Santo Domingo de Guzmán o en el barrio del Albaicín, el más antiguo de Granada y no solo lugar natal de Raúl Ruiz, conocido como el Niño de las Pinturas, sino además museo de algunos de sus trabajos.

en.granadatur.com/

y Dorcól, con centros de arte, tiendas, bares y clubes alternativos, que también entran en las visitas guiadas de *street art*, se encuentran murales impresionantes. Son típicos de Belgrado los retratos en blanco y negro de personalidades famosas de la ciudad: todos son hinchas del legendario Partizán y han sido retratados por el grupo GTR, Grobarski Trash Romantizam.

streetuptours.com

## 875 GRANADA, ESPAÑA

Limítate a pasear y entre los añejos muros de la ciudad descubrirás obras de arte urbano geniales y con

## 876 BELGRADO, SERBIA

Puede que uno no asocie de entrada a Belgrado con el arte urbano; lo cierto es que la capital serbia se ha convertido en un epicentro del asunto. En los barrios de Savamala

## 878 MARSELLA, FRANCIA

Arte urbano allá donde mires, ya sea abigarrado y enloquecido, abstracto o realista, tipo tebeo o de un simple y potente blanco y negro, estarcido o con espray y pinceles: en el barrio de artistas de Cours Julien, prácticamente no hay pared sin cubrir. En algunas zonas de este barrio, uno de los más a la última de esta metrópolis del sur de Francia, el grafiti es legal. Se puede dar un paseo por libre o contratar alguna visita guiada.

www.marseille-tourisme.com/es/

## 877 RÓTERDAM, PAÍSES BAJOS

En Róterdam se está formando, en West Kruiskade, el primer museo de arte urbano al aire libre de la ciudad. Esta calle, antes centro de droga, es hoy un vivo barrio multicultural; perfecto, por tanto, para una forma artística de imagen ácrata. Por supuesto que hay más sitios donde ver arte urbano estupendo en la ciudad, pero es que ahora en West Kruiskade se ve a los maestros internacionales en faena.

www.rotterdamstreetartmuseum.com

## 879 CHIPRE, GRECIA

Un elegante Don Johnson caracterizado como Sonny Crockett en *Corrupción en Miami* y disparando color con su pipa, un astronauta en un colorido cosmos psicodélicamente, ventanas pintadas a las que se asoma gente… En Chipre el arte urbano es igual de abigarrado que la vida, aunque a veces también es político. En festivales como los de Lárnaca, Limasol y Pafos, los artistas se explayan ante el público: en las calles de Saripolu y Atenas suelen congregarse con ocasión del festival unos 20 000 espectadores. Impresionan las escaleras del acceso lateral al teatro Patiquio, en Lárnaca, que los estudiantes han transformado en una vertiginosa subida en blanco y negro.

www.visitcyprus.com

## 880 MOSCÚ, RUSIA

Hasta hace apenas 10 años, el arte urbano estaba mal visto en la capital rusa: las autoridades municipales daban caza a los grafiteros y tapaban rótulos y murales. Hoy es uno más entre los esfuerzos de Moscú por hacerse europea. Solo que a los miles de piezas que aquí han surgido en los últimos años, les falta un requisito esencial de todo arte callejero: en Moscú no pueden tener carácter ácrata ni hacerse eco de ninguna otra actitud salvo la impuesta desde arriba. Así que muchos murales de la capital rusa muestran a héroes soviéticos de la II Guerra Mundial.

discover.moscow/en

# ARTE A LA VISTA DE TODOS

# LA LLAMADA DEL VALLE

DONDE LOS MONTES HACEN UNA REVERENCIA, LAS COSAS SUELEN SER AGRADABLES Y ENCANTADORAS. HE AQUÍ VIÑEDOS Y ARROYOS CUBIERTOS DE MUSGO, ASÍ COMO ANIMALES Y PLANTAS INSÓLITOS, PERO TAMBIÉN EL «VALLE DE LÁGRIMAS».

## 881 DANUBIO, VALLE DE WACHAU, AUSTRIA

¿Acaso no lo ha visto todo ya este valle? Cazadores de la Edad de Piedra que hacían sus batidas por la vega del Danubio, romanos que se afanaban en fortificar su *limes*, misioneros que difundían la fe cristiana en la época de las invasiones bárbaras, el rey inglés Ricardo Corazón de León hecho prisionero en el castillo de Dürnstein, monjes que con la abadía de Melk se construyeron un suntuoso monumento … ¿Y hoy? Hoy a esta amable región idílica acuden turistas y *gourmets*. Especialmente en el dorado otoño, pues de aquí salen los mejores vinos austríacos. Por no hablar de los albaricoques…

www.donau.com/en/the-danube-in-lower-austria/

## 882 VALLE DEL SENALES, ITALIA

Desde los agradables prados de frutales de su inicio, este recóndito valle va subiendo a lo largo de 20 kilómetros hasta llegar a los glaciares, donde se encontró la momia de Ötzi. Si el valle del Senales se ha podido mantener así de intacto hasta hoy, se debe a que no se abrió al turismo hasta mediados de la década de 1970. En los meses invernales, el mundo del esquí se adueña de la región y del glaciar, mientras que, en época cálida, la zona es un paraíso del senderismo alpino. De camino al glaciar, hay que regalarse una merienda en la granja montés de Tisenhof, del siglo XIV.

www.schnalstal.com/en/glacier.html

### 883 LECHTAL, AUSTRIA

No solo durante la temporada de esquí, también en verano ofrece algo este lugar, al pie de un imponente decorado alpino. El valle está lleno de sendas y rutas. Una gran atracción es el teatro al aire libre de la garganta de Bernhardstal, donde se representa la pieza teatral *Geierwally*.

www.lechtal.at/en/

### 884 VALLE DEL LOIRA, FRANCIA

Castillos de ensueño por doquier: más de 100 pueden visitarse a lo largo del río más largo del país. Pero aquí también puede disfrutarse de otras maravillas: en la vega del Loira maduran estupendos vinos. Por fuerza habrá que visitar alguna de las muchas *maisons des vins* y charlar un poco con los viticultores.

https://es.france.fr/es/valle-del-loira/
lista/valle-del-loira-que-hacer-que-ver

### 885 VALLE DE SÓLLER, MALLORCA, ESPAÑA

 Las laderas de este valle con forma de media luna están ribeteadas de naranjos, limoneros y olivos. Quien tenga tiempo, está obligado a permitirse una escapada a la famosa almazara de Can Det. Desde 1912 no ha dejado de ir y venir entre Palma y Sóller, con su pintoresco casco antiguo, el Rayo Rojo, un histórico tranvía.

visitsoller.com/

## 886 VALLE DE LAUTERBRUNNEN, SUIZA

Hay fans de Tolkien que afirman que el creador de *El señor de los anillos* se inspiró, para la Tierra Media, en su visita a este hermosísimo valle de «Fuente Clara», en el Oberland bernés. Se trata de un gran decorado: imponentes cascadas, arroyos cubiertos de musgo y una vasta naturaleza virgen. (Imprescindible el viejo camino de herradura de Stechelberg.) A mediados de enero decenas de miles de espectadores acuden para presenciar el famoso descenso de la pista Lauberhorn.

www.myswitzerland.com/es-es/

## 887 ROMSDALEN, NORUEGA

Con un poco de suerte, aquí hasta se encuentran troles. El propio valle se sitúa a pocos metros sobre el nivel del mar, pero está ribeteado de montañas de 1800 metros. Es un paraíso para el surf de remo, la pesca con caña, el senderismo o la escalada. Quien no busque algo tan movido, que tome en Åndalsnes el tren de Rauma.

visitromsdal.com/en/romsdalen-is-a-paradise-people-who-fjords-and-mountains/

## 888 VALLE DEL DUERO, PORTUGAL

Infinitas terrazas de viñedos ribetean las laderas de una de las mayores regiones vinícolas del mundo.

## 889 VALLE DEL VERZASCA, SUIZA

Todo el mundo conoce el famoso puente de piedra ondulado de Lavertezzo… y más de uno se ha tirado desde él, en calurosos días de verano, al fresco Verzasca. Pero el agreste valle de este río tiene más desafíos preparados. Quien se atreva puede, por ejemplo, hacer *puenting* en la presa del Verzasca, lanzándose a un abismo de 200 metros como Pierce Brosnan en la película de James Bond *GoldenEye*.

www.ticino.ch

Y es que el pintoresco valle del Duero es la patria del vino de Oporto. Aquí exultarán sobre todo los amantes del vino y de la naturaleza, ya sea con una cata o con la vendimia, con una travesía por el río, o con una visita a los pueblos vitícolas de Barcos, Favaios o Trevões.

www.visitportugal.com/es

## 890 GARGANTA DE VINTGAR, ESLOVENIA

El río Radovna hay ido labrando la piedra a lo largo de los siglos y ha creado un escenario natural de una belleza extraordinaria. Esta garganta de Vintgar pertenece al Parque Natural del Triglav y se caracteriza por unas escarpadas paredes rocosas con sonoras cascadas y una vegetación única en Eslovenia. Obra del hombre, merece la pena el puente de piedra de la línea ferroviaria de Bohinj, del año 1906.

www.bled.si/en

## 891 CIRCO DE GAVARNIE, FRANCIA

Esta muralla del Parque Nacional de los Pirineos se califica con razón de coliseo de la naturaleza: un valle redondo con 2 kilómetros de ancho, enmarcado por altas paredes pétreas de hasta 1500 metros. Los glaciares de las cumbres alimentan una de las mayores cascadas de Europa: aquí el agua se precipita, atronadora, a un abismo de 400 metros.

www.valleesdegavarnie.com

## 892 VALLE DEL LAUTER, ALEMANIA

La mayor atracción del valle del Lauter, en la selva de Oden, es su extenso y variadísimo mar de rocas, tan a propósito para la escalada. Según la leyenda, este roquedal surgió porque dos gigantes que estaban enfadados se anduvieron tirando piedras por aquí. (Al gigante derrotado, todavía se le oiría en ocasiones gemir bajo las rocas.) Los niños estarán

más que encantados trepando por los peñascos.

www.germany.travel/es/ocio-relax/paisajes-naturales/reservas-de-la-biosfera/jura-de-suabia-reserva-de-la-biosfera-por-la-unesco.html

## 893 VALLE DE JELENIA GÓRA, POLONIA

Este valle, al pie de las montañas de los Gigantes, en el siglo XIX estaba de moda entre los nobles de Prusia, que aquí erigieron numerosos palacios. Muchos de estos edificios hoy ofrecen, remodelados, un histórico y aristocrático hospedaje. De una espeluznante belleza son los que aún están en ruinas, esperando quizás que llegue algún Fausto…

www.szlakikulturowe.dolnyslask.pl/es/las-rutas/la-ruta-de-palacios-y-jardines-del-valle-de-jelenia-gora/

## 894 VALLE DEL UNSTRUT, ALEMANIA

Pero… ¿hay vinos de Turingia? ¡Por supuesto! Aunque no solo los aficionados al vino quedan aquí encantados: también hay castillos medievales, ciudades antiguas, gran variedad de caminos para senderismo y bici, o sendas de aventura para niños. Los amantes del agua pueden surcar el río en canoa.

www.saale-unstrut-tourismus.de/en

# LA LLAMADA DEL VALLE

Una piscina natural con un decorado apabullante: refrescándose en el valle de Verzasca.

## 895 VALLE DE REYKJADALUR, ISLANDIA

Reykjadalur significaría algo así como «valle de vapor». Y el nombre tiene su motivo: en él abundan las fuentes termales desde cuyo burbujeo los vapores ascienden hacia el cielo en columnas. Bañarse en una de estas piscinas calientes es toda una experiencia.

www.south.is/en/moya/toy/index/place/reykjadalur-valley

## 896 VALNERINA, ITALIA

Este profundo valle de Umbría está hecho para almas románticas. A esta comarca le confieren su encanto los frondosos bosques, las sonoras cascadas y las numerosas abadías medievales, así como los monasterios, los castillos y los pueblecitos alpinos. Además, abundan las exquisiteces. No se puede dejar de probar el jamón de Norcia, las trufas o el queso de cabra.

www.bellaumbria.net/es/itinerario/valnerina-things-to-do/

## 897 SERRA DE ÁGUA, MADEIRA, PORTUGAL

Uno no debe irse de Madeira sin haber visto este prodigio de la naturaleza. Quien no quiera adentrarse en el valle por su cuenta, se puede apuntar a una caminata con un guía que va explicando la fauna y la flora. Como Madeira es una isla, tiene muchas especies vegetales y animales que solo se encuentran aquí. Ese pueblecito de ensueño que es Serra de Água, del cual toma su nombre el valle, es de lo más romántico.

www.visitmadeira.pt/es-es

## 898 LES TROIS VALLÉES, FRANCIA

La zona de esquí de estos Tres Valles, en los Alpes franceses, es, según su web, la mayor del mundo.

Donde James Bond y Harry Potter se movían por un «valle de lágrimas», el Glen Coe.

# 899 VALLE DE GLEN COE, ESCOCIA, REINO UNIDO

La belleza mística del valle de Glen Coe, en la Highlands de Escocia, naturalmente no pasó inadvertida a la industria cinematográfica: en este áspero paisaje se rodaron cintas como *Los inmortales, Braveheart, Rob Roy, Skyfall* o *Harry Potter*. El valle se hizo trágicamente famoso en 1692, cuando un clan local traicionó a otro y 78 personas fueron asesinadas. Desde entonces los escoceses también llaman al Glen Coe «valle de lágrimas», y aquel suceso se sigue cantando en no pocas canciones aún hoy.

discoverglencoe.scot

Quien no quiera bajar dos veces la misma pista, está en el lugar adecuado. En verano la cosa es más tranquila; también en Val Thorens y Méribel, las dos localidades principales. Pero algunos telesillas siguen funcionando en los meses estivales para aficionados al senderismo, la bici de montaña o el parapente.

www.les3vallees.com/en

# 900 GARGANTAS DEL VERDON, FRANCIA

Allá abajo, en lo profundo, centellea la corriente turquesa del Verdon, a cuyos lados se yerguen sendas paredes rocosas de hasta 250 metros. Este gran cañón es uno de los desfiladeros más grandes y más hermosos de Europa; en 1997 fue declarado parque nacional. Eso no impide, sin embargo, que puedan hacerse en él muchas cosas: senderismo, escalada, *rafting* o incluso *puenting*. Además, las carreteras tienen mucha fama entre los moteros. Toda una explosión de violeta son los campos de lavanda de los alrededores.

www.la-provenza.es/ruta-de-las-gargantas-del-verdon

# LA LLAMADA DEL VALLE

# VIAJES EN EL TIEMPO

¿LA HISTORIA? ¡ESO ES AGUA PASADA! AGUA PASADA… O UN ESPECTÁCULO DE VÉRTIGO. Y ES QUE, EN MUCHOS LUGARES DE EUROPA, LOS VIEJOS TIEMPOS SIGUEN MOSTRANDO SU CARA MÁS VIVA…

## 901 MUSEO DE PALAFITOS, UNTERUHLDINGEN, ALEMANIA

Si una máquina del tiempo llevara a la Edad de Piedra, ¿sobreviviríamos? Trece conejillos de Indias emprendieron en el 2007 este viaje… pasando dos meses en las condiciones de aquel tiempo para una serie documental de televisión. En el Museo de Palafitos de Unteruhldingen, junto al lago Constanza, se pueden ver las cabañas prehistóricas que entonces fungieron de vivienda. Junto a ellas se han reconstruido otros pueblos de palafitos de la Edad de Piedra y de la del Bronce, y se exponen muchos hallazgos arqueológicos.

www.pfahlbauten.com/

Pues sí, hubo épocas en las que aún no existían robots de cocina: excursión al Beamish, en una panadería de comienzos de la década de 1920.

## 902 FORT BRAVO TEXAS HOLLYWOOD, TABERNAS, ESPAÑA

En esta comarca estructuralmente débil, de repente alguien tuvo una idea: ¿por qué no hacer del páramo que era el desierto andaluz de Tabernas un lejano Oeste hollywoodiense? Y así fue como, a partir de la década de 1960, Sergio Leone o Steven Spielberg rodaron en este increíble escenario auténtico filmes de culto como *Hasta que llegó su hora* o *Indiana Jones* (o parte de ellos). Todavía hoy se oye aquí de vez en cuando: «¡Acción!». Pero son sobre todo amantes del cine quienes acuden a respirar aire de wéstern. Todos los días desenfundan aquí rudos vaqueros, caen por balcones pistoleros heridos, y agitan en el *saloon* sus piernas señoritas ligeras de ropa.

www.fortbravo.org

## 903 MUSEO DE SUNNMØRE, ÅLESUND, NORUEGA

Menuda revolución debió de ser aquello, cuando, hace 10 000 años, los primeros barcos bordearon la costa. Prácticamente no hay sitio donde la construcción naval tenga mayor tradición que en el norte de Europa, y en ningún sitio está mejor documentada y es más accesible que en este entretenido museo al aire libre cercano a Ålesund, donde hay también 55 viviendas antiguas para asomarse a la vida desde la Edad Media al siglo XX.

www.sunnmore.museum.no/english/

## 904 CASTILLO MEDIEVAL DE GUÉDELON, TREIGNY, FRANCIA

¿Cuánto tardaban en la Edad Media en construir un castillo? ¿Y había que ser un Hércules para izar los enormes sillares? Quien se acerque a este castillo en construcción, encontrará respuesta a estas y muchas otras preguntas. Y es que el Medievo es… ¡ahora! Desde 1997, una serie de artesanos dedican la mayor parte del año a serrar, cepillar y clavetear para el proyecto de sus vidas: la construcción de un castillo del siglo XIII con las mismas herramientas de la época. Hace falta tiempo hasta que canteros o leñadores hayan trabajado los materiales brutos para que puedan convertirse en gruesos muros o sólidos entramados. El castillo habría de estar listo para el 2023.

www.guedelon.fr/en/

## 905 VIAJE MEDIEVAL, SANTA MARIA DA FEIRA, PORTUGAL

Estaba casado con Constanza Manuel de Villena, pero amaba a Inés de Castro. Esta resulta que era… una de las doncellas de su mujer. La historia de Pedro I de Portugal sigue siendo noticia, aún hoy, al menos una vez al año. Concretamente en agosto, cuando Santa Maria da Feira, unos 30 kilómetros al sur de Oporto, se convierte en un centro medieval, cabalgan por el casco viejo caballeros con largas espadas y antorchas, y músicos, cocineros y tragafuegos hechizan a esta pequeña ciudad.

www.viagemmedieval.com/index. php?lang=es

## 906 BEAMISH, EL MUSEO VIVIENTE DEL NORTE, INGLATERRA, REINO UNIDO

Objetos históricos, cuadros antiguos, cartelas explicativas, audioguías… Así funciona un museo, ¿verdad? Pues no. O no el Beamish, por donde pasan trenes y tranvías antiguos y apisonadoras de vapor, venden chucherías tenderos disfrazados, un panadero hace pan en un horno de leña, o unos granjeros nos muestran su vida en tiempos bélicos. En este museo al aire libre te asomas a la vida inglesa de los siglos XIX y XX. Y tan convincente resulta este pueblo artificial, que en 1987 recibió el premio al museo europeo del año.

www.beamish.org.uk

## 907 MUSEO VALACO AL AIRE LIBRE, CHEQUIA

Tremenda fue siempre la mayor pasión de los hermanos Bohumír y Alois Jaroněk, verdaderos entusiastas de los museos al aire libre. Crear un lugar donde pudiera pisarse no solamente una tierra, sino también su historia: ese objetivo querían alcanzar con este gigantesco museo al aire libre de Rožnov pod Radhoštěm. Entre la iglesia, el ayuntamiento y las casas, todo construido con madera, se camina por una fiel réplica de un pueblo valaco del siglo XVIII. Conviene mirar, antes de ir, el calendario de eventos: a menudo hay mercadillos y actividades culturales.

www.czechtourism.com/de/c/
roznovpod-radhostem-open-air-
museum/

## 908 MUSEO ABIERTO DE BALLENBERG, HOFSTETTEN, SUIZA

¿Ferreterías? ¿Supermercados? Antiguamente no cabía imaginar semejantes cosas. Quien se acerque a las granjas centenarias de este museo de Ballenberg, muy cerca del lago de Brienz, siente que está visitando el pasado. En cualquier caso, se le hace patente cuán dura e ingrata era antaño la vida de los campesinos de los montes suizos. Estos 109 edificios antiguos, que se sacaron de sus lugares primeros para volver a montarse pieza a pieza en Ballenberg y están equipados con objetos cotidianos originales, proceden de todo el país. Hay jardines, huertos, animales de granja… y los artesanos muestran, en la fragua o con el torno, cuánta fuerza y pericia exigen los oficios tradicionales.

www.ballenberg.ch/en/

## 909 MARY KING'S CLOSE, EDIMBURGO, ESCOCIA, REINO UNIDO

¿Cómo puede una calleja –en inglés *close*– desaparecer sin más? Naturalmente existen sugerentes leyendas, pero la historia dice lo siguiente: en la Edad Media, conforme Edimburgo iba haciéndose más alto, los callejones se iban volviendo cada vez más angostos y más oscuros. Entre los muros se apelotonaba una masa de gente, los artesanos ofrecían sus servicios, los carniceros mataban sus animales… y por doquier había basura y heces. Al final de este callejón, una ciénaga emanaba biogases que, con el crepúsculo, resplandecían como espectros. Cuando, luego, estalló la peste, la calleja directamente se tapió. En el 2003 volvió a abrirse, y ahora permite a los turistas asomarse al rincón más oscuro de la capital escocesa.

www.realmarykingsclose.com/plan-
your-visit/es/

## 910 OSTIA ANTICA, ROMA, ITALIA

Sin Ostia, las mesas de los antiguos romanos no habrían sido, ni de lejos, tan opíparas. Y es que esta ciudad portuaria, en la desembocadura del Tíber, unos 25 kilómetros al suroeste de Roma, tuvo su apogeo en el siglo II, cuando suministraba a la Ciudad Eterna productos y víveres de todo tipo. Estos llegaban en grandes barcos y se llevaban a Roma por el curso del Tíber. En Ostia llegaron a vivir unas 50 000 personas, con todo lo que eso implica: tiendas, termas, teatros, cementerio y muralla. Hoy estas ruinas son uno de los mayores sitios arqueológicos de la Antigüedad. Siguen pudiéndose admirar calles y edificios, y unos suntuosos suelos de mosaico nos hablan de una época de esplendor.

www.ia-ostiaantica.org/news/espanol/

## 911 FESTIVAL DE WALLENSTEIN, MEMMINGEN, ALEMANIA

Estamos en el año 1630. Por Europa campa la Guerra de los Treinta Años y Albrecht Wenzel Eusebius von Waldstein, *alias* Wallenstein, comandante en jefe del ejército imperial, acaba de instalarse en la casa Fugger de Memmingen. Aquel suceso se conmemora cada cuatro años en esta pequeña ciudad del sur de Alemania con un imponente desfile, puestos de cerveza, conciertos, representaciones y disfraces que transportan a los visitantes al siglo XVII. Participan unas 4500 personas, de ahí que se trate del mayor festival histórico de Europa.

www.memmingen.de/en/kultur/
veranstaltungen/traditional-festivals-
and-events.html

## 914 MUSEO DEL ZUIDERZEE, ENKHUIZEN, PAÍSES BAJOS

¿Cómo vivía la gente entre Frisia y el norte de Holanda cuando el

En el Globe Theatre tal vez se descubra a Shakespeare mirando a escondidas…

# 912 GLOBE THEATRE, LONDRES, INGLATERRA, REINO UNIDO

A comienzos del siglo XVII, el teatro era el punto de encuentro social, es decir, *the place to be*. Daban igual las salidas de emergencia: lo importante eran los vistosos trajes, la potente música y, con el clímax del drama, el correspondiente *boom*, por ejemplo, un cañonazo de verdad. Como el que incendió este teatro en 1613, 14 años después de su construcción. Pero para este escenario redondo, entre cuyos propietarios se contaba el mismísimo William Shakespeare, aquello fue todo un golpe publicitario, y el negocio pronto volvió a abrir. El edificio original sucumbió en algún momento al gobierno puritano, pero hoy se puede vivir la historia de este Globe Theatre en una fiel réplica.

www.shakespearesglobe.com

Una tragedia en conserva: moldes de yeso de los pompeyanos que no lograron ponerse a salvo del Vesubio.

## 913 POMPEYA, ITALIA

Estamos en el año 79, en la costa mediterránea italiana. Desde hace días, hay un olor como de humo en el aire. Algunos de los apenas 10 000 habitantes de Pompeya barruntan la catástrofe y ya han abandonado la ciudad. Pero el Vesubio está tranquilo. ¿Qué está pasando? Entonces el volcán estalla. Tan de repente y con tal ímpetu, que el resto de los pompeyanos no tiene ninguna posibilidad. Solo 17 siglos después desenterrarán la ciudad unos arqueólogos, petrificada para la eternidad.

www.italia.it/es/descubre-italia/campania/poi/pompeya

---

lago de Ijssel todavía se llamaba Zuiderzee, era una bahía y aún tenía agua salada? Todas las respuestas se encuentran en el Museo del Zuiderzee, en Enkhuizen. Aquí sigue vivísima la época anterior a 1932, que es cuando un enorme dique convirtió la bahía en un lago de agua dulce. Al pasear por las angostas callejas, entrar en casitas de ladrillo con cubierta vegetal y encontrar a una lugareña de traje típico y cofia blanca que cuenta sus preocupaciones, casi se olvida uno de que está en un museo al aire libre. También en la parte cubierta del museo se viaja en el tiempo, pero no solo al pasado, también al mañana de esta región.

www.zuiderzeemuseum.nl/
espanol?lang=en

## 915 CUEVA HELADA DEL STUBAI, TIROL, AUSTRIA

¿Qué edad tienen los hielos perpetuos? El agua helada que se apila hasta los 50 metros en el glaciar del Stubai, cuando alcanza el frente glaciar tendrá, a lo sumo, varios siglos. Sea como sea, en la cueva de hielo que hay en medio del mencionado glaciar, a unos 3000 metros de altura, el termómetro marca siempre cero grados y los visitantes aprenden, en un periplo de 200 metros que serpentea por el hielo, todo sobre la «leche glaciar», las morrenas, las *crevasses* o cómo el cambio climático está hostigando a los glaciares.

www.innsbruck.info/es/visita-turistica/
excursiones-de-un-dia/a-90-minutos-de-
innsbruck.html

# VIAJES EN EL TIEMPO

## 916 BAJO LA PLAZA DEL MERCADO, CRACOVIA, POLONIA

Unos arqueólogos descubrieron, bajo la plaza del Mercado de Cracovia, un mundo hundido en el sentido más literal de las palabras. Donde en la Edad Media bullía de vida el mercado, hallaron miles de objetos que la gente, a falta de servicio de recogida de basura, sencillamente tiraba al suelo. Luego, en el transcurso de los siglos, siguieron construyendo sobre el antiguo mercado. Hoy en día se puede hacer un fascinante viaje en el tiempo a varios metros de profundidad.

www.podziemiarynku.com

## 917 TRELLEBORG DE AGGERSBORG, DINAMARCA

El rey vikingo Harald Blåtand tenía que estar verdaderamente encantado con la ubicación de su futura fortaleza: estaba situada en un punto tan estratégico del fiordo de Limfjord, que desde allí prácticamente podía controlar el tráfico marítimo. Hacia el año 980, cuando Blåtand construyó Aggersborg, aquello era una ventaja crucial… Esta instalación defensiva circular vikinga, con un diámetro de 240 metros y una muralla anular todavía mayor, ofrecía, además, el debido amparo. Y es que en el interior de sus muros cabían hasta 5000 personas, lo que convierte Aggersborg en el mayor castillo vikingo de Dinamarca. Hace unos 25 años se reconstruyó la muralla

anular y un pequeño centro de interpretación.

www.visitvesthimmerland.com

## 918 CASTRO DE BAROÑA, PUERTO DEL SON, ESPAÑA

Mejor vivir junto al mar, debieron pensar algunos celtas. Unos 2000 años después, la estructura del poblado sigue visible, con sus 20 casas redondas y su muralla. Los arqueólogos encontraron herramientas metálicas, madera y restos de tejido. Más información en el pequeño centro de interpretación de Puerto del Son.

portodoson.gal

## 919 FESTIVAL ROMANO, PULA, CROACIA

¿Pero esto qué es? ¿Un agujero de gusano? ¿Por qué se pasean por el templo de Augusto de la ciudad croata de Pula señores con togas y venden cerámica y alhajas señoras de fino peinado? Hace mucho que los romanos se establecieron aquí, construyendo templos y un anfiteatro y dejando su huella en la vida hasta hoy. O sea, que es el escenario perfecto para los combates de gladiadores, espectáculos teatrales y conciertos que se celebran durante el Festival Romano.

www.pulainfo.hr

# 920 MEDINA AZAHARA, CÓRDOBA, ESPAÑA

Una explicación romántica y señorial dice que esta ciudad-palacio se habría construido en honor de una concubina. Lo cierto es que el califa Abderramán III no solo tuvo relaciones extramatrimoniales, con tanto empeño como éxito, sino que su reino, en lo que hoy es el sur de España era, en el siglo X, uno de los más opulentos de Occidente. Esta ciudad califal está escalonada en terrazas; la superior la ocupa el palacio del rey.

www.medinaazahara.org

No hace falta mucha fantasía para imaginarse el boato y la magnificencia que habría en Medina Azahara.

**VIAJES EN EL TIEMPO**

# DONDE EL CIELO SE REFLEJA

## LOS LAGOS DE EUROPA: TAN DIVERSOS COMO LOS PAISAJES EN LOS QUE SE UBICAN.

### 921 LAGO NESS, ESCOCIA, REINO UNIDO

¿Cuáles son los ingredientes de un enigma escocés? ¿Un profundo lago oscuro y una criatura que todo el mundo conoce, pero nadie sabe dónde se oculta? Sí, el monstruo del lago Ness. Este lago está en medio de las magníficas Highlands y tiene 130 metros de profundidas. Suficiente para… ¡Un momento! ¿Has visto esa sombra en el agua?

www.visitscotland.com/destinations-maps/loch-ness/

### 923 🍀 LAGOS DE PLITVICE, CROACIA

Es muy posible que en el Parque Nacional de los Lagos de Plitvice se rodaron, en la década de 1960, adaptaciones cinematográficas de novelas de Karl May. Pero la belleza de los 16 principales lagos y de otros más modestos, todos ellos azul turquesa, dispuestos escalonadamente y comunicados entre sí, también llenará de emoción a los senderistas. Especialmente en invierno, cuando las cascadas se transforman en esculturas de hielo.

np-plitvicka-jezera.hr/en

### 922 LAGO MÜRITZ, ALEMANIA

Bañarse, pescar con caña, montar en piragua… o simplemente dejar vagar el alma a su libre albedrío. Da igual si las vacaciones han de estar bajo el signo del deporte acuático más trepidante o del reposo: en el lago Müritz, en el corazón de la llanura lacustre de Mecklemburgo, todos quedan encantados.

El lago está enmarcado en un paisaje de charcas, prados y dehesas. Y, ya que se está aquí, hay que acercarse al Parque Nacional del Müritz, donde, con un poco de suerte, se podrán ver nutrias, águilas de mar o grullas.

www.germany.travel/es/ocio-relax/paisajes-naturales/parques-nacionales/parque-nacional-de-mueritz.html

### 924 LAGO DE CERKNICA, ESLOVENIA

Este lago, el más grande de Eslovenia, en su momento de máxima plenitud llega a tener 10 kilómetros de ancho y casi 5 de largo. Siempre, claro, que esté ahí, en su lugar. Lo que no puede afirmarse siempre. El de Cerknica es el mayor lago intermitente del mundo: es un nómada líquido que, en verano, recoge sus cosas y desaparece casi por completo. (Este golpe de

Envueltos en leyenda desde que por ellos anduviera Winnetou, el personaje de Karl May: los lagos de Plitvice, con sus cascadas.

Quien quiera conocer los siete lagos de Rila, que vaya preparando las botas de montaña.

efecto se lo debe a su agujereada cuenca caliza, que permite que el agua se filtre.) En otoño y primavera, las aguas vuelven a llegar desde los montes.

www.notranjski-park.si/en/nature/natural-sights/lake-cerknica

## 925 LAGO DE ANNECY, FRANCIA

Este lago, unos 30 kilómetros al sur de Ginebra, promete baños de mayo a septiembre en mitad de un apabullante escenario alpino. Sus aguas azul turquesa son cristalinas, y en las zonas más someras se ve el fondo. Desde que, hace bastante, se prohibiera radicalmente el vertido de aguas residuales, se le considera uno de los lagos más limpios de Europa; su agua es casi potable. En la orilla aguarda un abundante césped en el que tumbarse, y está rodeado de una red señalizada de caminos para bici, senderistas y patinadores.

en.lac-annecy.com/

## 926 LAGO DE IJSSEL, PAÍSES BAJOS

Hondo no es –entre 2 y 6 metros —, pero sí grande: es el lago más extenso de los Países Bajos. En holandés lo llaman, de hecho, directamente el mar de Ijssel. Y es que hasta 1932 se llamaba Zuiderzee… y no era un lago, sino una bahía que, para evitar inundaciones, se cerró con diques. Como ya no hay juego de mareas, por estas aguas suelen mecerse blancas velas (con frecuencia incluso las de viejos veleros de dos palos). Junto al lago se encuentran pintorescas y antiguas localidades como Horn o Enkhuizen. En esta última se puede uno sumergir en la historia local en el Museo del Zuiderzee.

www.holland.com/es/turista/destinos/mas-ciudades/alrededor-del-lago-ijssel.htm

## 927 CHARCO VERDE, LANZAROTE, ESPAÑA

Esta laguna del cráter de la montaña del Golfo, en Lanzarote, reluce en un verde que parece de neón. Diríase el caldero de un mago que preparara su pócima. De modo que mejor aclarar que probar el bebedizo no da superpoderes, solo deja un regusto salado en la lengua. Esta laguna debe su color a una rara especie de alga que se da en aguas con elevados niveles de sal. Está prohibido bañarse, pero merece la pena acercarse para ver el contraste entre el verde lago, el negro paisaje de lava y el azul del Atlántico.

holalanzarote.com/lugar/charco-verde-o-laguna-de-los-clicos

## 928 SIETE LAGOS DE RILA, BULGARIA

¿Son las lágrimas de una giganta legendaria? ¿Restos, más bien, de glaciaciones? Allá cada cual con la explicación que más le guste. La cuestión es que estos siete lagos cristalinos de los montes de Rila, al oeste de Bulgaria, son un entorno como de cuento de hadas. Están escalonados –a alturas de entre 2095 y 2535 metros– y conectados por arroyos que a veces se convierten en sonoras cascadas. Pero no solo los lagos son bonitos: magníficamente salvaje se conserva también el paisaje que los rodea. Para que esto siga siendo así, la región entera se convirtió en el Parque Nacional de Rila.

www.bulgariatravel.org/es/Article/Details/354/Albena#map=6/42 750/25 380

## 929 LAGO DE ALAT, ALEMANIA

Este lago aparentemente pacífico, cerca de Füssen, está envuelto en leyendas. Aquí se dice que hacen de las suyas enanos y fantasmas, quienes, de hecho, ya habrían hecho desaparecer a algún que otro bañista… Los científicos atribu-

## DONDE EL CIELO SE REFLEJA

yen estas muertes, que efectivamente han sido unas cuantas, a la gruesa capa de bacterias oxidantes del azufre que tiene el lago. Encima de ella, el agua es extremadamente rica en oxígeno; de ahí la exuberante flora y fauna que medra en los alrededores. Por lo demás, en el fondo se encontraría un tesoro que el Gobierno de la Alemania nazi habría escondido. La mala noticia es que el buceo está prohibido.

www.bavaria.by/movie-set/lake-alatsee/

# 930 LAGO DE SILJAN, SUECIA

Sin intervención extraterrestre, este lago no habría surgido. Se originó, en efecto, hace 360 millones de años de resultas del impacto de un meteorito. Aquí hay, sea como sea, una Suecia de postal: subiendo a cualquiera de los cerros de alrededor del lago, hay vistas hermosísimas del mismo, así como de amplios bosques de abedules y pinos, y de numerosas islitas. También merece la pena acercarse a los pueblecitos de alrededor del lago: Siljansnäs, Leksand, Rättvik, Tällberg o Mora, lugares donde el reloj avanza aún más despacio que en el resto de este pacífico país.

visitsweden.com/

# 931 DISTRITO DE LOS LAGOS, INGLATERRA, REINO UNIDO

Ya los llamados poetas *lakistas* se dejaban hechizar, en el siglo XIX, por esta romántica región, el Lake District: cerca de mil son los lagos que aquí centellean al sol. Se llaman Windermere o Ullswater, Buttermere o Coniston Water, por mencionar los más grandes. Además, aquí se alzan los montes de Cumbria, que llegan a los 1000 metros y son un auténtico paraíso senderista. Estos lagos se formaron tras la última glaciación, que modeló este paisaje hace unos 10 000 años. Los ásperos montes que hay en medio de esta zona son los restos de unos volcanes en torno a los cuales se formaron, en anillo, los lagos.

www.lakedistrict.gov.uk

# 932 HORNINDALS-VATNET, NORUEGA

Es justo como se imagina uno el norte: pequeñas lenguas de tierra que penetran en el agua reluciente, bosques enormes y montes con glaciares… y aire puro y brisa fresca. Un decorado imponente. Este lago de Hornindalsvatnet, al norte del Parque Nacional de Jostedalsbreen, al oeste de Noruega, es, con 514 metros, el más profundo de Europa y sus aguas son las más claras. Un sueño para quien quiera alejarse del ruido y sumergirse en gratas corrientes o pescar, remar o, simplemente, dar paseos.

fiordosnoruegos.org/hornindalsvatnet/

# 933 LAGO MONDSEE, AUSTRIA

¡Qué calma! ¡Qué paz! Quien paseando junto al lago Mondsee, en el Salzkammergut, piense que ha descubierto un lugar realmente único, tiene sin duda razón, pero en modo alguno es el primero. Los hallazgos arqueológicos demuestran que la zona anexa a este lago lleva habitada al menos 5500 años. El propio lago es, por lo demás, propiedad privada. Pero eso no impide poder darse un chapuzón en sus frías aguas. Para comer, lo mejor es darse una vuelta por el hermoso casco antiguo del pueblecito de igual nombre.

mondsee.salzkammergut.at/en

El distrito de los Lagos es una de las regiones más románticas de Inglaterra.

## 934 LAGO DE ISEO, ITALIA

¿Qué puede ofrecer el lago de Iseo que no tenga ya el de Garda, mucho más famoso? Quizá eso, que no está (todavía) infestado de turistas. Este lago de Iseo, el cuarto más grande de Italia, se sitúa entre Bérgamo y Brescia, en Lombardía, y está rodeado de pintorescas montañas y de pequeñas ciudades medievales. Bajo ningún concepto hay que dejar de visitar Monte Isola, un islote cerrado al tráfico que se yergue 400 metros sobre el lago. En la pequeña localidad de Iseo hay hoteles y *campings*, cafés y pizzerías.

machbel.com/lago-iseo/

## 935 LAGO DE INARI, FINLANDIA

Con sus más de 300 islas, este lago finlandés es un auténtico laberinto de sinuosos caminos acuáticos. Si se desea recorrerlo en piragua, quizá lo mejor sea esperar hasta junio, hasta que la nieve y el hielo liberen de su abrazo –y no por mucho tiempo– este lago lapón. Al fin y al cabo, está al norte del círculo polar ártico… Cuando anochece, se convierte en un lugar mágico: espectaculares auroras boreales iluminan el firmamento casi 200 días al año. Hay habitantes sobre todo en la zona sur del lago: cuanto más hacia el norte, menos gente. Pero también en invierno merece la pena el largo viaje: entonces uno puede deslizarse por el lago helado en un trineo tirado por perros.

visitinari.fi

# DONDE EL CIELO SE REFLEJA

# 936 LAGO DE LÁDOGA, RUSIA

Un lago que es tan grande como un mar: con su extensión de 17 700 kilómetros cuadrados, el de Ladoga bate todos los récords tanto rusos como europeos. Por ejemplo, la totalidad de la superficie de la gallega ría de Arosa cabría 77 veces dentro de este lago ruso. A los habitantes de San Petersburgo no les queda excesivamente lejos, por lo que en verano recorren en masa los 40 kilómetros que dista de su ciudad esta maravilla nórdica con sus islotes y su ribera rocosa, rodeada por unos bosques gigantescos. Pero el tamaño del lago es tan impresionante, que verdaderamente hay sitio para todos. En el lago y en torno a él también ha dejado su huella el hombre; por ejemplo, con el monasterio ortodoxo ruso de Valaam, situado en la isla homónima, o con la fortaleza de Shlisselburg, en una isla situada en la desembocadura del Nevá.

www.evaneos.es/rusia/viajes/explorar/12000-1-el-lago-de-ladoga/

# 937 LAGO DE MÝVATN, ISLANDIA

Ni un árbol, ni un arbusto, algo de hierba verde, y muchos mosquitos –en islandés Mývatn significa precisamente «lago de los mosquitos»–, volcanes activos y la inmensidad del pelado paisaje nórdico: así es el norte de Islandia. Este lago, el cuarto más grande de la isla, es, con sus numerosos islotes, un verdadero paraíso para peces y aves. En cuanto a la temperatura del agua, podría uno pensar que un baño en este lugar no es algo apto para blandengues, pero cerca del

¿Nueva Zelanda? ¿Noruega? ¡No! Es Suiza… Este lago de los Cuatro Cantones es, con sus abruptas paredes que se yerguen sobre el agua, un competidor a tomar en cuen

pueblo de Reykjahlíð el lago emana un sospechoso vapor. Se trata del baño termal de Jarðböð, una laguna artificial cuyas cálidas aguas brotan de la tierra. Un baño caliente a las mismas puertas del círculo polar: algo así, solo es posible en Islandia…

www.visitmyvatn.is

## 938 LAGO DE BLED, ESLOVENIA

Remar, tomar el sol, caminar o montar en bici, disfrutar de la cultura, patinar… En el lago de

Bled, situado al noroeste de Eslovenia, sencillamente no hay lugar para el aburrimiento, ni en los meses de invierno ni en los de verano. En medio del lago se yergue una islita preciosa y envuelta en leyendas; alberga la iglesia de la Asunción, y solamente se puede llegar hasta ella haciendo uso de un bote de remos. Junto al lago, sobre una escarpada peña, se eleva el majestuoso castillo medieval de Bled. A Tito, el presidente de Yugoslavia, este lugar le resultaba tan encantador que tenía aquí una residencia veraniega.

www.bled.si/en

## 939 LAGO OHRID, ALBANIA Y MACEDONIA DEL NORTE

¿En serio que no te suena? Pues este lago dividido entre Macedonia del Norte y Albania es una auténtica delicia y uno de los más antiguos del mundo. Se encuentra a unos 700 metros de altitud, rodeado por suaves colinas. Tiene a su orilla, del lado macedonio, la encantadora pequeña ciudad homónima, muy frecuentada por los turistas; aquí destaca la pintoresca iglesia de San Juan, desde la que se ofrecen unas vistas estupendas. En el propio lago se puede nadar, chapotear, montar en kayak o en barco, o simplemente dar agradables paseos por la orilla. Y por supuesto, luego, no hay que dejar de probar la famosa trucha autóctona.

www.ecured.cu/Lago_Ohrid

## 940 LAGO DE LOS CUATRO CANTONES, SUIZA

En la dehesa de Rütli, junto a este lago, según el *Guillermo Tell* de Friedrich Schiller se habría fundado Suiza. Y un lugar más hermoso no podrían haber escogido, allá por 1291, aquellos confederados. Los ramificados brazos laterales y las recoletas bahías hacen que esta masa de agua parezca casi más un fiordo. Los suizos disfrutan de las muchas playas de arena de este fresco lago, mientras que turistas de todo el mundo van de compras en la atildada ciudad cercana de Lucerna, desde cuyo monte Pilato admiran el panorama de los Alpes.

www.lakelucerne.ch/en/

# AQUÍ SUENA LA MÚSICA

YA SEAN DE MÚSICA CLÁSICA O DE ÓPERA, DE *ROCK*, POP O *TECHNO*, HAY QUE IR A ESTOS FESTIVALES AL MENOS UNA VEZ EN LA VIDA.

Bienvenidos al abigarrado mundo de los sueños: el escenario principal de Tomorrowland.

# 941 TOMORROW-LAND, BOOM, BÉLGICA

Aquí todo es futuro. Este festival de música electrónica, que se celebra en el parque de ocio De Schorre, en la pequeña ciudad de Boom, el más grande del mundo, realmente es algo aparte. En el 2019 acudie-ron a su 15º aniversario 400 000 amantes de esta música, quienes en un decorado futurista escucharon *techno*, *drum & bass*, *house*, *trance* y *bigroom*. Cada año exhiben aquí su arte los más grandes de la música electrónica.

www.tomorrowland.com

Pongamos las cartas sobre la mesa… y por los aires: escenografía flotante para la ópera *Carmen* en el festival de Bregenz (2017 y 2018).

## 942 FESTIVAL DE BREGENZ, BREGENZ, AUSTRIA

Aunque no se sea entusiasta de la ópera, se quedará fascinado con las espectaculares escenografías del mayor escenario flotante del mundo, que se convierte ora en una herrumbrosa refinería (en el 2005 y el 2006 para *El trovador*), ora en soporte de un ojo gigante (en el 2007 y el 2008 para *Tosca*) o de tres horripilantes perros-dragón que de repente escupen fuego (en el 2013 y el 2014 para *La flauta mágica*). Por no hablar del imponente decorado adicional: el agua, la orilla y el cielo del lago Constanza. Hay muchas otras sedes de festivales, pero esta escena flotante aventaja a todas.

bregenzerfestspiele.com/en

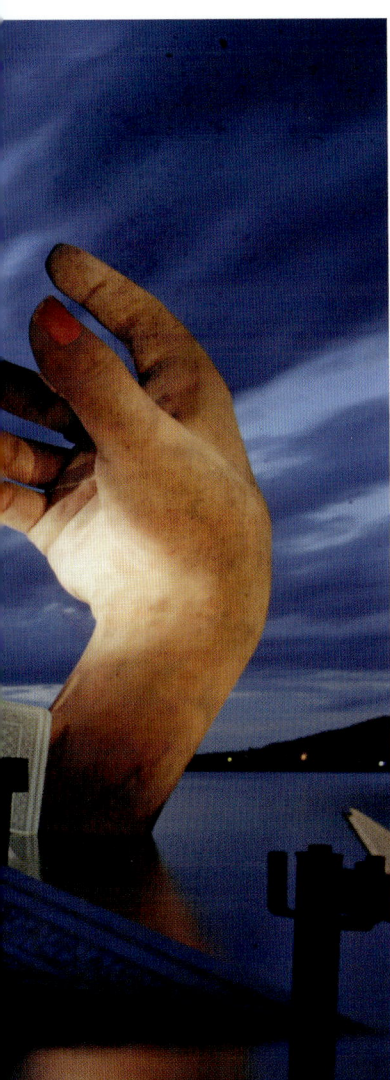

da de *metal* de Tórshavn, capital del archipiélago.

gfestival.fo

### 944 FESTIVAL DE LUCERNA, LUCERNA, SUIZA

Aquí suena la mejor música. Solistas virtuosos o famosas orquestas sinfónicas de todo el mundo llevan 80 años fascinando al público. (Contribuye a la magia el hermoso casco viejo de la ciudad, a orillas del lago de los Cuatro Cantones.) Este festival es de los más importantes en su género. Añádase el auditorio del arquitecto francés Jean Nouvel, con una acústica única.

www.lucernefestival.ch

### 945 FESTIVAL DE MÚSICA DE SCHLESWIG-HOLSTEIN, ALEMANIA

Desde 1986, en verano, Schleswig-Holstein es el destino predilecto de los fans de la música clásica. En varios puntos de este estado, el más septentrional de Alemania, así como en Hamburgo y en el sur de Dinamarca, actúan tanto estrellas como jóvenes promesas. También hechizan a los visitantes funciones teatrales, *klezmer,* pop, jazz y lecturas públicas.

www.shmf.de

### 946 JAZZALDIA, SAN SEBASTIÁN, ESPAÑA

Durante seis días de julio, el *jazz* se muda a esta ciudad del norte de España. Este festival atrae a la plana mayor del mundo del *jazz*: al Jan Garbarek Group, a Diana Krall o al Ellis Marsalis Quartett, pero también a leyendas del folk como Joan Baez o a estupendos *jazzmen* japoneses. En diversos sitios de la ciudad se oye *jazz* de diversas corrientes, a veces gratis.

heinekenjazzaldia.eus/es/

### 947 BIRGITTA FESTIVAL, TALLIN, ESTONIA

Este festival de música de la capital estonia despliega su hechizo, en agosto, en las ruinas del convento gótico de Santa Brígida, en el suburbio de Pirita. El arco artístico es muy amplio: ópera, *ballet,* oratorios o incluso músicas del mundo tienen a los visitantes en ascuas desde hace 15 años.

www.filharmoonia.ee/birgitta

### 948 SEA DANCE FESTIVAL, BUDVA, MONTENEGRO

Otra fiesta junto al mar. Desde el 2014, también Montenegro tiene su festival, vástago del Exit Festival serbio. *House, techno* y pop resuenan, a finales de agosto, por la idílica playa de Buljarica, de 2,5 kilómetros. El nombre es por algo: los escenarios están junto a las olas. Lo cual atrae también a DJ de renom-

### 943 G! FESTIVAL, ISLAS FEROE, DINAMARCA

En estas islas atlánticas cercanas al círculo polar, espera un ambiente nórdico. El trato es muy personal, lo que no quita que los en torno a 6000 huéspedes pongan patas arriba Syðrugøta, pueblo de 400 almas. El escenario está junto a la playa del fiordo: un decorado natural tremendo y una música estupenda, desde folk, pop y *rock* hasta electrónica y *heavy metal*. Esta última interpretada por Tyr, una banda

# AQUÍ SUENA LA MÚSICA

Donde el teatro ya fascinaba a los antiguos romanos: el anfiteatro del Arena Opera Festival de Verona.

bre mundial como Robin Schulz, David Guetta, Sven Väth u Ofenbach, quienes aquí se encargan de la buena onda.

www.seadancefestival.me/en

## 949 WACKEN OPEN AIR, WACKEN, ALEMANIA

*Heavy, thrash, black, speed, doom, groove, gothic, glam, prog, nu,* folk, *power, pagan* y *sludge-metal;* metal sinfónico, *metalcore, hard rock…* ¿Se olvida algo? Probablemente no haya tendencia musical más ramificada que el *rock* duro. Cualquiera de estas modalidades –y tantas otras–pueden oír los metaleros en el norte de Alemania en uno de los mayores festivales de música *heavy* del mundo. Hay que darse prisa, eso sí: lo normal es que las 75 000 entradas se agoten apenas salen a la venta.

www.wacken.com

## 950 FESTIVAL DE SALZBURGO, SALZBURGO, AUSTRIA

*Cada cual*, de H. von Hofmannsthal, se representa cada año desde 1920 en la plaza de la Catedral de Salzburgo, y cada año todos quieren saber quién interpretará el papel principal. Pero aún más impacientes esperan que llegue el festival de música y teatro más importante del mundo. En julio y agosto, el casco antiguo entero se convierte en escenario y también crece, por supuesto, el *glamour* y el famoseo de manera exponencial.

www.salzburgerfestspiele.at

## 951 FESTIVAL DE TRÆNA, NORUEGA

El festival de *rock* más septentrional del mundo. Træna es un archipiélago cercano a la costa noruega, en el círculo polar ártico. Pero tranquilos: las bandas mantienen calientes a los 3500 espectadores. Para disfrutar de tres días de música en un entorno único, la gente

llega en barco desde Bodø, Stokkvågen, Nesna o Sandnessjøen. No hay otra manera.

trena.net

## 952 FESTIVAL BERLIOZ, LA CÔTE-SAINT-ANDRÉ, FRANCIA

Cuando llega agosto, en el lugar natal del compositor Hector Berlioz reina la música. Reputadas orquestas de la zona y de lejos acuden, en efecto, a esta gran fiesta de la música sinfónica y romántica, que se celebra en un ambiente idílico. Y es que la mayoría de los conciertos son en el patio del castillo de Luis XI o en la granja Berlioz.

www.festivalberlioz.com

## 953 INMUSIC FESTIVAL, ZAGREB, CROACIA

El lago de Jarun es el sitio ideal para el mayor festival de *rock* e *indie* del país. Si en el amplísimo parque de ocio de Zagreb en que este lago se sitúa hay algún decibelio de más, ¿quién va a quejarse? Aquí vinieron nada menos que The Cure, así como Foals y Garbage. Todo el recinto se convierte en un espacio lúdico que, por la noche, recibe una iluminación de ensueño.

www.inmusicfestival.com/en

## 954 ARENA OPERA FESTIVAL, VERONA, ITALIA

Piedra hecha emoción: así cabría describir la arena de Verona. El antiguo anfiteatro romano del año 30 ofrece el grandioso escenario para un tremendo espectáculo operístico: *Aida, Carmen, La traviata* y algunas otras hacen que, año tras año, entre junio y septiembre los aficionados vengan a raudales al norte de Italia. Este anfiteatro, el tercero más grande que se conserva tras Roma y Capua, da cabida a 22 000 espectadores. En la arena todo es igualmente gigantesco: la escena, la música y las emociones.

www.arena.it/arena/en

# AQUÍ SUENA LA MÚSICA

## 955 SZIGET FESZTIVÁL, HUNGRÍA

¿Agobian las multitudes? Pues igual mejor no ir a este festival de música, cuyos organizadores calculan que lo visitan, durante la semana que dura, unas 400 000 personas. En la isla de Óbuda, en el Danubio, a su paso por Budapest, hay un ambientazo: gente dándolo todo en más de 60 escenarios, y un programa con todos los géneros, desde *hard rock* a músicas del mundo, de los Foo Fighters a Ed Sheeran. Y quien con todo esto todavía no consiga desfogarse, puede hacer *puenting*. O deleitarse con circo y teatro, con artistas y *performances*.

szigetfestival.com/en

## 956 GLASTONBURY, INGLATERRA, REINO UNIDO

¿Es solo un festival, o es ya una leyenda? Sea como sea, desde los locos tiempos *hippies,* en verano la región agrícola de Pilton, en Somerset, al suroeste de Inglaterra, se transforma en un *happening* dedicado al arte de vivir y a la música de todos los estilos: *rock,* folk, músicas del mundo, *jazz, hip-hop,* etc. Además, hay teatro, danza, comedia… Lo mejor es acercarse y verlo.

www.glastonburyfestivals.co.uk

## 957 SUMMER JAZZ FESTIVAL, CRACOVIA, POLONIA

Desde hace 24 años, en verano, Cracovia se deja llevar por el *swing* y el *groove* todo un mes. Aquí han estado todos para hacer del *jazz* un viaje musical de descubrimiento:

artistas polacos como Adam Makowicz y Urszula Dudziak, o estrellas internacionales como Bobby McFerrin, Chick Corea, Nils Landgren y muchos, muchos más.

www.cracjazz.com/en

## 958 SUPER BOCK SUPER ROCK, PORTUGAL

Las playas son lugares perfectos para festivales, y también en la de Meco, al sur de Lisboa, durante unos días tiene lugar el mayor festival portugués de *rock* y *metal*. En el 2019 los cabezas de cartel fueron Lana del Rey, Phoenix y Migos. Pero aquí no hay prejuicios: de repente actúan también cantantes como Charlotte Gainsbourg, o interesantísimos artistas del país.

www.superbocksuperrock.pt

## 959 LOST & FOUND FESTIVAL, MALTA

En Malta, el *bank holiday* británico es, año tras año, época de bailar: durante cuatro días y noches, el ritmo reina en ocho escenarios. Unos 60 artistas de *house, techno, grime, hip-hop* y *garage* hacen de las apenas 100 horas de este festival una única y enorme fiesta salvaje. Es imposible sustraerse a ella, pues está en todas partes: en clubes, en

Bailar *swing, twerking, moshing…* o pasarlo genial en el Sziget Fesztivál.

barcos, en la playa… y hasta en el castillo de Malta.

lostandfoundfestival.com

## 960 PRIMAVERA SOUND, BARCELONA, ESPAÑA

Unos 200 000 visitantes no se equivocan. Y es que cada verano se monta un despiporre enorme en los escenarios principales, en el parque del Fórum de Barcelona. Las bandas son de lo más que hay en el *rock,* el *latin trap* y la música electrónica, *pop* e *indie:* Sonic Youth, Pixies, Patti Smith, el desaparecido Lou Reed, etc. La música suena en 16 escenarios, muchos de ellos en medio de la ciudad y el mar es un telón de fondo especialísimo.

www.primaverasound.com

# AQUÍ SUENA LA MÚSICA

# EUROPA EXTREMA

MÁS ANTIGUO, MÁS PEQUEÑO, MÁS ALTO…
ÁNIMO, EUROPA: DINOS CUÁLES SON TUS RÉCORDS.

## 961 ISLA MÁS GRANDE, GRAN BRETAÑA, REINO UNIDO

Solemos imaginarnos las islas con playas de arena, palmeras y sombrillas. En Gran Bretaña, la mayor isla de Europa, la novena más grande de la Tierra, a lo mejor no brilla es sol todo el año, pero a cambio hay una metrópolis imperial, una familia real y 60 millones de habitantes. Además, construcciones de piedra desde el Neolítico, lagos con monstruos, tabloides, cerveza, un fútbol legendario y muchísimo té.

www.visitbritain.com

## 962 CASA MÁS DIMINUTA, BREGENZ, AUSTRIA

La vivienda del número 29 de Kirchstrasse es de talla XXS: la fachada apenas mide 57 centímetros de ancho, y la trasera tiene la amplitud –comparativamente ostentosa– de 6 metros. En realidad, la casa, que tiene más de 200 años, es más grande, ya que incluye el n.º 27 y en total ocupa más de 300 metros cuadrados. ¿Es realmente la casa más diminuta de Europa? El resto de las candidatas –en Valencia con 97 centímetros, en Bratislava con 130, en Kiel con 80 o en Ámsterdam con 99–, lo cierto es que son más anchas.

www.bregenz.travel/en

## 963 VOLCÁN MÁS ALTO, ETNA, ITALIA

La atracción más explosiva de Europa se encuentra en Sicilia. El Etna es el volcán más alto del continente (3323 metros), una caldera bullente que tiene en vilo a su comarca desde hace milenios. La culpa la tienen –según la mitología– los celos del dios Hefesto, quien supuestamente hace salir de su fragua un fogonazo tremendo cada vez que Afrodita, su esposa, lo traiciona. Las numerosas erupciones de los últimos años llevan a pensar que Afrodita siga igual de ávida de amor que siempre.

www.italia.it/es/ideas-de-viaje/lugares-unesco/monte-etna.html

# 964 MAYOR LAGO TERMAL, HÉVÍZ, HUNGRÍA

Quien se meta en estas aguas de entre 23 y 36 ºC –según la estación–, a los tres días ya flota en otro líquido: eso tarda en reponer su contenido este lago de 4'5 hectáreas. De un cráter situado a 38 metros de profundidad brotan cada segundo 410 litros de un agua termal finísima que ayuda con el reúma, la artritis y la artrosis, mientras que el vapor que envuelve el lago proporciona un entorno sin polvo ni alergias. Hay que evitar, eso sí, quedarse dentro demasiado rato, ya que el agua caliente da fatiga.

www.ciudades.co/hungria/ciudad_heviz_8380.html

Masajes y aceites esenciales: estas casas de baños que hay en medio del lago termal de Hévíz realmente son un paraíso.

## 965 ENTRE DOS CONTINENTES, ESTAMBUL, TURQUÍA

Una historia de casi tres mil años, la iglesia más grande del mundo, deslumbrantes palacios de sultanes… La ciudad de Estambul, que tiene 15 millones de habitantes, verdaderamente no se anda con pequeñeces. Además, la antigua Constantinopla –antes aún, Bizancio– es la única ciudad de Europa y aun del mundo que está entre dos continentes: tres puentes sobre el Bósforo conectan Europa y Asia.

www.estambul.es/

## 966 RÉCORD DE PUENTES, HAMBURGO, ALEMANIA

¿Qué sería de Hamburgo sin sus puentes? Quedaría reducido a un puñado de penínsulas. Pero resulta que los hay a millares, peatonales y abiertos al tráfico, sobre el Elba, sobre el Alster y sobre el Bille, sobre vías férreas y sobre zonas verdes. Aunque es cierto que los hay bien ramplones, otros son iconos de la ciudad, por ejemplo, el de Köhlbrand, contraparte hanseática del Golden Gate, o el viejo puente del Elba, del siglo XIX.

www.guiadealemania.com/sitios-turisticos-en-hamburgo/

## 967 FUENTE MÁS CAUDALOSA, BAD RAGAZ, SUIZA

Bad Ragaz, en el cantón de San Galo, hace 200 años no era más

Absténganse principiantes: alpinista en la cumbre del monte Elbrús.

## 968 MONTE MÁS ALTO, ELBRÚS, RUSIA

¿Pero realmente es Europa, o es ya Asia? La polémica es antigua. En qué continente esté el Elbrús, dependerá de dónde se sitúe la frontera entre Asia y Europa. Pongamos que esta cima caucásica de 5642 metros queda en Europa. En tal caso sería el pico europeo más alto –por delante del Mont Blanc–, así como una de las Siete Cumbres, es decir, de las respectivas montañas más altas de los siete continentes. Ascender al Elbrús no es un juego; mejor no intentarlo si no se es un alpinista experto. Los demás pueden subir con el teleférico hasta los 3847 metros, y disfrutar de unas vistas fenomenales.

www.nomadatrek.com/ascension-elbrus/

que un pueblo campesino en el que rara vez –o nunca– sucedía nada extraordinario. Pero en la garganta que hay cerca encontraron una fuente termal que, con sus entre 7 y 10 millones de litros por día, sería la más caudalosa del mundo; y el lugar pasó a ser un balneario de renombre internacional. Hoy esta agua prodigiosa –a 36,5 ºC– se canaliza hasta los baños de Tamina, frecuentados por visitantes de todo el mundo.

www.myswitzerland.com/es-es/destinos/bad-ragaz/

## 969 MAYOR FIESTA DE NOCHEVIEJA, EDIMBURGO, ESCOCIA, REINO UNIDO

En lo que a Nocheviejas respecta, a los escoceses de Edimburgo no les tose nadie. Empiezan ya el 30 de diciembre con un desfile de antorchas; luego celebran Hogmanay –así llaman ellos a la Nochevieja– con una alegre fiesta callejera, y el acto de cierre es el Loony Dook: bañarse el 1 de enero en el fresco río Forth. A esta Hogmanay llegaron a acudir 400 000 personas, hasta que por motivos de seguridad hubieron de restringir el número de visitantes. Pero el récord sigue hasta hoy en el *Libro Guinness*.

edinburgh.org/spanish/

## 970 CUEVA MÁS GRANDE, SGONICO, ITALIA

Si alguien tuviera que esconderse en una cueva oscura con su parentela al completo, en esta *grotta gigante* que hay cerca de Trieste encontraría sitio de sobra seguro. El habitáculo más amplio es un desmesurado vestíbulo: más largo y más ancho que un estadio de fútbol, y con una altura de casi 100 metros. Sin embargo, hace mucho que dejó de ser solitaria y oscura.

https://www.turismofvg.it/Caves/Gigant-Cave

## 971 NORIA DE FERIA MÁS ANTIGUA, VIENA, AUSTRIA

¿Qué sería Viena sin su enorme noria del parque Prater? No fue la primera de Europa, pero es la más antigua que se conserva: lleva ofreciendo unas espléndidas vistas desde 1897. Este regalo que le hicieron al emperador Francisco José I por su 50 aniversario en el trono, mide nada menos que 65 metros; en su momento fue una obra maestra de la ingeniería. En la II Guerra Mundial fue destruida, pero rápidamente se reconstruyó. Y sigue siendo, igual que entonces, uno de los iconos de Viena.

www.wienerriesenrad.com/en

## 972 CIUDAD MÁS PEQUEÑA, HUM, CROACIA

¿Quién dice que un lugar de 30 habitantes no pueda ser una ciudad? La prueba está en Croacia, cuya localidad de Hum es la ciudad más pequeña del mundo. De hecho, con su encanto medieval, sus estrechos callejones y sus casas de piedra, no solamente es pequeña, sino también preciosa.

croatia.hr/es-ES

# EUROPA EXTREMA

Ahora puede que se acelere también el pulso: la gran montaña rusa del parque de PortAventura.

## 973 MONTAÑA RUSA MÁS ALTA, SALOU, ESPAÑA

¿Igual es bueno hacerse antes un chequeo? Y es que la última atracción del parque recreativo Port-Aventura le hace subir el pulso hasta al más curtido astronauta: 180 kilómetros por hora, 112 metros de alto, 880 de largo, tales son los datos de esta montaña rusa-catapulta llamada Red Force, que desde el 2017 lleva encogiéndole a la gente el estómago y siendo la más rápida de su género en Europa. PortAventura tiene tradición en lo que a récords de montañas rusas respecta: la más alta, la más rápida, la más larga…

www.portaventuraworld.com

## 974 DENSIDAD DE POBLACIÓN, MÓNACO E ISLANDIA

Si repartieran Mónaco equitativamente entre sus habitantes, a cada uno le tocarían 50 metros cuadrados: la superficie, por ejemplo, de un modesto apartamento. Pero esta ciudad-Estado es cualquier cosa menos eso. Y se lo debe, no en último lugar, a su hermosísima ubicación en la Costa Azul, a su rica historia de puerto mercantil… y a su pudiente ciudadanía. (En ninguna otra ciudad del mundo viven más millonarios.) Islandia está, en lo que a densidad de población se refiere, en el extremo opuesto: aquí a cada habitante le tocan casi 300 000 metros cuadrados.

www.visitmonaco.com/es; es.visiticeland.com

## EUROPA EXTREMA

## 975 CAPITAL MÁS JOVEN, CARDIFF, GALES, REINO UNIDO

No es que Cardiff, situada en la costa sur de Gales, no haya vivido una barbaridad de cosas. Es solo que tuvo que pasar bastante tiempo hasta que, en 1955, fuera declarada capital de la nación galesa. Lo cual convierte a esta ciudad, fundada por los romanos, colonizada por los normandos, posteriormente destruida y más tarde próspera por el carbón, en la benjamina de las capitales europeas.

www.visitcardiff.com

## 978 GARGANTA DEL TARA, MONTENEGRO

El río Tara, el más largo de Montenegro, ha hecho un trabajo admirable: la garganta que ha labrado está entre las más profundas del mundo. Con sus insondables 1300 metros de abismo, este Gran Cañón europeo parece que no tuviera fondo. Al pie del desfiladero, el agua azul oscuro se va enroscando por un abrupto paisaje de roca a lo largo de unos 80 kilómetros. Quien quiera una vista panorámica, que vaya al puente de Durdevica Tara.

www.visit-montenegro.com

## 976 MENOR SUPERFICIE, CIUDAD DEL VATICANO

La verdadera grandeza no se mide en metros cuadrados. Y efectivamente: este pequeño enclave romano cuya cabeza suprema es el papa no tiene muchos. La Ciudad del Vaticano, el estado más pequeño del mundo, en rigor mide 44 hectáreas. Entre sus 10 000 habitantes se mezclan cada día unos cuantos millares más, deseosos de echar un vistazo a la basílica de San Pedro y a la Capilla Sixtina. Por lo demás, aquí el idioma oficial sigue siendo el latín.

www.vaticanstate.va/es

## 977 PLAYA MÁS LARGA, ISTMO DE CURLANDIA, LITUANIA

Arena, arena, arena... y olas: el istmo de Curlandia, en la costa norte de Sambia –península al este del mar Báltico–, se extiende a lo largo de 98 kilómetros entre la ciudad rusa de Lesnói, al sur, y Klaipėda, en Lituania; es la playa más larga de Europa. Nada menos que 52 de sus kilómetros conforman el llamado Sáhara lituano, que es un entorno natural de especial belleza y puede explorarse maravillosamente en bici: dunas altas como edificios, playas infinitas, bosques de pinos y, de tanto en tanto, coloridas casas de madera.

www.lithuania.travel/en

## 979 ASCENSOR EXTERIOR MÁS ALTO, SUIZA

¿Te gusta subir en ascensor? ¿Qué tal el ascensor exterior más alto de Europa? No te olvides, eso sí, de mirar la previsión meteorológica: ¿quién iba a querer verse en mitad de las nubes? Ahora bien: a quien goce del favor del dios suizo del Sol le esperan, tras los aproximadamente 160 metros de subida en el ascensor acristalado de Hammetschwand, unas vistas grandiosas del lago de los Cuatro Cantones.

www.buergenstock.ch/en/explore

## 980 TÚNEL DE CARRETERA MÁS LARGO, NORUEGA

A quien quiera atravesar el túnel de Lærdal, en el sur de Noruega, mejor será que le guste estar metido en tubos sin ventanas, pero artísticamente iluminados. Este es, con sus 24,51 kilómetros, el túnel de carretera más largo del mundo; cada 6 kilómetros tiene, para no ser tan monótono, un vestíbulo con aspecto de glaciar. Esta vía subterránea tiene una ventaja clave: a diferencia de la carretera alpina, también permite circular en invierno.

www.visitnorway.es/

Cuidado, abismo: vista cenital de la garganta del Tara, la más profunda de Europa.

# EUROPA EXTREMA

# ESCUCHAR EL SILENCIO

**¿CÓMO SUENA REALMENTE EL SILENCIO? EN ESTOS TEMPLOS Y MONASTERIOS SE PUEDE DESCUBRIR, Y RECOBRAR UN POCO EL ALIENTO.**

## 981 MONASTERIO DE OSTROG, MONTENEGRO

Un edificio construido en 1665 en dos cuevas en medio de la roca para que fuera inexpugnable. El encargo lo hizo Basilio de Ostrog, obispo de Herzegovina, cuyo antiguo monasterio había sido destruido por los turcos. Este nuevo, que alberga la tumba de san Basilio, es uno de los lugares de peregrinación más importantes de Montenegro. Son fascinantes su magnífica arquitectura y sus grandiosas vistas.

www.montenegro.travel/en/objects/ostrog-monastery

## 982 IGLESIA DE PEREGRINAJE DE LA ASUNCIÓN, BLED, ESLOVENIA

En la pequeña isla del lago de Bled, en esloveno Blejsko Jezero, en los Alpes Julianos, había un lugar de peregrinaje ya en tiempos precristianos; pero con la cristianización, la diosa Živa debió dejarle su sitio a la Virgen María. A esta los fieles le rezaban en una pequeña capilla y en una iglesia, pero luego ambas se convirtieron en una espléndida iglesia barroca, a lo que se añadió una impresionante escalera de 99 peldaños que lleva del embarcadero al templo. La isla está envuelta en leyendas, como la de la campana hundida que tuvo que sustituirse por una nueva. A quien hoy la repique, dicen, se le cumple un deseo.

www.bled.si/en

## 983 MONASTERIO DE MONTSERRAT, ESPAÑA

El macizo de Montserrat, cerca de Barcelona, tuvo siempre un especial atractivo religioso. Los romanos adoraban aquí a Venus; luego, unos monjes ermitaños construyeron un primer monasterio hacia el 880. El actual de Santa María es de hacia 1025. ¿Es de la misma época la famosa Virgen negra, la Moreneta? Lo cierto es que la encontraron en el siglo XII y, como habría hecho milagros, desde entonces los peregrinos no han dejado de subir a este monte de 1236 metros y fantásticas vistas.

www.montserratvisita.com

## 984 SAN COLUMBANO, ROVERETO, ITALIA

La ermita de San Columbano, tan apartada y construida en la roca, no estaba pensada para tantas visitas como hoy recibe; pero los peregrinos llevan siglos yendo a esta iglesia, erigida en 1319. Y es que el santo irlandés Columbano habría

## 985 IGLESIA DE MADERA, BORGUND, NORUEGA

¿Es de este mundo? Si toda iglesia de madera tiene algo místico, aún más una tan antigua: de finales del siglo XII. Una obra maestra que los carpinteros legaron tras la cristianización de los vikingos, con figuras y escrituras rúnicas talladas que aún conservan cierto aire pagano.

www.visitnorway.es/listings/iglesia-de-madera-de-borgund/49280/

matado a un dragón en este lugar, al que para la misa del gallo se dirige una luminosa procesión de antorchas por el valle de Terragnolo.

www.visitrovereto.it/en

## 986 MONASTERIO DE NOVODÉVICHI, MOSCÚ, RUSIA

Quien piense «esto me suena…», probablemente esté pensando en otro importante edificio moscovita: el Kremlin. Este monasterio de Novodévichi, «de las doncellas nuevas», se construyó conforme al modelo de la ciudadela de la Plaza Roja. Fue hacia 1524, año de construcción de la catedral de Nuestra Señora de Smolensko, el edificio más antiguo del monasterio.

whc.unesco.org/en/list/1097

## 987 IGLESIA DE LA VIRGEN DE ASINO, CHIPRE, GRECIA

Ciertos pueblos de la región montañosa chipriota de Tróodos albergan verdaderas joyas artísticas: sus iglesias están ornadas con frescos bizantinos únicos y declarados Patrimonio de la Humanidad. La iglesia de la Virgen de Asino, construida en 1099 como monasterio, impresiona especialmente: modesta por fuera, por dentro despliega su gran boato. Los increíbles frescos son de entre los siglos XII y XVII, y hacen de este sencillo templo un bien cultural extraordinario.

chooseyourcyprus.com

En la Edad Media probablemente había unas 1000 iglesias de madera como la de Borgund. Hoy quedan 28.

Las cúpulas doradas subrayan la importancia de este monasterio de las Cuevas de Kiev.

## 989 MONASTERIO DE LAS CUEVAS, KIEV, UCRANIA

En Kiev los monjes vivían en cuevas hasta finales del siglo XI. Entonces pasaron a construir en altura, mientras que las cuevas pasaron a usarse como cementerios. Con el correr de los siglos, este monasterio se fue transformando en un imponente complejo con multitud de iglesias, conventos y museos. Las cuevas que recuerdan los inicios del monasterio quedan debajo de todo.

www.turisteandoelmundo.com/post/catedral-santa-sofia-monasterio-cuevas-kiev

## 988 ABADÍA DE NOVACELLA, SUR DEL TIROL, ITALIA

Esta abadía, que fue fundada por el obispo Hartmann de Bresanona y cuya colegiata se bendijo hacia 1140, está enmarcada en viñedos y montañas. Aquí los canónigos agustinos siguen celebrando liturgias solemnes y viviendo conforme a la regla monacal más antigua de Occidente que nos ha llegado. También reciben, por supuesto, con los brazos abiertos a los visitantes.

www.kloster-neustift.it/en/

## 990 ABADÍA DEL THORONET, FRANCIA

En la novela *Las piedras salvajes* de Fernand Pouillon, el maestro de obras Guillaume Balz describe la construcción de la abadía cisterciense del Thoronet, en el siglo XII. Hoy este exmonasterio cisterciense del sur de Francia vuelve a mostrarse en su pura y originaria forma tardorrománica: la de una época en que el máximo principio artístico eran la sencillez y la claridad. Es un lugar perfecto para gozar con la arquitectura, disfrutar del silencio o escuchar un concierto.

www.le-thoronet.fr/es

## 991 ABADÍA DE REICHENAU, LAGO CONSTANZA, ALEMANIA

La isla de Reichenau, en el lago Constanza, es una perla; y el obispo Pirmino se dio cuenta cuando, en el año 724, fundó aquí esta abadía. Muestra de cómo siguió todo son las tres joyas del románico de la isla; por ejemplo, la iglesia de San Jorge, con sus famosos frescos, que se construyó en 913 y se corresponde en gran parte con la basílica original.

www.radurlaub-bodensee.de/es/monasterio-reichenau?language=es

# ESCUCHAR EL SILENCIO

## 992 GRAN CARTUJA, FRANCIA

Aunque no puede visitarse el monasterio, el viaje merece la pena ya solo por la ubicación de la Gran Cartuja, construida hacia 1084 por los monjes contemplativos cartujos en mitad del imponente decorado alpino del macizo homónimo, en los Alpes franceses. La bodega del famoso licor *chartreuse* que hacen los frailes se encuentra, sin embargo, en la pequeña ciudad de Voiron y puede visitarse. Hace las veces también de Museo de la Gran Cartuja, donde uno se asoma a la vida retirada de los hermanos cartujos.

www.chartreux.org/es

## 993 MONASTERIO DE NYDALA, SUECIA

¿Arquitectura francesa tan al norte? En 1143 la abadía francesa de Claraval se decidió a construir en el lago Rusken uno de los dos primeros monasterios de Suecia. Aquí también se siguió la pauta cisterciense: claridad y sencillez máximas. A lo largo de 400 años, el monasterio prosperó y ganó importancia. Pero con la Reforma (1521), adiós a los buenos tiempos: los edificios quedaron en ruinas. A partir de uno de ellos se construyó, en 1790, el actual templo. Tras el cambio de milenio, los monjes volvieron a ocupar uno de los principales monumentos culturales de Småland.

www.visitsmaland.se/en

## 994 MONASTERIO DE CHIRPAN, BULGARIA

«Sí, aquí tiene que ser», debió de pensar san Atanasio cuando, allá por el año 344, pasó por este lugar: «Sí, aquí tiene que construirse un monasterio». Y ahí sigue, a 1 kilómetro escaso del pueblecito de Zlatna Livada. Su historia fue, digamos, movida: devastadores incendios, destrucciones y reconstrucciones. Hoy esta abadía, la más antigua de Europa, sigue atrayendo a la gente hasta este idílico paraje como hace siglos.

www.bulgariatravel.org/es

## 995 ASÍS, ITALIA

San Francisco de Asís, ¿quién no ha oído hablar de él? Por él se hizo tan conocida esta pequeña ciudad de Umbría: miles de personas visitan cada año su sepulcro, en la basílica de San Francisco. También santa Clara está enterrada aquí, en la basílica a la que da nombre. Asís es, por lo tanto, uno de los mayores centros cristianos de peregrinaje.

www.visit-assisi.it/en

tro de peregrinación, pero también por su magnífico paisaje se hizo famosa esta iglesia.

www.illagomaggiore.com/en_US/home

## 996 MADONNA DEL SASSO, LAGO MAYOR, SUIZA

¡Menudo lugar! ¡Menudas vistas! Acá arriba, sobre el lago, hacia 1480 se le habría aparecido al monje franciscano Bartolomeo d'Ivrea la Virgen María. Fue por eso por lo que en la peña de la pequeña localidad de Orselina, encima de Locarno, se construyó la iglesia de peregrinaje de Madonna del Sasso. Se convirtió en un importante cen-

## 997 MONTE ATOS, GRECIA

Los monjes, a su aire. Así parece, en efecto, que es la cosa en el Estado Monástico Autónomo del Monte Atos, en la península Calcídica, al norte de Grecia. Y, como aquí el Consejo Mundial de Iglesias no pinta nada y quienes mandan son estos monjes, las mujeres y hasta los animales hembra deben mantenerse fuera de este recinto. (La ten-

Tan ligero y grácil, que no parece de este mundo: claustro manuelino del monasterio de Batalha.

# 998 MOSTERIO DE BATALHA, PORTUGAL

Un grandioso complejo monástico en una pequeña ciudad: el monasterio de Batalha debe su existencia a la victoria de Portugal sobre Castilla en la batalla de Aljubarrota, que tuvo lugar en 1385 muy cerca del municipio de Batalha, unos 100 kilómetros al norte de Lisboa. Poco después empezó a construirse el monasterio dominico, terminado en el siglo XVI. A este imponente edificio lo caracteriza un virtuoso y espléndido estilo manuelino.

www.visitportugal.com/es/content/mosteiro-da-batalha

tación terrenal quizá sea demasiado grande.) Los probablemente más de 1000 monjes –no hay cifras exactas– de los 20 monasterios se alegran, en cambio, de que los visiten tantos varones que buscan y aprecian la belleza y la paz del lugar, y la vida espiritual de estos hombres de Dios.

mountathosinfos.gr

# ESCUCHAR EL SILENCIO

Sacando el arte a relucir: una de las llamadas iglesias de Moldavia, en la Bucovina rumana.

## 999 MONASTERIOS DE MOLDAVIA, BUCOVINA, RUMANÍA

Estos monasterios de Moldavia, en el sur de Bucovina, tienen un colorido soberbio. Unos abigarrados frescos ornan estos templos ortodoxos rumanos de los siglos XV y XVI. Pero el boato no solo reina en el interior: igualmente decorados con vivas pinturas y frescos están tanto la fachada como los muros exteriores. Así también podía entender las escenas bíblicas el pueblo.

https://larumania.es/bucovina-y-sus-monasterios

## 1000 BASÍLICA DE SAN PEDRO, ROMA, ITALIA

Es enorme y tiene sitio para 20 000 personas. La basílica de San Pedro sería, a efectos prácticos, como la parroquia del Estado del Vaticano, cuyo territorio está justo al lado. Su historia se remonta muy atrás: la tumba de san Pedro, quien habría muerto martirizado en torno al año 65, es el núcleo y origen de este templo. Quien quiera visitar este lugar sagrado, ha de llevar cuidado: están prohibidas las rodillas y los hombros al aire.

www.vaticanstate.va/es

# ESCUCHAR EL SILENCIO

# A

Aalborg 41
Aberdeen 73
Abruzos, parque nacional de los 92
Admont 79
Aggersborg 330
Aggtelek 219
Águeda 180
Alat, lago de 2, 335
Albania 30, 46, 51, 63, 70, 131, 170, 339
Alberobello 277
Alemania 11, 14, 16, 24, 28, 30, 31, 34, 43, 47, 61, 67, 70, 77, 78, 80, 84, 88, 97, 101, 105, 106, 111, 114, 134, 139, 143, 144, 146, 149, 153, 160, 162, 164, 169, 171, 176, 180, 181, 184, 189, 194, 197, 201, 206, 209, 216, 225, 227, 232, 239, 255, 266, 270, 274, 278, 283, 212, 286, 290, 293, 294, 296, 299, 300, 305, 309, 314, 320, 321, 324, 326, 332, 335, 343, 345, 350
Ålesund 325
Algarve 123, 169, 223
Alpes Albaneses 46
Alsacia 132
Altemburgo 76
Amberes 14
Ámsterdam 14, 24, 27, 74, 97, 176, 197
Andorra 31
Arhus 76
Ascot 305
Ashford 208
Asís 283, 360
Atenas 13

# B

Austria 9, 16, 21, 24, 30, 32, 35, 50, 63, 69, 76, 79, 86, 97, 105, 115, 119, 133, 140, 145, 153, 160, 161, 164, 171, 175, 183, 187, 188, 191, 195, 197, 219, 227, 229, 236, 242, 257, 259, 269, 272, 277, 283, 285, 293, 295, 305, 307, 314, 318, 319, 329, 336, 342, 345, 348, 351
Azores 60

Bad Ragaz 350
Bad Wildbad 293
Baden-Baden 61
Barcelona 13, 85, 162, 172, 281, 306, 347
Bath 58, 143
Belfast 310
Bélgica 14, 18, 84, 116, 139, 150, 160, 175, 207, 224, 232, 235, 260, 277, 278, 309, 310, 314, 341
Belgrado 229, 236, 316
Bergen 115, 200
Berlín 14, 28, 80, 164, 189, 227, 278, 283
Berna 28, 236
Biarritz 126
Bilbao 236
Billund 291
Birmingham 114
Bischofshofen 305
Blaubeuren 300
Bled 47, 356
Bled, lago de 339
Bolzano 303
Bosnia-Herzegovina 51, 66, 266, 286
Bratislava 56
Bregenz 342, 348
Bremerhaven 294
Breslavia 50, 138
Brighton 174

# C

Brístol 313
Brujas 55, 116
Bruselas 84, 139, 175, 224, 235, 314
Bucarest 155
Budapest 14, 62, 80, 112, 155, 192, 346
Budva 343
Bulgaria 37, 47, 55, 64, 129, 145, 198, 266, 299, 335, 360

Calais 27
Canarias, islas 42, 46, 89, 122, 129, 132, 220, 240, 272, 335
Carcasona 247
Cardiff 52, 354
Chequia 34, 68, 73, 85, 98, 105, 113, 119, 134, 143, 145, 175, 194, 207, 217, 247, 326
Chipre 272, 317, 357
Chipre del Norte 126
Colonia 194, 314
Constanza 262
Copenhague 13, 84, 98, 119, 130, 153, 198, 235, 287, 294
Córcega 167
Córdoba 331
Craco 260
Cracovia 24, 74, 142, 197, 224, 330, 346
Creta 18, 165, 202, 299
Croacia 16, 49, 56, 63, 80, 86, 94, 119, 125, 138, 154, 159, 173, 210, 216, 250, 260, 264, 266, 273, 330, 332, 345, 351

# D

Danubio 96, 112, 114
Darmstadt 299
Dinamarca 13, 41, 45, 49, 66, 76, 84, 96, 98, 119, 122, 124, 130, 139, 153, 183, 198, 215, 240, 246, 274, 287, 290, 291, 294, 330, 343
Dolomitas 21, 90, 98, 186
Dresde 111
Dublín 15, 74, 120, 173, 227, 286
Dubrovnik 119, 173
Duero 110
Dvigrad 260

# E

Edimburgo 70, 83, 177, 326, 351
Emilia Romaña 97
Enciso 298
Engelberg 68
Enkhuizen 329
Enniskillen 278
Epidauro 225
Escocia 16, 38, 49, 70, 73, 83, 100, 112, 116, 129, 130, 149, 169, 177, 183, 187, 207, 215, 227, 240, 244, 251, 254, 268, 300, 305, 306, 310, 323, 326, 332, 351
Eslavonia 49
Eslovaquia 49, 56, 89, 145, 240
Eslovenia 47, 86, 94, 147, 170, 216, 220, 271, 320, 332, 339, 356
España 9, 13, 17, 28, 30, 33, 37, 38, 41, 42, 46, 52, 63, 71, 85, 87, 89, 92, 96, 119, 122, 126, 127, 129, 132, 141, 145, 159, 160, 162, 171, 172, 182, 185, 187, 197, 201, 207, 215, 219, 220, 228, 236, 237, 240, 248, 251, 259, 271, 272, 278, 281, 285, 286, 293, 298, 299, 304, 306,

316, 319, 325, 330, 331, 335, 343, 347, 353, 356
Estambul 13, 66, 84, 195, 249, 350
Estocolmo 79, 84, 200, 227, 278
Estonia 12, 80, 195, 202, 214, 266, 343

**F**

Falmouth 201
Feroe, islas 45, 215, 343
Finlandia 39, 44, 61, 77, 79, 91, 111, 146, 176, 181, 183, 184, 195, 201, 232, 244, 257, 263, 337
Five Fingers 30
Francia 9, 22, 27, 37, 39, 47, 55, 60, 68, 77, 83, 94, 97, 102, 109, 115, 118, 120, 126, 132, 140, 146, 149, 153, 160, 163, 164, 167, 170, 178, 185, 188, 197, 202, 205, 209, 213, 215, 223, 224, 236, 245, 247, 250, 254, 262, 264, 271, 278, 285, 286, 290, 295, 296, 303, 306, 317, 319, 320, 322, 323, 325, 335, 345, 359, 360
Freudenstadt 266
Fuerteventura 122
Funchal 205

**G**

Gales 147, 180, 188, 354
Gante 310
Gdańsk 201
Génova 201
Glasgow 183, 305, 310
Gotemburgo 9, 50, 231
Gran Bretaña 348
Grasse 118
Graz 50, 119, 236

Grecia 13, 18, 33, 47, 50, 61, 63, 98, 102, 107, 129, 138, 149, 165, 187, 188, 202, 210, 217, 225, 249, 256, 272, 299, 309, 311, 317, 357, 360
Groenlandia 49
Guernsey 212

**H**

Hamburgo 24, 201, 232, 350
Harris 49
Helsinki 61, 77, 79, 116, 183, 195, 232
Héviz 349
Hum 351
Hungría 14, 18, 28, 56, 62, 80, 90, 112, 130, 139, 155, 192, 219, 266, 346, 349
Hvar 138, 266

**I**

Inglaterra 12, 18, 28, 37, 38, 52, 58, 74, 77, 81, 84, 92, 94, 105, 106, 111, 114, 120, 120, 126, 143, 150, 155, 156, 164, 172, 174, 180, 184, 185, 195, 201, 205, 212, 214, 227, 229, 235, 242, 246, 259, 262, 288, 293, 302, 305, 306, 310, 313, 325, 327, 336, 346
Innsbruck 175, 242
Irlanda 15, 19, 32, 37, 74, 97, 101, 112, 120, 133, 146, 173, 180, 181, 208, 213, 227, 257, 259, 281, 286, 298, 310
Irlanda del Norte 66, 105, 206, 278
Islandia 16, 34, 45, 58, 86, 100, 102, 119, 134, 144, 154, 169, 207, 221, 229, 232,

242, 255, 273, 300, 313, 322, 338, 353
Italia 18, 21, 27, 50, 55, 58, 61, 71, 77, 84, 90, 92, 94, 97, 98, 103, 112, 116, 119, 122, 134, 139, 143, 144, 154, 156, 161, 163, 171, 186, 188, 191, 195, 197, 201, 203, 204, 209, 210, 215, 223, 224, 231, 240, 246, 256, 260, 265, 271, 272, 277, 281, 282, 283, 293, 296, 299, 300, 303, 306, 316, 318, 322, 326, 329, 337, 345, 348, 351, 356, 359, 360, 363

**K**

Kassel 162
Kiew 359
Kirkenes 115
Kitzbühel 145, 307
Kotor 201
Krk 80

**L**

La Gomera 38, 89, 240
La Haya 28, 172, 274
La Valeta 198
Lanzarote 33, 129, 220, 335
Leipzig 197
Letonia 14, 133, 175, 233, 263
Leukerbad 64
Liechtenstein 19, 130
Lieja 160, 232
Linz 140, 314
Lisboa 69, 83, 85, 141, 194, 259
Lituania 92, 140, 150, 250, 354
Liverpool 288, 306
Lodz 314
Londres 12, 28, 84, 150, 172, 195, 205, 227, 235, 306, 310, 327

Lucerna 343
Luxemburgo 249

**M**

Maastricht 38
Macedonia del Norte 339
Madeira 31, 156, 205, 322
Madrid 9, 28, 197, 304
Maincy 205
Mallorca 94, 126, 159, 171, 201, 207, 219, 259, 271, 278, 286, 319
Malmö 52, 119
Malo Grablje 266
Malta 127, 149, 198, 212, 291, 299, 346
Marsella 55, 236, 317
Milán 27, 306, 316
Moldavia, república de 250
Mónaco 202, 309, 353
Montenegro 89, 126, 201, 270, 343, 354, 356
Moscú 176, 194, 282, 317, 357
Móstar 66
Múnich 11, 305, 309

**N**

Noruega 8, 27, 34, 88, 92, 98, 100, 115, 131, 144, 160, 170, 172, 191, 195, 200, 202, 211, 216, 227, 239, 257, 270, 279, 292, 295, 320, 325, 345, 354, 356

**O**

Odesa 162
Oslo 8, 27, 172, 195, 292
Ostende 150

Oulu 181
Ourense 63
Oxford 77

P

Países Bajos 14, 24, 27,
    28, 38, 56, 74, 99,
    113, 134, 147, 153,
    172, 176, 197, 198,
    205, 210, 232, 242,
    254, 274, 292, 317,
    329, 335
Palermo 156
Pareis, torrente de 271
París 9, 22, 27, 77, 83,
    120, 160, 163, 178,
    197, 286, 295, 306
Pernay 224
Perugia 84
Polonia 11, 24, 41, 45,
    50, 60, 74, 83, 89,
    91, 119, 126, 138,
    142, 145, 150, 176,
    197, 201, 223, 224,
    226, 232, 271, 286,
    314, 321, 330, 346
Pompeya 329
Porto 51, 110, 135,
    310
Portugal 21, 31, 51,
    60, 64, 69, 74, 83,
    85, 88, 110, 123,
    125, 135, 141,
    146,156, 161, 169,
    180, 191, 194, 205,
    214, 223, 244, 247,
    259, 268, 285, 303,
    309, 310, 320, 322,
    346, 361
Praga 68, 73, 85, 105,
    113, 119, 143, 175,
    194

R

Radebeul 160
Reikiavik 100, 154,
    221, 229, 232, 313

Reutlingen 84
Reutte 295
Riga 14, 175, 233, 263
Roma 119, 161, 296,
    306, 326, 363
Ronda 71
Róterdam 232, 317
Rovereto 356
Rumanía 38, 49, 56,
    100, 114, 155, 191,
    250, 258, 262, 300,
    363
Rusia 27, 47, 70, 79,
    84, 111, 137, 176,
    194, 202, 205, 246,
    282, 317, 338, 351,
    357

S

Saint-Malo 202
Salamanca 52, 141
Salou 353
Salzburgo 133, 145,
    197, 345
San Galo 74
San Petersburgo 27,
    70, 79, 84, 111, 137,
    202, 246
San Sebastián 343
Santa Eulalia 97
Santiago de Compos-
    tela 285
Santillana del Mar
    299
Sarajevo 51, 266
Schwäbisch Hall 160
Serbia 131, 145, 229,
    236, 316
Sevilla 236
Sicilia 163
Skellig Michael 213
Sofía 55
Sóller 319
Spitsbergen 92, 244
Split 56, 250
Stettin 232
Stuttgart 78, 225
Suecia 9, 49, 50, 52,
    66, 79, 84, 111, 119,
    120, 129, 133, 169,
    200, 208, 213, 227,

231, 242, 250, 265,
    277, 278, 295, 336,
    360
Suiza 11, 21, 28, 30,
    32, 34, 35, 42, 45,
    64, 67, 70, 71, 74,
    102, 111, 130, 144,
    159, 163, 171, 183,
    188, 189, 191, 194,
    220, 227, 236, 239,
    252, 269, 293, 308,
    309, 320, 339, 343,
    350, 354, 360

T

Tallinn 12, 80, 195,
    202, 266, 343
Tampere 176, 184
Tarragona 37, 293
Tenerife 17, 240, 272
Tesalónica 50, 138,
    311
Tiflis 235
Timisoara 56
Tirana 51
Tirol, sur del 98, 103,
    186, 231, 303, 359
Torquay 120
Tréveris 143
Trieste 55, 195
Tromsø 239
Tubinga 139
Turku 201
Turquía 13, 38, 39, 66,
    84, 126, 131, 195,
    249, 279, 350
Tyneham 262

U

Ucrania 162, 219, 359
Ulm 176
Utrecht 56
Uzès 140

V

Vaduz 19
Valais 130
Valencia 237
Valls 37
Valnerina 322
Vals 64

Varsovia 11, 83, 119,
    176, 226, 314
Vaticano, ciudad del
    25, 163, 354
Velingrad 64
Venecia 71, 112, 116,
    197
Verona 345
Viena 9, 24, 153, 161,
    195, 227, 229, 283,
    285, 351
Vilna 140
Vimmerby 295
Vinci 224

W

Wachau 257, 318
Wacken 345
Weimar 77
Wengen 309
Wieliczka 150
Wimbledon 288
Windsor 229

Y

York 81
Ystad 120

Z

Zadar 159
Zagreb 154, 345
Zakopane 145
Zermatt 71, 189
Zúrich 11, 194, 308

# CRÉDITOS FOTOGRÁFICOS

Cubierta de izda. a dcha.: DuMont Bildarchiv, Ostfildern/ Udo Bernhart; Shutterstock.com, Amsterdam/vichie81; Dumont Bildarchiv, Ostfildern / Tom Schulze; iStock.com, Calgary/ Oleh_Slobodeniuk

akg-images, Berlín: Pág. 298 (De Agostini Picture Lib./Dagli Orti); AWL Images: Pág. 322 (AWL Images Ltd./Robert Birkby); DuMont Bildarchiv, Ostfildern: Págs. 156/157, 87, 248 (Arthur F. Selbach); 138, 202, 214, 301 (Christina y Toni Anzenberger-Fink); 161, 162, 217, 297 (Frank Heuer); 302/303 (Franz Marc Frei); 40, 48, 128 (Gerald Haenel); 75 (Johann Scheibner); 132 (Markus Kirchgessner); 17 (Martin Sasse); 177, 361 (Monica Gumm); 294 (Olaf Meinhardt); 31, 44, 68/69, 142, 251, 311 (Peter Hirth); 54 (R. Gerth); 96 (Rainer Kiedrowsk); 32, 123 (Sabine Lubenow); 2/3, 42 (Thomas Rötting, Sylvia Pollex, Leipzig); 199 (Tom Schulze); 35, 200, 357 (Udo Bernhart) FotografieDorus: Pág. 275 (FotografieDorus); Getty Images, München Images: Pág. 324 (Bethany Clarke); 101 (500px Prime); 184 (AFP/ Denis Charlet); 108/109 (AFP/Eric Cabanis); 340/341 (AFP/James Arthur Gekiere); 279 (AFP/Jean-Francois Monier); 182 (AFP/Jose Jordan); 29 (AFP/Lluis Gene); 181 (AFP/Mikko Stig); 331 (Alex Lapuerta); 256 (Andrea Pistolesi); 350 (Ascent Xmedia/MiloZanecchia); 196 (AWL Images Ltd./Matteo Colombo); 165 (Borut Trdina); 238 (Cultura RF); 273 (Cultura RF/Oscar Bjarnason); 39 (Emma Wood); 36 (Francesc Domènech); 222 (Getty Images/Iñigo Fernandez de Pinedo); 355 (GoodLifeStudio); 292 (hemis.fr/Jacques Pierre); 333 (Hemis.fr/Julien Garcia); 352/353 (Joaquim F. P.); 342 (Johannes Simon); 22 (Lonely Planet Images/John Sones Singing Bowl Media); 312/313 (Lonely Planet Images/Matthew Micah Wright); 124/125 (Michael Krutzenbichler); 90/91 (Nature Picture Library); 154 (Neil Brown); 190 (NurPhoto/ Henrique Casinhas); 258 (Pawel Toczynski); 83 (Portishead1); 362/363 (ralucahphotography.ro); 338 (Red Bull/Dean Treml); 62 (Robert Harding World Imagery/Frank Fell); 268/269 (SOPA Images/LightRocket/Henrique Casinhas); 104 (Stuart Black); 226 (Universal Images Group/Eye Ubiquitous); 276 (View Pictures/Universal Images Group/Hufton+Crow); 151 (Westend61); Huber-Images, Garmisch-Partenkirchen: Pág. 46 (Günter Gräfenhain); Huber-Images, Garmisch-Partenkirchen Images: Pág. 57 ( Jan Wlodarczyk); 52 (Andrea Armellin); 51, 337 (Ben Pipe); 270 (Christian Bäck); 280 (Franco Cogoli); 103, 247 (Frank Lukasseck); 210 (Mackie Tom); 89/99 (Maurizio Rellini); 318/319 (Rainer Mirau); 71, 88, 145 (Reinhard Schmid); 261 (Riccardo Spila); 344 (Sabine Lubenow); 85 (Stefano Torrione); Huber-Images, Garmisch-Partenkirchen-Images, Garmisch-Partenkirchen Images: Pág. 19 (Roberto Moiola); iStock.com, Calgary (CA): Pág. 263 (8213erika); 136/137 (AleksandarGeorgiev); 237 (eyewave); 78 (Mlenny); laif, Colonia: Pág. 287 (Agence VU/Laerke Posselt); 26 (Anita Back); 72/73 (Arcaid/Adam Mork); 168 (Aurora/Cody Duncan); 245 (Aurora/ Raffi Maghdessian); 95, 315 (Bernd Jonkmanns); 218 (Christian Kerber); 10 (Dagmar Schwelle); 230/231 (Florian Jaenicke); 166/167 (Franck Guiziou); 24, 221 (Frank Heuer); 93 (Georg Knoll); 206 (Gerald Haenel); 304 (Guardian/eyevine/Tom Jenkins); 158/159 (Günter Standl); 106/107 (Hartmut Krinitz); 189 (Heiko Meyer); 12 (hemis.fr/Ludovic Maisant); 290 (hemis/AurÈlien Brusini); 110 (hemis/Cedric Pasquini); 170 (Iris Kuerschner); 307 (Jens Schwarz); 267 (Joerg Glaescher); 308 (Keystone Schweiz); 252/253 (Keystone Schweiz/Peter Klaunzer); 76 (Le Figaro Magazine/Christophe Lepetit); 20 (Le Figaro Magazine/Eric Martin); 208 (Le Figaro Magazine/ Eric Sander); 114 (Le Figaro Magazine/Stanislas Fautre); 131 (Le Figaro Magazine/Thomas Goisque); 173 (Loop Images/Jason Wells); 284 (Maria Feck); 60 (Martin Kirchner); 212/213 (Michael Amme); 9 (Miquel Gonzalez); 348 (Peter Rigaud); 178/179 (REA/Romain Gaillard); 117 (Redux/Felipe Rodríguez); 328 (Redux/The New York Tim/Gianni Cipriano); 121 (robertharding/Adam Burton); 234 (robertharding/Christian Kober); 254 (robertharding/Hans-Peter Merten); 113 (robertharding/Matthew Williams-Ellis); 228 (robertharding/Neil Farrin); 316 (SZ Photo/Jose Giribas); 118 (Thomas Ebert); 358 (Tuul & Bruno Morandi); LookPhotos, Múnich: Pág. 140, 146 (age fotostock); Mauritius Images, Mittenwald images: Titelfoto (1) (Alamy/Agenzia Sintesi ); 174 (Alamy/Grant Rooney Premium); 264/265 (Alamy/Ilija Ascic); 334 (Alamy/Tatyana Aleksieva-Sabeva); 15 (Alamy/Vitalli); 65 (Axiom Photographic/Luke White ); 282/283 (ClickAlps); 194 (imageBROKER); 240/241 (nature picture library/Juan Carlos Munoz); 192/193 (photononstop Emilie Chaix); 243 (Westend61/Sebastian Kanzler); 321 (Westend61/Werner Dieterich); picture-alliance, Frankfurt a. M.: Pág. 347 (AP/Zoltan Balogh); 152 (APA/picturedesk.com/Georg Hochmuth); 204 (dpa/Holger Hollemann); Shutterstock.com, Ámsterdam (NL): Pág. 225 (Armensl); 288 (Debu55y); 327 (Gimas); 59 (Gorodisskij); 233 (Juris Kraulis); 186 (Nancy Dressel); 134 (RossHelen); 81 (vichie81);Thomas Roetting, Sylvia Pollex, Leipzig: Pág. 42, 67, 127, 148

**1000 EXPERIENCIAS ÚNICAS EN EUROPA**
1º edición: junio de 2020

EDICIÓN EN ESPAÑOL:

© Editorial Planeta S.A., 2020
Geoplaneta
Avda. Diagonal, 662-664, 08034 Barcelona
www.geoplaneta.com
Traducción: Manuel Cuesta, 2020

ISBN: 978-84-08-22321-4
Depósito legal: B. 25.450-2019
Printed in Spain  – Impreso en España

EDICIÓN ORIGINAL:

1000 EINMALIGE ERLEBNISSE IN EUROPA

MAIRDUMONT
Marco-Polo-Straße 1, 73760 Ostfildern
www.mairdumont.com
www.lonelyplanet.de

Autores: Nico Krespach, Corinna Melville,
Ingrid Schumacher, Jens Bey